JOGAR É ESTAR PERTO DOS DEUSES
A TRANSFIGURAÇÃO DO REAL

Volume I

Francisco Alberto Ramos Leitão
Isilda Maria de Sousa Leitão

Edições Universitárias
Lusófonas

Lisboa
2017

Ficha Técnica

[Título]
Jogar é estar perto dos Deuses
A Transfiguração do Real - Volume 1

[Autor]
Francisco Alberto Ramos Leitão & Isilda Maria de Sousa Leitão

[Design da Capa]
Mª Helena Catarino Fonseca

[ISBN]
978-1545048948

[Depósito Legal]
430081/17

1ª edição - Abril 2017

[Todos os direitos desta edição reservados por]
Edições Universitárias Lusófonas
Campo Grande, 376 - 1749-024 Lisboa
Telef. 217 515 500

ÍNDICE

APRESENTAÇÃO

O PRAZER DE ENTRAR NO JOGO

É um privilégio imerecido, mas irrecusável, escrever algo que procure, mais que introduzir, incentivar o início da leitura deste livro que desde as primeiras páginas se transforma em descoberta, memória, prazer e conhecimento.

Descoberta da função crucial e insubstituível do jogo na vida de cada um de nós, na relação estabelecida com o outro, na vivência comunitária, na aprendizagem e desenvolvimento individual e colectivo, na insaciável necessidade de imaginar e ousar criar o diferente, mesmo respeitando − por vezes em demasia - normas e regras actuais.

Memória do que fizemos, dos contextos em que fomos crianças e jovens e de como, em todas as circunstâncias − as mais diversas e estranhas − iludimos a realidade criando outra, jogando; lembrança de noções e conceitos e revisitação de autores que marcaram a nossa formação no início dos anos setenta (Caillois, Chateau, Huizinga).

Prazer intrínseco à capacidade e possibilidade de sonhar e, por momentos que seja, torná-la realidade e ficar feliz; conhecimento e deslumbramento do infinito desconhecido em permanente criação.

"Deus quer, o Homem sonha, a obra nasce" escreveu Fernando Pessoa; admitindo que também Deus é sonhado/desejado pelo Homem, teremos a dimensão maior deste jogo que é a Vida. Com todas as consequências, incluindo a responsabilidade das opções tomadas; incluindo a ancestral e perene busca de criar outra vida, ainda e sempre, iludindo a morte.

Além da vasta e diversa documentação, cada página desta obra expressa um modo de estar e entender a vida e o mundo e remete o leitor para uma mais atenta e profunda análise da sua própria existência. Um permanente e complementar fluir entre o real e o virtual, a ponto de tornar ininteligível o predomínio ou, até, a própria identificação, de um e outro.

Recordei episódios e jogos sem conta na infância e adolescência, tempos e fases de maturação e desenvolvimento contíguos, mas com identidade própria, vividas em contextos geográficos e socioculturais assaz diversos; a pequena aldeia beirã e... Lisboa.

Como os autores, aprendi "que a vida é o jogo da permanente construção. Construirmo-nos construindo o mundo que nos rodeia" e que "No jogo, tanto se aprende a respeitar e estabelecer convenções como a transcendê-las e renová-las, tanto se aprende a ordem como a subversão".

No jogo e através do jogo vivemos a dialéctica dos contrários, percepcionamos, aprendemos e incorporamos múltiplas e surpreendentes formas e significados de objectos e acontecimentos. E, porventura o mais importante, aprendemos, exercitando-a continuamente, o que é a liberdade; apercebemo-nos que sem liberdade a criatividade definha e a capacidade de jogar fica limitada e condicionada; mesmo no jogo codificado e regulado vivenciamos e aumentamos incessantemente os graus de liberdade tomando decisões e convivendo com a imprevisibilidade.

Como treinador e académico especialista em Treino Desportivo, como docente, procuro reflectir com os estudantes sobre a função insubstituível da actividade lúdica no processo de treino; a propósito das possibilidades e orientações fundamentais no desenvolvimento da Velocidade, escrevi que "o jogo, para além de ser um factor essencial na estruturação do comportamento e da personalidade do jovem, deverá constituir, também, o conteúdo preferencial no treino da Velocidade; a actividade lúdica solicita, implicitamente, no mais elevado grau, as componentes determinantes da Velocidade".

Uma última reflexão em torno dos diversos significados de um mesmo jogo para quem o joga, o prazer imediato, as relações entre resultado e comportamento do jogador, a coexistência e oposição entre autenticidade e simulacro. E, subitamente, revejo aquele terno e dramático jogo entre pai e filho em 'A Vida é Bela'. E tantos outros jogos de sedução, amor e dramatismo, de criação do (in)existente vivido.

Felicitando os autores por este "jogo" pensado, jogado e escrito, que não ouso adjectivar, convido-o, estimado leitor, a participar no desafio, tornando-o ainda mais aliciante, surpreendente, racional e apaixonante.

Professor Doutor Jorge Proença

PREFÁCIO

Escrever este livro foi um acto simultaneamente *sério* e *divertido*, um acto lúdico no sentido mais profundo do termo, que tanto nos remetia para a nossa própria infância como para a análise do que de melhor o espírito humano produziu sobre este incontornável tema do homem e da cultura.

O mundo do faz-de-conta, do *como se* – em que vemos anuladas todas as leis do tempo e do espaço, em que o era uma vez se actualiza, presentifica, ganha corpo, em que é possível morrer e voltar à vida, em que, como na mitologia, mas de forma mais livre e espontânea, as representações, as figurações, as divindades, não são vistas como realidades rígidas e inflexíveis, inalteráveis, enclausuradas na sua positividade – para além de ser o indeclinável mundo da infância é uma dessas matrizes fundadoras e estruturadoras do homem e do universo. Como tão bem o demonstrou Huizinga no seu brilhante estudo sobre a dimensão lúdica da cultura.

Paradoxalmente, numa altura em que tudo parece centrar-se na eficácia e no rendimento, no trabalho, na competitividade, na cega redução do défice, numa altura em que impera o passadista, antidemocrático e anti-lúdico pensamento de que «*assim é que está bem e não poderia ser de outra forma*», numa altura em que é rei o antidemocrático e anti-lúdico princípio de que «*não há alternativa*», virarmo-nos para o jogo tornou-se nesse fascínio do permanente confronto com o novo, o desconhecido, o outro e o diferente. O jogo também nos ensina que um mundo, uma vida, uma educação, uma

9

democracia, que não se abre ao jogo, ao sonho e aos valores da ilusão, corre o risco de sucumbir a todo esse tipo de totalitarismos que engendram pessoas irresponsáveis, resignadas, conformadas e submissas.

Pareceu-nos relevante começar o nosso trabalho com a problemática das origens da actividade física e desportiva, já que uma das teses desenvolvida foi exactamente a da origem lúdico-festiva dessas actividades. No entanto focámos, inicialmente, a nossa atenção nas interpretações centradas no pensamento biológico, talvez as mais conhecidas e que alcançaram uma maior relevância e tradição, interpretações que se estabeleceram fundamentalmente a partir do século XIX.

Ao longo desse século o pensamento biológico ganhará um ascendente crescente, nomeadamente a partir da publicação, por Darwin, de *A Origem das Espécies*, altura a partir da qual o pensamento científico se abre progressivamente à ideia de mudança e evolução, à história e à temporalidade, ao diacrónico.

Darwin desenvolve a célebre teoria da selecção natural, da luta pela existência e da sobrevivência do mais apto, da qual se extrai a ideia de que a origem das actividades físico-corporais se deve procurar, face às circunstâncias de cada momento histórico, no esforço do homem para desenvolver aquelas actividades corporais que melhor o preparam, fisicamente, para superar as dificuldades e constrangimentos que a luta pela vida sempre coloca.

Já as abordagens materialistas privilegiam, nas suas análises, as condições materiais que suportam a emergência e progressiva institucionalização das actividades físicas e desportivas. Abordagens que orientam as suas análises para as conexões entre exercício corporal e actividade produtiva, defendendo que os exercícios corporais nascem do processo produtivo e da divisão do trabalho, da criação dos meios para o homem satisfazer as suas necessidades vitais.

Esta insistência das abordagens materialistas nas condições de produção dominantes em cada etapa do desenvolvimento histórico, como factor central da génese e evolução das actividades corporais e dessa manifestação específica que é o desporto, subalternizando o papel das dimensões lúdico-festivas e religiosas, deriva do facto de, para a sociologia marxista, a superestrutura ideológica, na multiplicidade das suas manifestações, a produção de ideias, as crenças religiosas, todas as formas de representação simbólica, ser o reflexo da infra-estrutura económica. Ser o reflexo, portanto, das relações materiais que se estabelecem entre os homens, particularmente da actividade produtiva e da divisão do trabalho.

As designadas abordagens freudo-marxistas talvez sejam as mais críticas e radicais que alguma vez foram formuladas sobre o desporto contemporâneo. Com a sua ética estóica, o culto do trabalho, do esforço e da fadiga, com a sua moral competitiva, a linguagem universal da marca e do recorde, o desporto espelharia, para estas abordagens, as categorias do sistema capitalista. Reflectiria, genuinamente, o verdadeiro espírito agonista da sociedade capitalista.

Ao conceptualizarem a repressão sexual como uma preparação para a aceitação passiva da submissão e do trabalho alienado, estas abordagens vão preparando o terreno ao entendimento do desporto como um conjunto de práticas, sistematizadas e organizadas, com um carácter tipicamente sadomasoquista, cujo objectivo último, como mecanismo de regulação social, é promover a inibição e neutralização dos desejos sexuais dos jovens e adolescentes. Desejos sublimados na fadiga e no esforço corporal. Visto desta forma, o sistema desportivo seria um mecanismo de controlo e opressão, pela classe dominante, ao serviço da alienação e repressão da juventude.

Foi num contexto social em que o jogo e o divertimento pareciam ter os seus dias contados, contexto em que a dimensão racional do ser humano cerceava a valorização de outras dimensões do homem, particularmente o acesso ao lúdico, ao fantástico e ao festivo, que os românticos desenvolveram toda uma filosofia irracionalista, valorizadora do sentimento e da intuição, do jogo e do festivo.

Os estudos de Moltmann, Hugo Rahner ou Harvey Cox, entre outros, no seguimento do trabalho pioneiro de Huizinga, apostaram numa interpretação lúdico-festiva da religião, ao privilegiarem o acesso ao sagrado a partir do lúdico.

As interpretações lúdico-festivas da actividade física encontram as origens e fundamentos dessa actividade nos comportamentos rituais, defendendo que todos os exercícios corporais foram, inicialmente, actos de culto. Ou seja, não ignoram que o culto e a festa são, como já dizia Huizinga, uma espécie de jogo. Não ignoram que o culto e a festa apresentam uma estrutura verdadeiramente lúdica.

Com efeito, Huizinga defende que o jogo, nomeadamente nas suas manifestações superiores, como actividade plena de sentido, que significa ou celebra algo, ultrapassando os processos meramente funcionais e biológicos de satisfação das necessidades vitais (nutrição, protecção, procriação), pertence às esferas da festa e do culto, à esfera do sagrado. Para este autor o lúdico está impregnado de um significado profundo de «acção sagrada», sustentando que é no lúdico que o culto se suporta, não o contrário.

Terminamos este primeiro capítulo com algumas reflexões sobre o lazer na sociedade pós-industrial, chamando a atenção para o facto de a generalidade dos estudos sobre o jogo conceptualizar esta actividade como complemento ao trabalho. Jogo e trabalho são pensados como dimensões claramente diferenciadas que se situam em esferas opostas ou complementares da vida.

No entanto, esta diferenciação jogo/trabalho, tipicamente industrial, dadas as características que a actividade laboral assume durante este período histórico, parece ter perdido, actualmente, muito do seu significado. Para além de não descrever adequadamente outros períodos da história do homem.

Foi o processo de industrialização que separou, no espaço e no tempo, circunstâncias de vida, formas de comportamento, que anteriormente se organizavam de forma radicalmente distinta. Foi a indústria, a fábrica, que separou o homem da mulher, os pais dos filhos, o lar do trabalho, o jogo da actividade séria, ou, se quisermos, o trabalho e o cansaço físico da diversão e do prazer.

Fundamentalmente há que conceptualizar o ócio, liberto da lógica social de dominação, de forma positiva e valorativa, pois o ócio remete-nos para aquela experiência humana do sentir-se liberto do agir compulsório, do agir imposto por instâncias que nos querem acorrentar aos seus ditames.

É neste contexto que referimos os profetas da sociedade pós-industrial e o seu esforço para de novo recuperar o valor do ócio, desse ócio que nos remete para a liberdade e para o princípio do prazer, quando afirmam que a sociedade pós-industrial privilegiará aqueles contextos de vida onde florescem os valores da solidariedade, da cooperação, da amizade e da sã convivência, do jogo e do amor. Precisamente aqueles valores que a sociedade industrial, mais virada para a produção material e o consumo, o trabalho e a competitividade agressiva, exclui, desvaloriza e minimiza.

No segundo capítulo, após algumas considerações sobre a constante desvalorização da imagem e a recusa em lhe atribuir autonomia e dinamismo próprio, tratando-a sempre como um epifenómeno secundário da vida psíquica, desvalorização que resulta da incapacidade de entender a imagem como símbolo, olhamos para aquelas concepções amplificadoras da imagem que pressupõem toda uma epistemologia que reconhece a dignidade e o estatuto ontológico da imagem.

Epistemologia que recusa entender o imaginário, o pensamento simbólico, o lúdico, como uma fase pré-científica ou infantil do desenvolvimento do indivíduo e da espécie, fase a ultrapassar, posteriormente, pela razão, pelo pensamento formal e abstracto.

Epistemologia que sabe que, jogando, imaginando, igualmente seduzida e apaixonada pelo tempo e pelo infinito, pela realidade e pela ilusão, pelo objecto interno e pelo objecto externo, a criança cria e tece, amorosamente, alegremente, os laços que a prendem à vida. Jogando, cresce e engrandece-se, descobre-se como criadora de sentidos.

Ao longo do tempo o homem tem deixado múltiplos vestígios que testemunham o seu interesse pela actividade lúdica. No entanto, será com Aristóteles – talvez o primeiro grande teórico do jogo – e a sua teoria da *eutropelia*, que o jogo passa a ter um estatuto diferente colocando-se, quer no plano individual quer no plano social, a questão da função e do valor do jogo. Nomeadamente a questão de saber se os jogos podem ser objecto de *virtude*, ou seja, se são lícitos e têm ou não um papel educativo e social importante.

No entanto, nos seus primórdios, a posição da Igreja foi bem distinta. Para os Pais da Igreja, o jogo, o riso e a brincadeira, o divertimento, deviam ser evitados, já que careciam de dignidade e seriedade. Eram entendidos como uma espécie de engano do diabo, como uma *diabólica fraus*.

Até pelo menos ao final do século XVI (ainda hoje, embora em bases diferentes) as grandes discussões sobre o jogo centraram-se na questão da *licitude* ou *ilicitude* do jogo, da necessidade de responder à *moderação*, de procurar *bons fins*, de respeitar a *gravidade do espírito* e a *dignidade da pessoa*.

No caso de Portugal, quer as Ordenações quer as Constituições dos Bispados e Arcebispados portugueses, não ignoraram a problemática do jogo, o que revela a importância que esta temática sempre teve quer para as autoridades seculares quer para as autoridades religiosas. Trata-se de documentos preciosos que nos permitem analisar o sentido da regulação de comportamentos lúdicos, considerados, na opinião das autoridades civis e religiosas, pouco consentâneos com a fé católica.

Também no plano da educação, vestígios diversos, objectos de uso quotidiano, brinquedos, a literatura, a pintura, nos mostram como o interesse pelo jogo se expressou ao longo dos tempos.

Platão reconhece já que pelo menos até aos seis anos a criança precisa de se divertir. Aristóteles confronta-nos com o valor formativo dos jogos das crianças, chegando mesmo a falar na necessidade de nortear e dirigir essas actividades de forma a dar-lhes um maior valor educativo.

No entanto, no que toca aos esforços para tentar compreender o jogo, a sua importância e valor, o seu papel na educação e desenvolvimento da criança, encontramos uma grande diversidade e heterogeneidade de posições.

As ambiguidades e hesitações são imensas. Se alguns elegem mesmo o jogo como um dos pilares da sua pedagogia, instrumento essencial ao dispor de todo o educador, salientando que os jogos promovem a aprendizagem e têm um valor formativo na educação da criança, devendo a escola ser considerada como um lugar universal de jogos, como um *universalis ludus*, outros consideram-no uma actividade inútil, coisa pouco digna de consideração.

Encerramos o segundo capítulo deste livro centrando a nossa atenção na função libertadora do jogo. Foi com a revolução industrial, com as condições de produção que caracterizaram este período histórico, que o jogo se tornou, verdadeiramente, em problema teórico. No entanto, não podemos ignorar que esses primeiros esforços de teorização sobre a função social do jogo se inspiram nos ideais da Revolução Francesa. Nos valores, portanto, da libertação e da emancipação do homem.

Em Schiller a estética e o impulso lúdico substituem a libertação política. Impulso lúdico que, para o grande romântico alemão, era verdadeiramente um impulso estético, de transgressão, superação e libertação do homem.

Mas, uma análise crítica das funções sociais do jogo, deve ter em consideração quer as categorias estéticas de uma dada sociedade quer as condições de produção que a caracterizam. Não pode esquecer ou ignorar o significado do lema do império romano, *panem et circenses*. Não pode ignorar que as ditaduras modernas, como aconteceu em países como Portugal, Espanha, Itália, Alemanha, sempre promoveram as práticas físicas e desportivas, nomeadamente na juventude, como forma de estabilização da moral laboral e de obediência e submissão ao poder político.

Como não pode igualmente ignorar que, através do jogo, jogando, o homem se liberta da opressão a que o sistema o submete, fazendo desta forma a experiência libertadora de que não tem obrigatoriamente que ser assim, a experiência libertadora de que são possíveis outras formas, mais livres e criativas, de contacto humano, de organização das interacções entre pessoas.

O jogo, como acto e vivência concreta de liberdade e criatividade, permite criar, no presente, essas *anti* ou *contra-circunstâncias* que apontam para alternativas futuras de maior liberdade e felicidade.

Jogos e tempos livres olhados na perspectiva da emancipação humana e não como jogos alienantes, como tempos livres instrumentalizados, submetidos aos interesses dos mais poderosos. O jogo pertence, indubitavelmente, ao reino da liberdade. Como poderia deixar de ter uma função libertadora?

Em grande parte, situação que abordamos no terceiro capítulo, é esta dimensão de liberdade que nos permite afirmar que jogar é não se conformar com a realidade, é transcendê-la.

Neste sentido, jogar não é evadir-se e desaparecer, aereamente, nessas «regiões em que habitam as formas puras» (Schiller), não é piedoso refúgio num mundo ideal, mas antes terra

16

firme em que se revigora a vontade de viver. Superação do carácter de realidade das coisas e do mundo, capacidade de resistência, de dizer não, de protestar, de transcender a realidade. A criança joga porque não se conforma com a realidade que a cerca. Porque quer transcender essa realidade, porque quer crescer e *engrandecer-se*.

Jogar é tornar presente o ausente, dar corpo ao invisível, ultrapassar-se, despertar para outras realidades, viajar, lançar-se a novas experiências, a um vida nova. Jogar é tornar próximos, viver aqui e agora, mundos longínquos. É actualizar esperanças, dar vida a outros sentidos, aspirar ao infinito, projectar-se tão longe e tão alto quanto possível. Jogar é viver, intensa e totalmente, a experiência do voo e da liberdade.

Neste sentido, como experiência de liberdade, como experiência do movimento aéreo e libertador, o jogo remete-nos para toda uma psicologia do *imaginário ascensional*, do ar e da leveza, da elevação, da luta contra o peso e a queda.

Esse espaço de jogo que a criança de qualquer idade inventa e habita é, por certo, um espaço de ilusão. Espaço que crescentemente temos que saber valorizar face ao esquecimento ou desprezo a que em geral é votado por uma larga franja do racionalismo míope da modernidade, ao polarizar o mundo entre a *realidade* e a *ilusão*.

Jogar, sonhar, imaginar, abrir-se à ilusão, é igualmente uma forma, fundamental e decisiva, de exercer outra sabedoria, de expressar, transitoriamente, esses *erros fortes*, essas *ilusões*, que galvanizam e agitam a vida.

O jogo é esse tempo presente que, transcendendo a promessa e a esperança, nos transporta para o seu efectivo cumprimento. É a edificação temporal da esperança. Esgota-a como promessa de um mundo possível, preenchendo-a, confirmando-a, actualizando-a, dando-lhe um *corpo* transitório num transitório aqui e agora.

O que mata e imobiliza o mundo, o que mata e imobiliza a humanidade e cada um de nós, o que nos detém num determinado estado, numa inexistente perfeição, sistematicamente entendida como a única, definitiva e mais elevada referência, é a ausência de *valores de ilusão*, a impotência ou incapacidade de criar novos e renovados altares.

Neste sentido o jogo é a certeza de que por detrás de um *eu* estão muitos outros *eus* possíveis, a certeza de que por detrás do rosto específico que num dado momento um jogo revela, está a presença oculta, a possibilidade, de muitos outros rostos. Matar a ilusão é matar o jogo, matar o jogo é matar a ilusão. Matar o jogo e a ilusão é matar a vida.

O sentido do jogo é, na abertura ao estranho, na abertura ao possível, conduzir a criança para além de si mesma. No seu desejo de superar o que de si é limitado, mas sem o negar, avança e acrescenta mais um passo na construção do mundo e, portanto, na criação de si mesma. Anima o mundo e descobre-se a si própria como alma. Jogar não é, de forma alguma, uma evasão do mundo, mas antes um primeiro passo na direcção da sua *re-criação* e *re-animação*.

Ensinamentos profundos, os que os actos lúdicos da criança nos trazem. Ensinamentos profundos, os que o jogo, num mundo como o de hoje, onde, por excesso de tragédia, homens e sociedade parecem incapazes de criar valores, parecem incapazes de produzir uma esperança.

É esta vontade de ultrapassar o real, de lhe acrescentar algo, que encontramos na actividade lúdica da criança. É esta a magia do lúdico, possibilitar, na base da aceitação de uma perda, a reanimação e recriação do próprio mundo, problemática que abordamos no capítulo final deste primeiro volume de *Jogar é Estar Perto dos Deuses*.

A privação e a separação tanto podem significar o fim de uma relação, o fim de uma relação marcada por determinados contornos, como o início de algo mais profundo. Como o indício primeiro de uma relação mais matura, mais adulta, mais saudável, mais plenamente humana. O sacrifício, portanto, como condição de renovação da vida, como condição de criação de novas realidades.

Esta relação entre jogo e sacrifício ajuda-nos a entender melhor que, no plano da génese do pensamento simbólico, o símbolo é sempre a aceitação de uma *renúncia*, envolve sempre a ideia de *aceitar uma perda*.

Entendido desta forma o jogo não é apenas uma forma de *expressão de fantasias e desejos,* mas também uma actividade que põe a criança em contacto com a *realidade*.

Do que estamos a falar, afinal, é do valor da ilusão, da formação do pensamento simbólico, de toda uma concepção da origem do simbolismo. Origem que para alguns devemos encontrar no esforço metaforizante de superar uma perda, uma privação, uma carência. No sacrifício, portanto, de uma mãe, de um centro, de um colo, que de forma total e imediata satisfazia todas as nossas necessidades, como condição de construção de outras mães, de outros colos, de outros centros.

Compreende-se, assim, que a actividade lúdica, como superação de uma perda, de uma morte, de uma ausência, seja como que uma exigência do desenvolvimento para um encontro com uma vida mais completa, com uma outra realidade. Ou seja, cada perda, cada morte, cada sacrifício, é a nossa própria criação.

O sacrifício, portanto, como condição de criação. O sacrifício, portanto, como a *prova* de fidelidade e amor ao outro, como o perfume da relação.

Tudo parece indicar que quanto maior é a capacidade de um sistema de vida se sacrificar, maior é a sua capacidade de aprender, maior é a sua força criadora e transformadora. O tema da privação, do sofrimento e do sacrifício, é uma referência antropológica universal. As interrogações e inquietações que suscita atravessam todos os tempos, todas as civilizações.

Toda a viagem supõe a experiência, sempre aberta e renovada, do confronto com o outro, com a aventura e a incerteza, com a aceitação e superação da distância e da ausência. Com a experiência da privação e do sacrifício. Com a construção de novos laços, de novas fidelidades, de novas contingências. Laços e rupturas, encontros e desencontros, sempre a restaurar.

É este o mundo em que o jogo, experiência primordial de superação de uma perda, nos inicia.

A dimensão sacrificial do jogo é muitas vezes desvalorizada, ignorada mesmo, já que obscurecida pelas posições que de forma claramente redutora, aprisionam o jogo no deleite e no prazer, no hedonismo, na gratificação e satisfação de necessidades e desejos. Ao ciclo ascendente, diurno e solar da vida, quando afinal o jogo é uma actividade essencialmente paradoxal, uma *coincidentia oppositorum*.

Esta será precisamente a temática com que abriremos o segundo volume deste livro, que se intitulará *Jogar é Estar Perto dos Deuses – A Estrutura Lúdica do Universo*.

INTRODUÇÃO

É preciso tornar-se pintor
para compreender a imagem
(Nietzsche)

Hoje, mais do que nunca, tudo parece sugerir que as lendas, os mitos, os símbolos, numa palavra, o imaginário humano, encerram em si todo um sentir, toda uma dimensão ética e psicológica, uma grandeza, um sonho, uma esperança, que cada vez mais parecem arredadas desse mundo frio e insensível em que a razão moderna nos quer enclausurar.

Clausura que encontramos no mundo do trabalho, nas relações familiares, nos grandes areópagos mundiais, e que, sub-repticiamente, se instala em todas as esferas das relações humanas. Clausura que invade o espaço escolar, que invade a pedagogia, a sala de aula, a relação escola-família, os contextos sociais e interactivos, nos diversos planos ecossistémicos em que ocorrem a aprendizagem e o desenvolvimento.

Ora, como já intuiu Antero de Quental (1989: 928), e muitos outros antes e depois dele, esse imaginário, esse *sentir humano*, «só ele pode satisfazer, ou pelo menos iludir e entreter as desmedidas aspirações, as ambições e esperanças incorrigíveis do coração humano».

Não podemos esquecer, ignorar, desvalorizar, o papel que os jogos, os mitos, os rituais, sempre tiveram, têm, terão, na formação da

21

humanidade. O jogo é uma experiência primordial que põe a criança, desde o seu nascimento, em contacto com o que é a liberdade e o destino, com o que controlamos e o que nos escapa, com o previsível e o imprevisível, com o luminoso e o labiríntico, com a sorte e com o azar.

Da criança ao adulto, certeza e incerteza, privação e superação, morte e renascimento, vivem um abraço fraterno, uma dança misteriosa. Os passos desta dança, que no adulto se expressam através de outras e mais complexas coreografias, já a criança os aprendeu quando alucina, na sua ausência, o seio materno, quando transforma os objectos em brinquedos, quando aprende a andar, quando transforma um pau num cavalo ou joga às escondidas. Os passos desta dança a criança aprende-os quando joga.

No seu livro *Visión desde el fondo del mar*, Rafael Argullol (2010: 67) diz-nos:

> «El azar, el azar. Aunque desconcierta su brutal dominio, nosotros hemos aprendido a responderle con nuestros mitos. Seguramente, el niño, en los pocos años que dura la niñez, concentra inconscientemente en su espíritu todos los mitos que la humanidad adulta se ha dado a lo largo de milenios. La mitología universal es únicamente el desarrollo de las fantasías del niño ante el azar.»

Quase nada recordo da minha infância que não tenha o selo do jogo, que ao jogo seja estranho. O que não surpreende se tivermos presente que a criança – a criança é o pai do homem, diz-nos a psicanálise – é um ser que joga. Com verdadeira paixão, a todo o tempo jogava, sozinho ou em grupo, por tempos intermináveis. Actividade que só a força das circunstâncias externas interrompia.

Era o tempo da alegria e do divertimento, o tempo das minhas delícias, do entusiasmo e da exaltação. A instauração de um tempo mais forte, mais presente, de um outro tempo, de um tempo mais festivo. Tal a intensidade com que esse tempo era vivido.

Uma experiência de *flow*, diz-nos a psicologia (Nakamura e Csikszentmihalyi, 2002). Uma experiência que se suporta num certo equilíbrio entre desafios e habilidades, entre o nível de dificuldade da tarefa e a capacidade de lhes responder, o que se traduz num sentimento de eficácia e controlo em relação a esses desafios, em relação a forças estranhas e potencialmente perigosas.

Experiência de elevada concentração, em que nos encontramos completamente absorvidos na tarefa, de energia intensamente focalizada, de elevada motivação intrínseca, em que outros aspectos da vida como que são esquecidos. Em que as actividades em que nos envolvemos são dirigidas por objectivos claros e regras limitadas (reconhecidas e aceites ou alteradas e recriadas), em que se recebem feedbacks imediatos e significativos, em que se aprende a ajustar esses objectivos à luz dos feedbacks recebidos e avaliados no decurso da própria actividade.

Actividades acompanhadas, portanto, por uma fusão da acção e da consciência, por uma sensação de perda de consciência de si mesmo e de distorção do tempo. Tempo que parece passar mais rapidamente do que o usual. Aqui, a separação jogo/trabalho torna-se claramente irrelevante. A absorção intensa e total que todos nós sentimos quando agimos na base de uma entrega completa, verdadeiramente comprometida, pode ocorrer em qualquer actividade, no jogo ou no trabalho, no ensino ou no acto médico, na criança ou no adulto, na arte ou na ciência.

Devemos ainda assinalar uma última característica que, de forma tão significativa, caracteriza igualmente o jogo. Referimo-nos ao facto de essas experiências apresentarem uma natureza autotélica, ou seja, a experiência é percebida como válida em si própria. Dadas as características que lhe são inerentes, encontra a sua finalidade em si mesma. O objectivo é realizar a actividade e não a obtenção de uma qualquer recompensa exterior a ela própria, o que cria o forte desejo de que se prolongue e renove múltiplas vezes.

O jogo, como ritualização da existência, da existência como realidade e como possibilidade, implica e integra o que são as nossas formas de consciência quotidiana, como inclui e envolve essas outras formas de percepção, que designamos de estados de consciência alterada ou transformada. Jogar é transfigurar a realidade, viver numa espécie de alegria sem tempo, num mundo *encantado*, onde tudo ganha outros e renovados sentidos. Encantamento esse que não é vontade de alucinar o real mas antes impulso urgente de o mudar, de o transformar, de o enriquecer. De o tornar mais humano, de o tornar mais habitável.

Jogando, muito antes de chegar à idade adulta, aprendi a hospitalidade e a inclusão, a certeza e a incerteza, a aceitação e a recusa. Aprendi a arte da transfiguração, aprendi a ser Proteu. Aprendi o que é a morte e o sacrifício, o que é a perda, a tragédia, a privação. Aprendi o que é a esperança, a alegria sem fim, a ânsia de superação e transcendência, de renovação e restauração. Aprendi que jogar é descobrir, viver, intuir, o lugar da morte no destino humano. Jogando, confrontei-me com aquelas forças que levam o homem a frequentar os lugares de Sísifo. Aqueles lugares que nos aconselham a não desistir, que nos aconselham a continuar, que nos aconselham a voar.

> «E assim, sem apoio, sem guia, deambulava pelos abismos da metafísica»
> (Moritz)

Eu tanto era índio como cowboy, polícia ou ladrão. Tanto matava como morria, para de novo voltar à vida, sabendo que muitas, muitas vezes, me voltariam a matar. Escolhia e era escolhido, preteria e era preterido, ganhava e perdia, marcava golos mas também os *sofria*. Percebi que toda a moeda tem duas faces! Quando jogava às escondidas procurava e era procurado, umas vezes encontrava os outros, outras vezes não. Muitas vezes era encontrado, outras tantas não o era.

Mas isso que importância tinha, quando forçoso era que o jogo continuasse, que por mais e mais tempo continuássemos a jogar! Apaixonadamente, até à exaustão. Até àquele momento fatal em que, subitamente, algum de nós reparava que era demasiado tarde e lá íamos correndo para casa alegres e felizes, por vezes preocupados também, não fossem os pais entender que era mesmo demasiado tarde.

Jogando vivi, jogando aprendi, o que é pertencer aos dois lados. Fiz a experiência do que é a hospitalidade básica e a inclusão, do que é sabermo-nos colocar no lugar do outro. Jogando aprendi o que é a descentração, aprendi a valorizar a diferença, a resolver, gerir e mediar conflitos, a regular os meus comportamentos, a conciliar duas preocupações básicas, a de procurar fins e objectivos e a de manter interacções positivas e construtivas. Aprendi a importância do outro na continuação do jogo, aprendi que sem ele o jogo não podia continuar. Aprendi a abrir portas, aprendi, sem ainda nada saber de cultura grega, que por detrás de uma qualquer pessoa pode mesmo estar um deus que se esconde.

"Se alguém bate à porta abre-a, pode ser um deus."

Fazia os meus próprios brinquedos e a eles fortemente me vinculava. Aqueles, muito poucos, que me eram oferecidos, esses ainda vivem em mim, ainda permanecem na minha memória. A esses igualmente me vinculava, a eles e às pessoas que mos ofertavam. Fazer brinquedos era ainda uma forma de jogar, tinha já o sentido do jogo. Fazia trotinetas com as caixas da fruta e os rolamentos que procurava junto a uma qualquer oficina, fazia os arcos e as setas com que depois me metamorfoseava em índio. Fazia as pistolas com que fingia ser cowboy, pistolas de madeira com balas feitas desse mesmo material. Balas impelidas pelos elásticos que aquela *mãe* que comigo vivia, experimentada na arte de ensinar a costura, nunca recusava.

Com ela aprendi também, brincando, a tecer os fios com que se conserta a vida. Os fios com que a vida se sutura e remenda. Junto dessas figuras *matriarcais*, securizantes e protectoras, cortava e retalhava pequenos panos, *pregava* botões, dava *pontos* para *restaurar* o que antes havia rasgado. E ajudava, brincando, a *dobar* meadas de lã, onde talvez me tenha igualmente iniciado no que é realizar actividades conjuntas, no que é a adaptação mútua de comportamentos, no que é ler e seguir sinais. No que é a reciprocidade e a contingência interactiva, no que é dar atenção, olhar, valorizar, o outro e os seus comportamentos.

Aprendi, naquela actividade conjunta, que quando o fio de lã se parte, a solução está na magia dos *nós*, dos *nós* que permitem *restaurar* os fios da vida. Aprendi que ser é *co-ser*, coser. Aprendi a *coser*, a unir, o que está separado, a *costurar*, a *tecer*, as relações com os outros e com a vida.

Aprendi a arte da transformação, da transfiguração. Dos carrinhos de linhas, já vazios, com um pouco de sabão, um pau de fósforo e um elástico, fiz os meus primeiros brinquedos mecânicos, pequenos automóveis ou tractores aos quais me deliciava a *dar corda* para ver andar. De pequenos pedaços de madeira fazia pistolas, com as varas de ferro mais finas fazia os arcos e as ganchetas com que corria, impelindo já, sem o saber, ou talvez já o soubesse, a roda da vida. As balanças de madeira do mercado, essas, brincando com as minhas irmãs, transformava-as em baloiços.

Com duas latas e uns metros de cordel, ou então com ramos de árvores apropriados, fazia as *andas* com que me sentia um pequeno gigante. Os papagaios de papel, com que aprendi o imaginário da subida e da descida, da queda e da ascensão, da terra e do ar, com que aprendi o mito de Dédalo e de Ícaro, fazia-os com papel de jornal, cola de farinha, canas que cortava, o mais finas possível, e alguns metros de fio. Durante as férias de Verão, na aldeia onde sempre reencontrava os amigos com que já brincara nos anos anteriores, fazia cangas e carros de bois, grades e arados.

Aprendi, jogando, que a vida é o jogo da permanente construção. Construirmo-nos construindo o mundo que nos rodeia. Aprendi que a vida é o jogo da vinculação às coisas e às pessoas. Que jogar é vincularmo-nos, perdermo-nos, seduzir e sermos seduzidos, descobrir os encantos e tentações, os fascínios, que o mundo tem.

Na infância e na juventude, como agora, tudo o que me seduzia tinha a marca do jogo. Seduzia-me o andar de balouço, fosse no parque infantil ou nas balanças do mercado. Qualquer dessas situações tinha, afinal, o desafio dos interditos. O interdito das alturas, que sempre procurávamos superar. O interdito do gradeamento do mercado, que aos fins-de-semana tínhamos que transpor para nesse lugar, de que logo nos apropriávamos transformando-o em espaço lúdico, podermos livremente jogar. O desafio dos limites, dos interditos, tantas vezes respeitados, tantas vezes transgredidos.

Seduzia-me jogar à bola, às escondidas, ao pião, ao *cavalinho rincheiro* (corridas em que um fazia de cavalo e o outro de cavaleiro), ao arco e à gancheta. Seduzia-me jogar ao berlinde, com três *covas* em triângulo, onde tínhamos que fazer o percurso da *primeira*, da *segunda*, da *terceira*, para depois nos podermos confrontar com o desafio da *primeira da caça*, da *segunda da caça* e da *terceira da caça*, condições para finalmente podermos *ir à caça*. Do jogo do berlinde recordo ainda com precisão a forma como fazíamos os *palmos*, eles próprios um pretexto para podermos fazer batota (uma outra forma de interdito), como recordo os *palmos de gigante*, o *acertar de binóculo*, o *atirar de canhão* ou o *limpar* as covas.

Tanto me seduziam os jogos de regras (de alguma forma todos as tinham, pois jogar é sempre respeitar uma dada ordem) como me seduzia a aventura, o desafio, o enigmático, o desconhecido. Seduzia-me a ordem e a desordem, o que se conhece e controla e o que se expressa na sua incerteza e imprevisibilidade. Quanto me divertia, no solo granítico e rude, irregular e pedregoso, correr e saltar o mais rapidamente possível, sem nunca ter a certeza da pedra que iria pisar, da rocha que seria o meu próximo *apoio*.

Aprendi, assim, graças ao jogo, que viver é estabelecer e aceitar uma ordem, um cosmos, um *logos*. Aprendi que é preciso inventá-lo e criá-lo, da mesma forma que é preciso saber ultrapassá-lo, superá-lo, transgredir com os seus limites. Graças ao jogo aprendi que Babel também faz parte da vida, aprendi a ordem e a desordem, aprendi a viver e a interrogar-me. Fiz a experiência do que se pode desbravar e conhecer, mas também do que sempre se manterá na zona nebulosa do enigmático e do desconhecido.

Ensinou-me ainda o jogo que escolher, tomar decisões, optar por esta ou aquela alternativa, construí-la até, é a vertente luminosa de toda uma experiência, de todo um percurso, de todo um caminho, sempre rodeado pela imensa sombra da incerteza. Como me ensinou que viver é adentrarmo-nos no coração das coisas e dos mistérios. Do que é desconhecido e enigmático. Sei agora, na altura também já o sabia, intuía-o pelo menos, que é impossível controlar ou domesticar o *monstro*, a incerteza, o azar, a imprevisibilidade, a noite. Sei agora, na altura também já o sabia, que viver é morar com eles, respeitá-los. Aprendi, assim, que toda a acção é um permanente confronto com o risco, que uma escolha, uma escolha livre, envolve também a renúncia a outra ou outras possibilidades. Aprendi que, como realidade vivida e situada, a liberdade é essa possibilidade de transformar o acaso, a sorte e o azar, em rumo, direcção, destino.

O jogo é caminho e destino, futuro portanto, que se alicerça no agir diurno, na racionalidade, no contacto com o outro, mas igualmente se firma na sombra e nos sonhos. Na desorientação e na desordem, nas ficções, nas utopias com que o presente imagina, joga, o seu próprio futuro. Um mundo que permanentemente se confronta com o imprevisto, com a exuberância da vida, com um infinito de possibilidades. Mas mundo que, abrindo-se embora ao sonho e à ficção, não deixa de ser um cosmos ordenado, pois não pode existir um mundo, um caminho, sem *direcção*, sem balizas, sem pontos cardeais.

O jogo é esse caminho, essa viagem da criança «*moving toward a sacral goal*». Viagem que é já a procura do outro, a procura de um outro habitar o mundo, de um outro *eu*. Viagem autêntica, mítica, sagrada, sublime, por mais distante que possa parecer desses outros mitos que foram o retorno de Ulisses a Ítaca, a obtenção do Velo de Ouro, do Eldorado, da pedra filosofal ou da eterna demanda da planta da imortalidade. Mitos que vivemos na infância, mitos que na vida adulta nos continuam a acompanhar.

Como todas as crianças, quando brincava, procurava já o Santo Graal, a Excalibur, o ouro alquímico. Na altura não o sabia, mas sei-o agora. O que é que mata em todos nós, e incentiva, esta eterna demanda?

Jogando, contávamo-nos uns aos outros, partilhávamos vidas e acontecimentos, abríamo-nos à construção de outras identidades. Dávamos forma a outros sentidos, construíamos outros horizontes para a experiência humana. Percorríamos outros caminhos. Os caminhos da pluralidade e da diversidade dos sentidos, da recusa em aceitar uma só direcção. Jogando aprendíamos a não aceitar a autoridade de um caminho único, a autoridade de uma palavra final. De uma palavra que excluísse a possibilidade de outras palavras, de outros destinos.

Jogando aprendíamos os percursos que não se fecham nem à clareza nem ao enigma, que não recusam as alturas nem as profundidades, que não se deixam aprisionar nem na ilusão da absoluta posse nem na inércia da absoluta privação.

Talvez por isso também a noite me seduzia com os seus enigmáticos encantos, como me seduziam as estrelas, os espaços fechados e escuros e o que aí se poderia encontrar. Seduziam-me as minas de água nas represas dos campos de cultivo, onde a medo me aventurava ao encontro desses estranhos cheiros, odores, ruídos, que pareciam ampliar-se à medida que avançava no escuro da mina. Medo que me aconselhava a não continuar, fascínio que me empurrava para a frente e me sugeria ir mais além, me acenava com os *segredos*, com os *tesouros*, que aí poderia encontrar.

O que é certo é que eles lá estavam. Umas vezes imaginários. Outras vezes, iluminados pela luz de um fósforo que acendia, ganhavam os contornos da água cristalina, dos húmidos e verdes musgos, dos ninhos de andorinha, das enigmáticas sombras que se projectavam nas paredes da mina.

Seduziam-me as grutas e as minas, autênticos templos naturais, templos lúdicos, quando ainda nada sabia sobre as liturgias e os cultos secretos, as práticas iniciáticas, Mitra, Dionísio, Deméter ou a caverna de Platão. Quando ainda nada sabia de Cervantes, da *Cova de Montesinos* onde o Quixote tanto desejava entrar, *despenhar-se*, *empoçar-se*, *sumir-se*, «para ver a olhos vistos as maravilhas que dela se diziam» (Cervantes, *Dom Quixote de la Mancha,* II, XXII), para ver as maravilhas que essa escuridão esconde.

> «- Inferno lhe chamais? – disse Dom Quixote. – Pois não
> lhe chameis assim, porque o não merece, como logo
> vereis.»
> (Cervantes, *Dom Quixote de la Mancha*, II, XXII)

Tantas e tantas seduções, tantos e tantos medos a ultrapassar. Mas o jogo também nos ensina a persistir e a continuar, a não desistir face à tragédia e às limitações do tempo. O jogo ensina-nos que há sempre um caminho a percorrer, que extinto e terminado um lance, logo outro recomeça, que a perda para o homem, para a humanidade, seria total e avassaladora, se algum dia a criança renunciasse ao jogo. Mas as construções que com toda a dedicação e empenho a criança edifica junto ao mar, obras que o mar logo extingue e engole, prontamente a criança as erguerá noutra altura.

É a experiência da efemeridade e da sacralidade das coisas, da necessidade da permanente reconstrução. Na sua efemeridade o jogo é algo similar aos *mandalas* da religiosidade budista, a construção de um centro à volta do qual tudo se ordena. Construção lenta, morosa, pormenorizada, meticulosa, que como *arquétipo da totalidade*, como expressão do psiquismo no seu todo, logo se extingue e desvanece como condição de renovação da própria vida.

O jogo é essa vontade de viver, essa entrega intensa e total, essa paixão, a uma actividade momentânea e efémera, mas que enquanto ocorre é *acontecimento sagrado* e absoluto. É essa vontade de viver de forma mais intensa e total, na presença do que sabemos ser passageiro, na presença da própria morte. Jogar é estar enamorado pela vida, dar peso às palavras e aos gestos, querer habitar noutro espaço, querer dar a si mesmo outro *corpo*, outra *casa*.

É fuga bem precoce às perspectivas que olham para o corpo como um objecto. É descoberta desse sujeito activo e transformador, dessa carne transcendental, desse afectivo e racional espaço/tempo que é o próprio corpo. Vontade de criar a sua própria obra. Sem esquecer, no entanto, que mesmo nos dias mais radiosos e felizes pode haver algumas nuvens no horizonte.

O jogo afasta a criança dos caminhos da indiferença e da resignação, da apatia, desse perigo mortal que é para o homem o ir-se acomodando e acostumando ao que lhe é imposto ou dissimuladamente sugerido. É descobrir-se não como resignada *existência-para-a-morte* mas antes como finitude, mas finitude inconformada capaz de se superar, de recriar a sua própria grandeza. Apostar no jogo é escolher uma filosofia da esperança recusando a morna consolação que a *realidade*, os *factos*, o *só isso*, lhe poderão proporcionar. É essa a sabedoria da criança. É essa a sapiência do jogo.

Jogar não é negar o *monstro*, a morte, o efémero, o enigmático e transitório, encerrando-se num qualquer *palácio da ventura*, num qualquer mundo de falsas ilusões. Jogar é, por mais estranho que possa parecer, a veemente oposição à incapacidade de morrer. É abrir-se à morte e ao sacrifício, como condição do amor, de inclusão e acolhimento do outro, do estranho, do diferente, do que ainda não se conhece. Como condição de vinculação à vida.

A intuição da morte e do sacrifício, quando seriamente assumidos, reconhecidos, jogados, longe de aprisionarem a vida em círculos de finitude e desanimo, só a amplificam, expandem e engrandecem. Na sua *Heterodoxia* Eduardo Lourenço diz-nos que «A grandeza mesma é uma palavra da morte. Tudo o que é grande procede dela.»

No jogo, tanto se aprende a respeitar e estabelecer convenções como a transcendê-las e renová-las, tanto se aprende a ordem como a subversão. Jogar é interpretar, abrir-se aos caminhos de Hermes, para podermos compreender, colocarmo-nos à volta de algo, captar, agarrar, abraçar, de outras formas. É ser criador e doador de sentidos, decifrador de enigmas, mas sem nunca matar a esfinge. Para que o jogo possa continuar.

Procurando distanciar-se dos caminhos que progressivamente parecem levar a sociedade actual a uma desumanização profunda, o jogo, como já intuíram Schiller e os românticos, é experiência radicalmente humana. Experiência compatível com o compromisso e as mudanças sociais, ao contrário do que sempre insinuam aqueles que não sabem cantar a alegria de viver. Aqueles que, na *seriedade* da sua visão do mundo, pretendem reduzir o homem a *Homo Faber*, a *Formiga no Carreiro*.

Se a tarefa do conhecimento é ordenar e pôr sentido no mundo, se a ciência é a imaginação da *ordem*, então a criança, a criança que joga, sem abdicar dela, sem abdicar da constituição de *cosmos*, de *logos*, de mundos com ordem e sentido, é igualmente a afirmação e o reconhecimento da universalidade da ilusão e do sem-sentido do mundo. A reivindicação, feita corpo, da legitimação da ficção, do carácter sempre transitório da constituição das convenções e dos sentidos. A conjunção, a convergência, o abraço, de razão e ficção, de razão e poesia.

Para os gregos ser poeta era ser *criador* (poesia como acção criadora, como *poiesis*). Recordar que a razão, ela própria, é um produto, uma tarefa, uma construção da história, ajuda talvez a melhor compreender o papel do jogo na formação da própria humanidade. Principalmente se tivermos em conta que jogar é a forma de a criança fazer poesia. De a criança se criar.

1. ORIGENS DA ACTIVIDADE FÍSICA E DESPORTIVA

Todo o símbolo tem uma carne,
todo o sonho tem uma realidade
(Milosz)

Como é unanimemente reconhecido o jogo esteve, nos seus primórdios, fortemente vinculado aos aspectos religiosos e agonísticos da cultura. Para ilustrar esta proximidade entre o jogo, o sagrado e o agónico, é habitual recorrer-se ao caso dos jogos gregos, romanos ou aztecas. Humbert (1985) recorda-nos que não havia, na Grécia e em Roma, jogos que não estivessem consagrados a uma divindade, ou seja, a realização desses jogos implicava, sempre, a presença de oferendas e sacrifícios aos deuses.

Também do outro lado do Atlântico a civilização Azteca (1325-1521) nos deixou interessantes vestígios sobre as brincadeiras das crianças (miniaturas, brinquedos com animais, alguns com rodas) e dos adultos (o jogo da pelota designado *tlachtli*). No *tlachtli* o campo de jogo representava o céu, da mesma forma que simbolicamente a pelota representava um astro, o sol ou a lua. Ou seja, o céu era visto como um jogo de pelota onde os deuses jogavam à pelota com os astros. Da mesma forma, o *patolli*, jogo de tabuleiro, para além do seu lado exotérico, apresentava igualmente toda uma significação mítico-religiosa.

Entre os aztecas, o jogo da pelota, talvez o mais conhecido, remete-nos para todo um imaginário simbólico que, partindo de fortes paralelismos entre os homens e os deuses, a bola e os astros, o espaço de jogo e os espaços siderais, o jogo e o mundo, atesta à exaustão o seu significado mítico e religioso. Imbuídos desta concepção do mundo e da vida, os aztecas jogavam à pelota da mesma forma que os deuses, nesse espaço lúdico infinito que é o céu, jogavam à pelota (*tlachtli*) com os próprios astros.

Como realidade social mais ampla, o *tlachtli* não se esgotava nesta dimensão mítico-religiosa, antes convergia com outros planos simbólicos, como o do intercâmbio económico de pessoas e bens, como refere Soustelle (1974: 163), quando afirma que o jogo da pelota, entre os aztecas, «servía de pretexto para cruzar enormes apuestas, por las cuales cambiaban de dueño grandes cantidades de vestidos, de plumas, de oro, de esclavos.»

Os aztecas entregavam-se, com toda a paixão e desmedida, a estes jogos, diz-nos ainda Soustelle (1974: 162): «se entregaron al juego con frenesí, y dos de entre ellos – o tlachtli e o patolli – cautivaban a tal grado a algunos indígenas que terminaban por perder todo lo que tenían incluso su libertad, llegando a tener que ponerse en venta como esclavos.»

Na Grécia, como em Roma ou na civilização Azteca, os jogos estavam consagrados a uma divindade e a sua realização exigia sempre a presença de sacrifícios e oferendas aos deuses, o que significa que, a religião, a festa e os jogos, andaram, desde sempre, muito próximos.

Em todas estas civilizações os jogos apresentavam, assim, uma dupla significação, uma que derivava da sua estrutura religiosa, outra que tinha os seus fundamentos na própria estrutura social. Algo que marca ainda muito fortemente todo o período medieval. Sobre este segundo nível de significação diz-nos Heers (1971: 77) a propósito das festas e jogos medievais:

« [...] las fiestas, espectáculos, y competiciones de toda clase, ofrecen muy frecuentemente la ocasión al hombre de afirmar su pertenencia, no sólo a tal nivel de fortuna, sino a un grupo social.»

Mas se desde as suas origens, o elemento *agon* está presente na religião, na festa e no jogo, o que é certo é que, facto menos valorizado e por vezes esquecido até, o elemento *dialogal* também marca a sua presença desde os primórdios da emergência da actividade lúdica. Mas continuemos, para já, a centrar a nossa atenção sobre esta proximidade entre o lúdico e o sagrado.

No contexto de uma *polis* que, no decurso da Guerra do Peloponeso, procurava preservar a sua identidade e os seus valores, os da liberdade, da excelência, da abertura ao mundo, da hospitalidade, do conhecimento e da reflexão como bússola da acção, Tucídides (1989: 37-39) diz-nos, na sua *História da Guerra do Peloponeso*, que em Atenas

«[...] no nos hemos olvidado de proveer a nuestros fatigados espíritus con muchos descansos del duro trabajo; celebramos juegos y sacrificios regularmente a todo lo largo del año [...] y el placer que todos los días sentimos en todas estas cosas ayuda a ahuyentar la melancolía».

Para de seguida acrescentar, a propósito da educação das crianças, que «mientras que ellos [los espartanos] desde la primera infancia llevan a cabo duros ejercicios que los harán valientes, nosotros vivimos tranquilos y, sin embargo, estamos igualmente dispuestos a enfrentarnos con los mismos peligros [...]».

Na Etrúria celebravam-se anualmente jogos consagrados a Voltumna, deus andrógino (Campbell, 1992) (voltaremos mais tarde, dada a sua importância na compreensão da problemática da actividade lúdica, ao tema da androginia, ao tema da relação entre o jogo e a superação dos pares de opostos), jogos em que o lúdico-festivo, as competições atléticas, as provas artísticas, conviviam saudavelmente com toda aquela sacralidade que igualmente se traduzia no ritual de pregar nas paredes do templo de Nortia (a deusa Fortuna) o cravo anual, símbolo da inevitabilidade do destino, do eterno ciclo da morte e renovação das coisas.

Em Roma, no ano dezassete antes de Cristo, realizou-se o *Festival do Saeculum*, um impressionante Jubileu que de forma explícita expressava a ideia da renovação do mundo, a renovação dessa Idade do Ouro anunciada por Virgílio na sua *Egloga Quarta*. Actores contratados convocavam os cidadãos romanos a participar activamente nos Jogos. As casas eram purificadas e as autoridades recebiam dos cidadãos os alimentos que, durante os jogos, eram distribuídos aos actores e a todos aqueles que assistiam.

Na noite inaugural, o próprio Augusto sacrificava animais em honra das Parcas, a que se seguiam representações teatrais no campo de Marte e banquetes religiosos dedicados a Juno e a Diana. Para além das actividades teatrais e dos banquetes, organizavam-se igualmente provas de atletismo, corridas de carros e representações de natureza picaresca.

Este festival, diz-nos Campbell (1992), recorrendo a palavras de Deubner, « [...] unía el festival nocturno con el diurno, proclamando así el mensaje triunfal a todos aquellos que quisieran escucharlo: de la Noche a la Luz». Deubner, citado por Campbell (1992: 363) acrescenta ainda que

> « [...] el festival de la muerte del antiguo *saeculum* se había transformado en el festival de la resurrección del nuevo; y el emperador del feliz populacho aparecía en el

papel del salvador de la Era que amanecía, bañado en la
gloria de la luz de Apolo.»

Simbolicamente, uma vitória do *Sol invictus*, da luz, de Apolo,
sobre as forças da obscuridade e da morte, num contexto lúdico-
festivo onde convivem os jogos, os sacrifícios aos deuses, a comida, o
teatro, as actividades físicas.

Do que afirmámos anteriormente não se pode retirar a ideia
de que a religião é o único determinante do jogo, até porque é
sobejamente conhecido que este, como espaço de transgressão, de
superação e transcendência da regra e do real, se estrutura por vezes
contra a norma social e os cânones religiosos.

Situação eloquentemente ilustrada com a proibição corânica
de representar figuras humanas ou animais, o que não impediu muitas
crianças muçulmanas – relatos, nomeadamente do século XV,
confirmam-no bem – de, nas suas brincadeiras, usarem brinquedos
que são figurações de pessoas ou animais (Alcantud, 1993). Da mesma
forma, essas proibições não conseguiram igualmente travar a
fabricação de brinquedos na base dessas figurações.

Na base de uma utilização massiva de jogos sensório-motores
e simbólicos, o carácter festivo das celebrações assume,
nomeadamente, a forma de lutas ou competições, de sacrifícios aos
deuses, de confrontos e oposições, expressando, simbolicamente, a
luta entre o finito e o infinito, as forças do bem e as forças do mal, a
vitória de um deus contra um monstro antigo.

Com efeito, muitos mitos assumem a forma de mitos agónicos,
pelo que a sua repetição ritual supõe, no interior do acto festivo, a
presença de lutas e combates, de confrontos entre grupos de
bailarinos. Assim, os rituais agónicos são, de alguma forma, a
actualização do mito, uma manifestação do sagrado, constituindo a
festa, em toda a sua dimensão lúdica, a condição da mediação entre

os homens e os deuses, a possibilidade da purificação, da regeneração, da renovação, do tempo e das forças cosmogónicas.

Com efeito, o elemento *dialogal*, embora muitas vezes minimizado ou ignorado, está também presente nas festas e nos jogos. Os rituais lúdicos arcaicos não se esgotam na dimensão agónica, eles são igualmente a expressão do equilíbrio dos contrários, uma reconciliação dos opostos e das tensões, a procura da unidade e do diálogo. Eles são, no plano sociológico, a forma de assegurar a unidade social do grupo, a renovação dos laços que unem o indivíduo à comunidade a que pertence. São, portanto, um pretexto à reunificação e reconciliação sociais.

As festas e os jogos arcaicos, como abertura ao sagrado, como espaço e tempo de hierofania, encerram toda uma dimensão centrípeta, unificadora e aglutinadora, promovendo, como sugere Wunenburger (1977: 103), uma «synchronisation matérielle et psychique, par opposition à la dispersion et diversité de la vie quotidienne.» Festas, jogos, máscaras, danças, são os componentes principais desse ludismo colectivo, desse *ludus sacer*, que permite ao homem transcender-se, superar-se, apreender e construir outros sentidos para a vida e para si próprio, que permite ao homem afirmar-se negando-se, que permite ao homem aceder ao invisível, ao oculto.

As mímicas dos dançarinos e a sua evolução no espaço, as máscaras que usam e a forma como se vestem, os barulhos, as canções, os ritmos, a forma como os grupos se organizam e as relações agónicas e dialogais que estabelecem, formas simbólicas de ver, pensar e sentir o mundo, são a expressão ritual, a actualização e o reviver, no homem de carne e osso, do mito original. São a reconquista do sagrado, do tempo mítico da criação, pela experiência corporal, pela dimensão lúdica do simulacro e da vertigem.

As considerações até agora desenvolvidas ajudam-nos a compreender que o jogo e o desporto não são simplesmente expressão da agressividade humana, a simples expressão das funções orgânicas, cuja única finalidade seria contribuir para a adaptação ao meio favorecendo, através da selecção natural, a sobrevivência dos mais aptos. Tais interpretações são claramente redutoras e insuficientes.

Recusando ver, na emergência e institucionalização das actividades físicas e desportivas, a expressão de um fenómeno de adaptação biológica ao meio envolvente, uma diversidade de historiadores e antropólogos formularam outras interpretações sobre a génese e evolução da actividade motora, integrando nessas interpretações dimensões que transcendem a esfera do biológico e se elevam aos planos do cultural, do religioso e do estético.

Independentemente de a razão do homem primitivo tender para o pensamento mítico-religioso, como sustenta o sociólogo francês Levy-Brühl, ou de, como afirma a escola soviética, o homem se ter constituído integralmente como ser racional, social e moral, antes de aparecerem as primeiras manifestações do pensamento mágico-religioso, o que supõe uma fase pré-religiosa da história da humanidade, a presença do homem na terra não é explicável em termos de um mero fenómeno de adaptação biomecânica. O que não significa negar a existência, em cada momento da evolução humana, do Antropóide ao Pré-Hominídeo e ao *Homo Sapiens*, de potencialidades e constrangimentos anatomofisiológicos que determinem a motricidade humana.

Não é fácil situar com precisão a origem da consciência humana, tal como foi surgindo no decurso do desenvolvimento da actividade instrumental, embora se saiba que a aquisição da bipedia e a libertação dos membros superiores, potenciando o uso de objectos e sua utilização como instrumentos de trabalho, como meios para alcançar determinados fins, como ferramentas na produção de utensílios, tenham desempenhado um papel relevante em todo este processo.

Da mesma forma, a emergência de um dos signos mais elementares, o gesto de apontar, nomeadamente à distância, entendido como gesto de indicação e de coordenação de acções conjuntas, desempenhou uma função igualmente importante em todo este processo.

No decurso das caçadas colectivas a coordenação entre os diversos membros era inicialmente mal assegurada. Na medida em que os caçadores indicam, uns aos outros, o objecto dos seus esforços comuns, os gestos de orientação e coordenação social vão-se estruturando, passam a fazer-se a distâncias cada vez maiores e desenvolvem-se, progressivamente, relações de reciprocidade mais intensas.

Com efeito, o *Homo Sapiens* do Paleolítico apresenta já uma cultura tecnicamente avançada (fabricação de instrumentos, meios como forma de alcançar determinados fins, coordenação de acções colectivas na base dos gestos de sinalização à distância, os primeiros signos de representação gráfica e verbal), o que lhe permite desenvolver técnicas de caça cada vez mais diferenciadas, suportando-se em sinais ou signos quer de natureza *apresentativa* quer de natureza *representativa*.

O que facilita ao homem do Paleolítico o acesso a formas de expressão e representação, de cariz artístico, como é o caso das pinturas rupestres. Esta abertura ao mundo do simbólico, esta progressiva diferenciação entre o mundo exterior e a sua representação, através de veículos simbólicos diferentes (gesto, palavra, desenho, faz-de-conta), condição essencial para o homem se poder libertar das circunstâncias espaciais e temporais do momento e organizar as suas condutas na base da planificação e da representação, suporta a instauração de toda uma estrutura mágico-religiosa do pensamento.

É neste sentido que vão coexistindo as práticas da caça, como forma de sobrevivência e adaptação biológica do homem ao seu envolvimento, com todo um sistema de crenças mágico-religiosas, em grande parte vinculadas ao pensamento totémico, que de alguma forma funcionam como facilitadoras da caça e procuram assegurar a fertilidade. São essas, afinal, para a generalidade dos investigadores, as duas funções básicas da pintura rupestre: facilitar a caça e assegurar a fertilidade. De acordo com a literatura especializada (Neumann, 1996; Baring e Cashford, 1993), nesta fase da evolução da humanidade estaríamos confrontados não com um, mas com dois grandes mitos, o mito da deusa e o mito do caçador. O mito do herói só irá surgir bem mais tarde, no decurso da Idade do Bronze.

O mito da deusa está relacionado com a fertilidade e a sacralidade da vida em todos os seus aspectos, com a fertilidade da terra e da mulher, com a permanente transformação e renovação da própria vida. O mito do caçador está relacionado com o drama da sobrevivência, do confronto com a morte e a necessidade de matar como condição de sobrevivência. Desta forma, a caça assume também o carácter de acto ritual, com vista à preservação da vida, tendo o caçador que quebrar, entrar em choque, com aquela unidade essencial que o mito da deusa expressa (a permanente transformação e renovação da vida), para poder continuar a viver o seu dia-a-dia.

É no confronto com esta constatação histórica - o ser humano adaptando-se às condições materiais e objectivas em que opera e um sistema de crenças mágico-religiosas elas próprias funcionando como força de modificação e intervenção no real - que devem ser procuradas as origens da actividade física e desportiva. Não surpreende, assim, que as diferentes hermenêuticas que procuram apreender essas origens, privilegiem quer as condições objectivas e materiais (condicionantes funcionais da adaptação biomecânica ao envolvimento) quer outros factores de natureza eminentemente cultural (mitopeicos, religiosos e artísticos).

1. 1. As Interpretações Centradas no Pensamento Biológico

Dei o nome de selecção natural a este princípio
de conservação ou de persistência do mais apto
(Darwin)

As interpretações centradas no pensamento biológico, talvez as mais conhecidas e que alcançaram uma maior relevância e tradição, estabelecem-se fundamentalmente a partir do século XIX.

Como é sabido, a grande revolução da estrutura intelectual do século XIX deriva do papel e importância que, nesse século, assume o pensamento matemático. No entanto, ao longo desse mesmo século, o pensamento biológico ganhará um ascendente crescente, nomeadamente a partir da publicação, por Darwin, de *A Origem das Espécies*, altura a partir da qual o paradigma estático e racionalista das matemáticas se abre progressivamente à ideia de mudança e evolução, à história e à temporalidade, ao diacrónico.

O mundo já não é, definitivamente, algo de fixo e imutável, mas uma realidade em constante mudança que sem cessar evolui e se transforma. Em planos distintos, a história e a biologia constituem-se como as ciências da evolução do homem na terra, reanimando toda a discussão dos vínculos entre o biológico e o histórico, entre o *natural* e o *cultural.*

A teoria geral da evolução de Darwin, libertando o pensamento moderno da ilusão das causas finais, do carácter teleológico dos fenómenos naturais e da evolução histórica, procura explicar a própria vida orgânica, as transformações graduais dos organismos, a partir das mudanças acidentais que ocorrem na vida das diferentes espécies, considerando que as modificações de estrutura que são benéficas à vida e sobrevivência das espécies, são

44

conservadas, enquanto modificações, que de alguma forma são prejudiciais, se extinguem.

É a célebre teoria da selecção natural, da luta pela existência e da sobrevivência do mais apto. Em *El Origen de las Especies*, Charles Darwin (2004: 74) afirma a este propósito que «A esta conservación de las diferencias y variaciones individualmente favorables y la destrucción de las que son perjudiciales la he llamado yo selección natural o supervivencia de los más adecuados», para mais à frente (2004: 80) acrescentar que « [...] los mejor adaptados – suponiendo que haya alguna variabilidad en sentido favorable – tenderán a propagar su clase en mayor numero que los menos bien adaptados».

Ao mostrar que o homem não está separado do resto da natureza, que não é o centro e fundamento do universo, rompendo com os limites arbitrários que as anteriores concepções haviam criado entre as diversas formas de vida orgânica, nomeadamente entre o homem e as outras espécies, a teoria da evolução constitui-se como mais uma dessas *humilhações* por que passou o homem e de que Freud nos fala.

A primeira, a humilhação cosmológica, vem de Copérnico, do sistema heliocêntrico por ele introduzido. É a derrota da ilusão narcisista da consciência, de acordo com a qual a terra seria o centro do universo.

Seguiu-se, com Darwin, a humilhação biológica, já que a teoria geral da evolução desnuda essa pretensão de o homem estar separado do reino animal.

Finalmente, com o próprio Freud, assistimos à terceira dessas grandes humilhações, a psicológica. Para a psicanálise a psique não coincide com a razão e a consciência, pois o homem é em parte *controlado* por forças psíquicas obscuras, inconscientes, que ele próprio ignora e desconhece.

Derrubado desse pedestal em que ele próprio se havia colocado, desse lugar supremo que na ordem hierárquica do universo a si próprio atribuiu, o homem vê-se agora como um ser vivo entre outros seres vivos, estando sujeito às mesmas leis da natureza.

Tendo como suporte as concepções evolucionistas de Darwin desenvolve-se toda uma antropologia do homem com base na ideia, redutora, de que as funções orgânicas têm como única ou principal finalidade promover a sobrevivência dos seres vivos, a preparação e fortalecimento para a luta pela vida, a adaptação às condições naturais.

Com base nestes pressupostos fácil é, às concepções biologistas, estabelecer conexões directas entre a biologia e a educação, entre a biologia e a educação física, como faz Spencer, um dos vultos centrais destas abordagens. O axioma de partida é o de que a educação das crianças e dos jovens deve respeitar, se deve conformar e orientar, às leis gerais da natureza, o que na prática significa não perder de vista as ideias de luta pela existência, adaptação ao meio, selecção natural, sobrevivência dos mais aptos.

Neste sentido, Spencer argumenta que, sendo o homem um animal entre outros, estando sujeito às mesmas leis, a primeira condição que a educação, a educação física, deve procurar, é a de fazer do homem um bom animal, devendo confiar mais na natureza e no conhecimento das suas leis do que no próprio homem, nas suas opiniões em matéria educativa, opiniões que à medida que as leis da natureza vão sendo melhor conhecidas, tantas vezes se revelam erróneas e injustificadas.

As posições biologistas de Spencer revelam-se, assim, como mais uma forma de naturalismo, propondo o autor toda uma mudança substancial dos procedimentos educativos, assente na importância da alimentação, na forma de vestir e na actividade física.

No seu livro *Educação: intelectual, moral e física*, que publica em 1861, defende que a escassa e errada alimentação, as formas inadequadas de o homem se vestir e as restrições à actividade física, nomeadamente na infância e juventude, são as razões primeiras da *debilidade físico-corporal.* Argumenta que a educação deve deixar a natureza seguir o seu curso, criticando todas as formas de artificialismo educativo. É neste contexto que se devem entender as severas críticas que faz à ginástica, que considera um puro artificialismo.

Depois de nos Capítulos II e III nos falar sobre a educação intelectual e moral, de reforçar a ideia de que os esforços educativos se devem orientar no sentido de tornar a educação «amusing, and all education interesting» (pág. 108), de referir «the value of play» (pág. 108) e considerar que os procedimentos educativos devem ter em consideração os interesses e motivações dos alunos, «the juvenile-opinion», a sua curiosidade e «natural desire of variety», conclui que é essencial «*adjusting our proceedings to the laws of life*» (pág. 109). No Capítulo IV centra a sua atenção na educação física, aludindo à importância «of bodily exercise», «of physical education», «of adequate playground», «of out-of-door games», considerando que «the natural prompting of boyish instinct may advantageously be followed» (pág. 274).

As suas concepções de fundo tornam-se bem visíveis e parecem até ganhar mais força, nas considerações que tece a propósito da educação física. Nos tempos mais remotos, afirma Spencer, quando a agressão e as necessidades de defesa eram «the leading social activities» (pág. 307), a destreza e a força física eram essenciais à sobrevivência. Agora, que vivemos numa altura «relatively peaceful», diz Spencer, «our education has become almost exclusively mental» (pág. 308). Uma educação que ignora o corpo, que esquece que «the preservation of health is a duty», que parece desconhecer o que designa de «physical morality». Uma educação, entende Spencer, que na base de uma multiplicidade de artificialidades, ignora a própria natureza, não é mais do que «disobedience to Nature's dictates» (pág. 308).

A ginástica é, para Spencer, uma dessas artificialidades, um sistema de «factitious exercises» que foi criado para evitar essa outra artificialidade que deriva das consequências negativas da ausência de exercício, consequências negativas essas que decorrem do facto de «the natural spontaneous exercise having been forbidden». Para o autor esse «natural spontaneous exercise», inerente ao «boyish instinct», é o jogo, o «amusement» e o «enjoyment» que acompanha os jogos das crianças.

Se o primeiro requisito para a sobrevivência e o sucesso na vida, de acordo com estas abordagens, é «to be a good animal», se, recordemos de novo Spencer, «to be a nation of good animals is the first condition to national prosperity» (pág. 239), então, a melhor forma de preparar a criança para a competição da vida moderna, acrescenta o autor, é treiná-la «physically» e «mentally for the struggle» (pág. 239).

Assim, de acordo com estas perspectivas – o evolucionismo biológico aberto por Darwin e o evolucionismo sociológico de Malthus, nomeadamente as suas teorias demográficas sobre o aumento e diminuição das diferentes populações e culturas – as actividades físicas devem ser entendidas como respostas históricas que manifestam ou expressam a forma de o homem se adaptar às circunstâncias adversas do envolvimento, de sobreviver e ter sucesso nessa luta pela vida, já que, de acordo com as leis da selecção natural, só os mais aptos e melhor preparados fisicamente serão capazes de sobreviver.

O que significa que a origem das actividades físico-corporais se deve procurar, face às circunstâncias de cada momento histórico, no esforço do homem para desenvolver aquelas actividades corporais que melhor o preparam fisicamente para superar as dificuldades e constrangimentos que a luta pela vida sempre coloca.

Mas esta perspectiva sobre a origem das actividades físico-corporais é uma de entre uma multiplicidade de modelos explicativos possíveis. Cada autor, ao aprofundar determinadas áreas ou temas específicos, proporciona quadros explicativos distintos, seja sobre esta temática específica seja sobre a natureza humana em geral.

Para além do evolucionismo biológico ou sociológico, outras linhas de estudo e investigação, no âmbito da teologia, da metafísica ou da psicologia, entre outras, foram igualmente fios organizadores do esforço em aprofundar a compreensão da génese das actividades corporais, em aprofundar a compreensão da condição e da problemática humana.

Assim, não é de estranhar que essa diversidade de concepções e pontos de vista, que por vezes parecem ignorar-se mutuamente, se por um lado são um forte contributo para a compreensão e valorização da vida humana, por outro lado, como refere Max Scheler, deixam-nos um sentimento de falta de unidade conceptual, igualmente necessária à compreensão da problemática humana.

Max Scheler, citado por Ernst Cassirer (2006: 44) expressa a paradoxalidade desta situação da seguinte forma:

«No poseemos, por consiguiente, una idea clara y consistente del hombre. La multiplicidad siempre creciente de ciencias particulares, ocupadas en el estudio del hombre, ha contribuido más a enturbiar y oscurecer nuestro concepto del hombre que a esclarecerlo.»

Situação paradoxal que, afinal, só reflecte a própria paradoxalidade da natureza e condição humana. Escutemos, a este propósito, o próprio Ernst Cassirer (2006: 30): «La contradicción es el verdadero elemento de la existencia humana. El hombre no posee naturaleza, un ser simple u homogéneo; es una extraña mezcla de ser y no ser. Su lugar se halla entre estos dos polos opuestos.»

O homem é, indiscutivelmente, um ser biológico que não está separado do resto da natureza, um animal entre outros animais, com o seu *mundo próprio*, que está sujeito às mesmas leis da natureza, que está sujeito às mesmas leis biológicas que governam a vida de todos os organismos. Mas, no caso do homem, para além desse *universo físico* e das reacções directas e imediatas, orgânicas, às condições exógenas em que habita, não podemos ignorar essa outra dimensão da realidade, especificamente humana, que é a dimensão do simbólico.

O homem vive imerso numa imensa teia de relações simbólicas, num *universo simbólico* de que fazem parte a linguagem, o mito, a arte, a religião. Toda uma diversidade de manifestações culturais que tecem a complexidade e exuberância da experiência humana e a distinguem de outra formas de inteligência prática e de comportamentos simbólicos que ocorrem no reino animal em geral.

Ora, estas dimensões da inteligência representativa e da imaginação simbólica, tão características da natureza humana, não podem ser ignoradas ou desvalorizadas quando se trata de compreender o comportamento motor, quando se trata de compreender a origem das actividades físico-corporais. Não admira, pois, que no esforço para aprofundar a origem dessas actividades, outras abordagens, que vão para além da dimensão *biológica*, se tenham perfilhado.

É neste sentido que entendemos o pensamento de Huizinga, um dos grandes teóricos da actividade lúdica, quando, sem recusar a existência, nos animais, de vínculos muito fortes entre o jogo e os processos biológicos, como é o caso dos jogos de sedução, nomeadamente no período de acasalamento, reconhece igualmente, de forma magistral, que no homem o jogo ultrapassa o biológico para se manifestar em todas as esferas da cultura. É o caso, algo que numa análise superficial poderia parecer surpreendente, da festa, do culto e do sagrado.

Afinal, como nos ensina Jean Chateau, o jogo não é, fundamentalmente, um comportamento que interessa toda a personalidade, uma expressão de superação de si mesmo, um impulso para o alto e para o futuro? Uma expressão, portanto, de transcendência? De superação do concreto, do imediato, do presente, do aqui e agora. Uma porta aberta ao mundo do possível, do hipotético, do utópico. A capacidade de viver, simultaneamente, nesses dois mundos.

Como refere Frederikson, citado por Baum e Coleman (1989: 157)

> «No hay ninguna sociedad conocida que no tenga juegos en los que los individuos ponen obstáculos puramente artificiales y se complacen en superarlos.»

A capacidade de superar, como nos diz Goethe, o *só isso*, o que nos é *dado*, já que o jogo, o ético, tudo o que remete para o simbólico, tem que ser *construído, criado, inventado*. A capacidade de, simultaneamente, afirmar e negar. Desde muito cedo, nos seus jogos mais elementares, a criança, sem negar que um pau é um pau ou que uma folha é uma folha, manifesta já essa capacidade de transformar o pau numa espada, numa espingarda ou num cavalo, como transforma a folha de uma árvore num bilhete de autocarro ou no dinheiro que lhe permite comprar um carro. Carro que, nos seus jogos, poderá ser a pinha de um pinheiro.

1.2. As Interpretações Materialistas

Os exercícios corporais nasceram
do processo de produção
(Eichel)

Discordando radicalmente das abordagens que colocam as origens das actividades físico-corporais na esfera do lúdico-festivo e do sagrado, as abordagens materialistas privilegiam, nas suas análises, as condições materiais que suportam a emergência e progressiva institucionalização dessas práticas.

De acordo com estas abordagens a origem e natureza do próprio desporto, uma das expressões dessa institucionalização, não se deve procurar na abertura do homem ao transcendente, ao sagrado, ao desconhecido, da mesma forma que não se deve procurar nas experiências do êxtase, tão fortemente vinculadas ao pensamento mágico-religioso e à actividade festiva. A origem e natureza do desporto deve antes procurar-se na dimensão *faber* do homem, na actividade produtiva e na divisão do trabalho, na dinâmica da sociedade de classes, nas necessidades de subsistência.

Para a sociologia de origem marxista, herdeira dos contributos iniciais de Feuerbach, Marx e Engels, a actividade e os exercícios físicos, ou, na linguagem mais específica do marxismo, os exercícios ou actividades corporais, nasceram com a própria actividade produtiva, com o desenvolvimento do próprio processo produtivo. O que significa que o desenvolvimento das actividades físico-corporais ocorreu paralelamente, ao longo dos diferentes momentos históricos, com o desenvolvimento dos processos de produção dominantes em cada um desses momentos.

Esta insistência das abordagens materialistas nas condições de produção dominantes em cada etapa do desenvolvimento histórico, como factor central da génese e evolução das actividades corporais e dessa manifestação específica que é o desporto, subalterniza o papel das dimensões lúdico-festivas e religiosas. Situação que deriva do facto de, para a sociologia marxista, a superestrutura ideológica – na multiplicidade das suas manifestações, a produção de ideias, as crenças religiosas, todas as formas de representação simbólica – ser o reflexo, depender directamente, da infra-estrutura económica, das relações materiais que se estabelecem entre os homens, da actividade produtiva e da divisão do trabalho.

Assim, actividades como a caça, a agricultura ou a pesca, teriam levado, no homem primitivo, ao desenvolvimento de diferentes formas de actividade corporal. Os caçadores primitivos, há já mais de 70.000 anos, nas suas caçadas colectivas, para além de terem desenvolvido formas de comunicação gestual e vocal que os ajudavam a coordenar e orientar os seus esforços no sentido de alcançarem objectivos comuns, desenvolveram igualmente técnicas específicas de caça que viriam a traduzir-se naquilo que hoje chamamos o lançamento do dardo. A utilização do arco e da flecha, como técnica de caça, surgiu bem mais tarde.

É bem conhecida a importância que teve o lançamento do dardo e a utilização do arco e da flecha, formas específicas de descoberta e utilização de ferramentas, ou seja, de instrumentos que prolongam as possibilidades de actividade corporal, na formação da própria consciência do homem. Trata-se, afinal, da emergência de novas capacidades cognitivas, da capacidade de utilizar determinados meios ou estratégias, como forma de alcançar fins específicos.

Não admira, pois, que o lançamento do dardo – forma específica de arremesso – as danças e os cerimoniais mágicos de caça a eles associados, sejam considerados os primeiros tipos de actividade físico-corporal do homem. Só bem mais tarde, há cerca de 25.000 anos, teria surgido essa outra técnica corporal, a utilização do arco e da flecha, técnica e instrumento de caça mais complexo, quer no que respeita à sua produção quer à sua utilização.

De realçar ainda, de acordo com estas abordagens, que as técnicas de caça, inicialmente autênticos e genuínos modos de produção, técnicas que em grande parte condicionaram a evolução dos exercícios físico-corporais posteriores, terão sido, seguramente, *exercitadas* e *treinadas*, de forma descontextualizada, com vista à melhoria do rendimento dos caçadores nos contextos reais de caça. Mais uma vez, a descoberta de um novo meio para alcançar um determinado fim.

Mas, se os caçadores primitivos desenvolveram exercícios físico-corporais específicos, já os agricultores ou os pescadores exercitavam o seu corpo de formas distintas. É neste sentido que se fala das estreitas conexões entre os exercícios físico-corporais e os diferentes modos de produção, entre os exercícios físico-corporais e a divisão do trabalho.

De qualquer forma, a sistematização da educação corporal a que já aludimos anteriormente, quando referimos o facto de os caçadores, à semelhança de outras formas de actividade produtiva, exercitarem as suas competências motoras em contextos de *simulação* ou *treino* com vista a uma melhor utilização dessas técnicas em situações posteriores de caça, parece ter ocorrido, de forma mais significativa e intensa, de forma mais estruturada e sistematizada, no início do Neolítico, com a prevalência do sedentarismo do agricultor em relação ao nomadismo do caçador.

Terá sido nestes primeiros contextos tribais de vida mais sedentária e suas dinâmicas internas, como os rituais de transição dos grupos de jovens ao mundo dos adultos, que surgiram, ou pelo menos se estruturaram e cimentaram, formas específicas de *treino* das actividades corporais exigidas pelos processos de produção vigentes.

É nesses processos de exercitação, na importância que assumiam na vida social dessas colectividades, que se deve procurar, de acordo com estas abordagens, a origem das primeiras competições desportivas e a sistematização da educação corporal (jogos, danças, rituais mágicos). Ou seja, o recurso à exercitação corporal, aos exercícios físicos, entendido como meio de melhorar a capacidade produtiva do homem.

É no período final da Idade do Bronze e no início da Idade do Ferro, um tempo de conquista e invasão, que esses exercícios corporais vão adquirindo uma dimensão bélica, guerreira e militarista, cada vez maior. O que corresponde ao que anteriormente designámos por período em que os antigos mitos da deusa e do caçador vão sendo substituídos pelo mito do herói, com todo o seu cortejo de estruturas do imaginário assentes na oposição, no antagonismo, na luta entre opostos, no ganhar e no perder, em suma, numa visão antitética do mundo.

Durante este longo período tribos arianas (indo-europeias) e semitas forçam o caminho para a Mesopotâmia e a Anatólia, deixando um rasto de devastação ao imporem os seus costumes guerreiros e patriarcais, os seus deuses celestes, aos povos sedentários. Povos mais ligados à natureza e que viviam da agricultura. Ecos dessas migrações da Idade do Bronze estão bem patentes em toda essa mitologia da guerra que ressoa nos *Mahabharata*, na *Ilíada* ou no *Antigo Testamento*.

As análises marxistas enfatizam a influência que, em diferentes momentos históricos, a guerra sempre teve sobre a educação corporal. Enfatizam a forma como, em função da guerra, as práticas e os exercícios corporais foram evoluindo. Enfatiza a forma como, em função da guerra, as práticas e os exercícios corporais, se foram sistematizando. Neste sentido o desporto poderia ser entendido como uma profícua catarse, sublimação, domínio ou controlo, dos instintos de agressão do homem. Uma espécie de equivalente moral da guerra.

Interpretada pelos clássicos como um fenómeno natural, a guerra era entendida como um meio de que dispunham os homens livres para manterem a sua autoridade. Como refere Aristóteles na sua

Política, «la naturaleza teniendo en cuenta la necesidad de conservación, ha creado a unos seres para mandar y a otros para obedecer» (pág. 10), ideia que reforça mais à frente (pág. 12) ao afirmar que «la autoridad y la obediencia no son solo cosas necesarias, sino que son eminentemente útiles. Algunos seres, desde el momento en que nacen, están destinados, unos a obedecer, otros a mandar».

No Capítulo III – *Da Aquisição de Bens*, o filósofo explicita melhor (pág. 15) o seu pensamento sobre a guerra, quando reconhece que

> « [...] la guerra misma es, en cierto modo, un medio natural de adquirir, puesto que comprende la caza de los animales bravíos y de aquellos hombres que, nacidos para obedecer, se niegan a someterse; es una guerra que la naturaleza misma ha hecho legitima.»

Curiosamente, esta fundamentação de uma sociedade que *naturalmente* deve compreender homens e escravos, os que mandam e os que obedecem, suporta-a o estagirita na analogia que estabelece entre o corpo e a alma. Ou seja, se a alma foi criada para mandar e o corpo para obedecer, também o escravo deve obedecer ao seu senhor. Ouçamos mais uma vez o que Aristóteles, no livro atrás referido, *Política* (pág. 12), nos diz sobre esta questão:

> «Por lo pronto, el ser vivo se compone de un alma y de un cuerpo, hechos naturalmente aquella para mandar y este para obedecer. Por lo menos así lo proclama la voz de la naturaleza, que importa estudiar en los seres desenvueltos según sus leyes regulares y non en los seres degradados. Este predominio del alma es evidente en el hombre perfectamente sano de espíritu y de cuerpo, único que debemos examinar aquí.»

Não é, pois, de estranhar, que esta visão do homem como corpo e como alma, em que o primeiro é desvalorizado e o segundo elevado ao estatuto de *senhor*, considere o *escravo* (o corpo), *naturalmente*, um instrumento de uso individual, dada, precisamente, a sua superioridade física para certo tipo de actividades. Instrumento de uso comparável aos animais domésticos. Ouçamos, mais uma vez, o que Aristóteles, na mesma obra (pág. 13), nos diz:

> « [...] el empleo de las fuerzas corporales es el mejor y único partido que puede sacarse de su ser, se es esclavo por naturaleza [...]»

> «Por lo demás, la utilidad de los animales domésticos y de los esclavos son poco mas o menos del mismo género. Unos y otros nos ayudan con el auxilio de sus fuerzas corporales a satisfacer las necesidades de nuestra existencia»

> «La naturaleza misma lo quiere así, puesto que hace los cuerpos de los hombres libres diferentes de los de los esclavos, dando a estos el vigor necesario para las obras penosas de la sociedad»

A guerra e a escravatura, como fenómenos *naturais*. A superioridade da alma/senhor, destinada a mandar. O corpo/escravos, destinado a obedecer. O corpo do escravo, dotado de grande resistência e força muscular, para levar a cabo tarefas mais *duras* e *penosas*. O homem livre cultivando o seu corpo para os fins superiores do espírito humano, a saber, para o exercício das funções da «vida civil», funções essas que se repartem entre as ocupações da *guerra* e da *paz*.

Assim, nomeadamente desde os finais da pré-história, os exercícios corporais vão assumindo uma forte dimensão militarista, não deixando as análises marxistas de registar como a guerra e os interesses económicos que serve, foram determinando as práticas corporais. Assinala-se, assim, a forma como os exercícios corporais contribuíram para melhorar a capacidade produtiva e a preparação para a guerra.

É com base nestas considerações que alguns autores entendem o desporto como uma *domesticação da guerra*, aludindo nomeadamente aos exemplos da Grécia, de Roma e da Idade Média. É sobejamente conhecido que a civilização grega instituiu diferentes tipos e períodos de tréguas, com o objectivo de assegurar a celebração das múltiplas expressões dos seus jogos e competições desportivas, como no caso dos Jogos Olímpicos.

Ideia de trégua que não é exclusiva da civilização grega, pois sabe-se que surgiu igualmente noutros momentos históricos. É o caso dos torneios e justas medievais. Por um lado eram como que uma figuração e preparação para a guerra. Por outro lado a sua proliferação não deixava, igualmente, de ser um esforço político e religioso para limitar e reduzir os períodos temporais em que as actividades bélicas e militares eram possíveis.

Não queremos com isto afirmar que haja uma continuidade directa entre os desportos actuais e as práticas físicas da Antiguidade Clássica ou da Idade Média. Como veremos posteriormente as práticas desportivas, como actualmente as concebemos, emergem em grande parte do processo de industrialização.

Allam Guttmann e Max Weber expõem uma série de traços que caracterizam o desporto moderno e que claramente o diferenciam das antigas práticas greco-romanas. De entre elas salientamos: a secularização, ou seja, a ruptura na conexão original entre desporto e celebrações festivo-religiosas, a igualdade de oportunidades e de condições para competir (que embora ainda não alcançadas por completo nos afastam das circunstâncias mais segregadoras que caracterizavam as práticas antigas – exclusão das mulheres, participação reservada a certas classes sociais), a especialização de papéis e funções, a estruturação e organização burocrática, a quantificação e mensuração, a importância dada às marcas e aos recordes.

No entanto, apesar de todo este afastamento e diferenciação, fácil é detectar os fortes vínculos que ainda subsistem entre a religião e o desporto, a ponto de, nomeadamente a partir das sementes lançadas por Huizinga, a própria teologia católica, para se referir às conexões entre Deus e o jogo, entre o lúdico e o divino, nos falar de um *Deus Ludens*.

Se durante vários séculos muito se teorizou sobre a conveniência, legitimidade e utilidade da guerra, se a guerra, como vimos com Aristóteles, era entendida como um fenómeno *natural*, não é menos verdade que as abordagens materialistas enfatizaram uma perspectiva bem diversa ao analisar, desde as origens e mais fortemente a partir da Idade do Bronze, a forma como se foi instaurando uma relação muito forte entre as actividades físico-corporais (o desporto, portanto, como uma institucionalização dessas actividades), a guerra e a economia.

Mas, se para Aristóteles, a guerra e a escravatura são algo *natural*, se a guerra e a diferença entre os homens são legitimadas pela própria *natureza* e não apenas por *convenções*, se está legitimado pela própria natureza o direito de o mais forte impor a sua vontade, como é o caso da apropriação e escravização dos prisioneiros capturados nas guerras, já para Hobbes, Locke ou Rousseau, a questão se coloca de forma bem distinta.

Aristóteles constrói toda a sua *Política* na legitimação, por natureza, da guerra, da escravatura e da diferença entre os homens. Hobbes, Locke e Rousseau, pelo contrário, querem acabar com esse estado natural beligerante, onde não existe justiça nem moralidade, onde reina o egoísmo e os homens são inimigos sempre prontos a vorazmente competir e disputar o interesse dos outros. Estado onde reina, portanto, o princípio da guerra. Hobbes, Locke e Rousseau substituem esse princípio pelo *Contrato Social*, pela construção da sociedade civil e do Estado.

Nomeadamente no *Leviatán* e no *De Cive*, Hobbes explana a sua tese da substituição do estado natural pela sociedade civil, na base do contrato social estabelecido entre os diferentes indivíduos, na submissão a essa vontade colectiva que é o Estado. Neste ponto, o pensamento de Hobbes, tão distinto do pensamento aristotélico, coincidem de alguma forma, já que ambos defendem a legitimidade da guerra. Aristóteles, para preservar e perpetuar a filosofia da diferença *natural* entre os homens, Hobbes, para acabar com o estado de natureza, onde reinam as *paixões*, a *guerra*, o *medo*, a *barbárie*, a *crueldade*. Mesmo que seja à custa desse *deus mortal*, que é o *Leviatán*, deus que deve garantir a paz, submetendo as vontades, ainda que à custa da autoridade e da própria guerra.

No Capítulo XIV do *Leviatán*, intitulado *Da Primeira e Segunda "Leis Naturais" e dos Contratos*, diz-nos Hobbes: «La ley fundamental de la naturaleza. La condición del hombre es una condición de guerra de todos contra todos, en la cual cada uno está gobernado por su propia razón» (pág. 154). O autor continua afirmando que enquanto durar este estado ou direito natural de cada um, não pode haver segurança para ninguém, donde deriva a necessidade (segunda lei) de procurar a paz.

Hobbes (pág. 54) formula esta segunda lei da seguinte forma:

> « [...] que uno acceda, si los demás consienten, también, y mientras se considere necesario para la paz y defensa de sí mismo, a renunciar este derecho a todas las cosas y a satisfacerse con la misma libertad, frente a los demás hombres, que les sea concedida a los demás con respecto a él mismo.»

A passagem do estado natural à sociedade civil suporta-se, assim, na renúncia a um direito. É a essa renúncia ou transferência de direitos que Hobbes (pág. 55) chama Contrato.

«La mutua transferencia de derechos es lo que los hombres llaman Contrato.»

Ora, tal renúncia ou transferência de direitos, que não é possível enquanto durar o estado de natureza, só é possível na base da regulação social, na base da intervenção do Estado. A este propósito diz-nos Hobbes (pág. 71):

«Esta es la generación de aquel gran Leviatán, o mas bien, de aquel dios mortal, al cual debemos, bajo el Dios inmortal, nuestra paz y nuestra defensa. Porque en virtud de esta autoridad que se le confiere por cada hombre particular en el Estado, posee y utiliza tamaño poder y fortaleza, que el terror que inspira es capaz de conformar las voluntades de todos ellos para la paz [...]»

Seja como for, em termos globais Hobbes conceptualiza toda uma transição de um estado natural, caracterizado em termos de paixões, guerra, pobreza, medo, miséria e barbárie, para um estado civil que asseguraria paz, segurança, riqueza, tranquilidade, desenvolvimento técnico e científico.

As diferenças, bem conhecidas, nas concepções sobre o contrato social, entre Hobbes, Locke e Rousseau, no contexto da ideia geral que partilham, a necessidade de acabar o estado de natureza substituindo-o pela construção da sociedade civil, radica precisamente nas diferentes visões que apresentam sobre o estado de natureza. Quanto mais violento, beligerante e anárquico é esse estado de natureza, maiores poderes e autoridade são atribuídos ao Estado que deriva desse contrato social.

A situação extrema encontramo-la, precisamente, em Hobbes, que concebe o estado de natureza a partir do princípio da conflitualidade e da guerra, condição onde impera o «*bellum omnium contra omnes*», onde o homem é entendido como o maior inimigo do próprio homem. É o famoso «*homo homini lúpus*» hobbesiano.

Este retorno a um estado de natureza é o que encontramos no *Robinson Crusoe,* a conhecida obra de Daniel Defoe. O romance é, em grande parte, o relato de uma imensidade de peripécias que Robinson vive na sua ilha deserta. A forma como reorganiza as suas relações com a própria natureza e, mais tarde, com Sexta Feira. A forma como se relacionam, como se exploram e escravizam, como se excluem e se unem. A forma como começam a cooperar, como se moldam e equilibram.

Sem conhecer o seu novo *habitat*, Robinson rodeia-se, inicialmente, dos bens que consegue salvar do naufrágio, procura guardá-los e protegê-los. Constrói, assim, uma primeira casa-tenda, onde preserva os seus pertences, edificação que rapidamente vai assumindo a forma de castelo, de fortificação protectora, pensada e organizada em função dos seus medos às feras ou a possíveis selvagens, a possíveis inimigos. Em qualquer caso, agredido, haverá de ser ele a ordenar e dominar.

Progressivamente, Robinson irá aceitar o *sacrifício* da sua edificação, da sua ordenação do mundo e da vida, para se ajustar à nova vida que Sexta Feira lhe proporciona. Fruto de longo e complexo processo de adaptação mútua e recíproca, uma série de metamorfoses vão ocorrendo na relação entre eles. Sexta Feira ensina Robinson a mudar, a transformar todos aqueles elementos que antes via como agressores. Ensina-o a mudar a sua relação com o cosmos. O Outro, o diferente, é mesmo a condição da mudança.

De uma outra forma, William Golding debruça-se também, nos seus romances, sobre estas problemáticas, centrando as suas observações e reflexões na origem e natureza dos comportamentos humanos básicos, procurando-as onde esses comportamentos, na opinião do autor, se encontram no seu estado mais puro, sem artificialismos e mais próximos do seu estado de natureza: o jogo infantil.

Considera que a desordem e conflitualidade social não são mais do que a expressão, em grande escala, das reacções da criança quando deixada em plena liberdade, como ocorre com a actividade lúdica. Entende, assim, que o inimigo não está fora mas dentro, na própria natureza humana, naturalmente belicosa e agressiva. Colocando-se nesta posição, critica veementemente todos aqueles que vêm a vida como «[...] une évolution biologique du Mal au Bien sur le plan social.» (Golding, 1965: 8).

Em *Sa Majesté des Mouches,* de forma altamente satírica, relata todo um conjunto de acontecimentos que se sucedem (conflitos, lutas de liderança, cisão no seio do grupo, enfim, todo um imaginário da oposição e da conflitualidade) quando um avião cai numa ilha do Pacífico e apenas se salvam as crianças que seguiam nesse voo. Crianças que assim se vêm deixadas, em plena liberdade, ao seu próprio destino. Registamos aqui quatro pequenas frases retiradas desse romance:

«À mort le cochon. Qu´on l´égorge. Que le sang coule» (pág. 88)

« Il n´y a qu´à glisser un tronc là-dessous et si un *ennemi* approche [...] regard !» (pág. 136)

«On ira à la chasse. Je serai le chef» (pág. 170)

« Il n´y a personne ici pour t´aider. Il n´y a que moi. Et moi, je suis le Monstre» (pág. 183)

Já Rousseau, que integra aquele conjunto de teses bem mais recentes sobre a bondade natural do homem, vê na criança um *bom selvagem.* «Todo está bien al salir de manos del autor de la naturaleza; todo degenera en manos del hombre» (pág. 7), diz-nos Rousseau logo a iniciar o primeiro livro do seu *Emílio ou a Educação*, para posteriormente desenvolver o seu pensamento com afirmações como «... siempre son rectos los movimientos primeros de la naturaleza» (pág. 92), «[...] no hay perversidad en el pecho humano» (pág. 92), ou, « [...] observemos la naturaleza, y sigamos la senda que nos señala [...] tal es la regla de la naturaleza. Por qué oponerse a ella?» (pág. 24).

Claro que Rousseau reconhece uma importância fundamental à sociedade e à educação no desenvolvimento da criança («Nacemos débiles y necesitamos fuerzas [...] asistencia [...] inteligencia. Todo cuanto nos falta al nacer [...] se nos da por la educación») (pág. 8). O que ele critica tenazmente é o artificialismo de uma educação autoritária, cerceadora da necessidade de a criança fazer a experiência activa das suas capacidades, virada para a passividade e total submissão da criança à *autoridade ensinante* do adulto. Saída do ventre materno, recorda-nos o autor, logo lhe colocam ligaduras, enfaixam-na, retirando-lhe toda a possibilidade de se movimentar, como que receando qualquer iniciativa ou sinal de vida da sua parte. Chega mesmo a afirmar que «[...] parece que tienen miedo de que den señales de vida» (pág. 17).

O que para Rousseau é um imenso contra-senso, um das falsidades da educação do seu tempo, ele que veementemente defende que a criança deve ter um corpo «vigoroso e robusto», um corpo que permanentemente deve exercitar, «[...] que corra, juegue y se caiga cien veces al día; más vale así; con eso aprenderá antes a levantarse» (pág. 69). Um corpo que corra, salte e grite, que ria, num clima de amor e ternura, pois a natureza «[...] formo a los niños para que fuesen amados y socorridos» (pág. 86).

A criança deve ter um corpo *vigoroso e robusto* pois « [...] un cuerpo débil debilita el alma» (pág. 35). Mas não pelas razões que Aristóteles defendia ao afirmar, como vimos anteriormente, que a natureza deu ao escravo um corpo vigoroso «[...] para las obras penosas da sociedad» e ao cidadão livre um corpo para os fins superiores do espírito humano, as funções civis da paz e da guerra. O que passava pela constituição de um corpo militar.

Rousseau valoriza antes o facto de o desenvolvimento de um corpo vigoroso ser parte integrante do desenvolvimento do *entendimento* e da *compaixão*.

Ao colocar-se nesta perspectiva, Rousseau como que antecipa o que hoje designamos por pedagogia activa, no sentido de a criança, reflectindo sobre a sua própria experiência, no contexto das interacções que estabelece com os outros, ser o construtor activo das suas próprias aprendizagens, do seu próprio desenvolvimento. O que Rousseau reprova é aquela educação que ao colocar a criança na situação passiva de obedecer maquinalmente às ordens dos adultos, acaba por fazer com que «[...] el habito y la obediencia sustituyen en él a la razón» (pág. 134).

Contrapõe a este estado de coisas uma educação activa, construída a partir da criança e das suas experiências, uma educação situada em que a criança «[...] se ve precisada a raciocinar para cada acción de su vida» (pág. 134). O que para Rousseau significa que quanto mais a criança « [...] ejercita su cuerpo, más ilustra su entendimiento» (pág. 134). «En qué queréis que piense, si lo hacéis por el?», questiona-se o autor do *Emílio*, ao criticar tão acerrimamente o que designa por *autoridade ensinante*.

Mas Rousseau não se preocupa só com as condições naturais que, segundo ele, promovem o desenvolvimento do *entendimento* e da *razão*, preocupa-se igualmente com aquela dimensão educativa, hoje tão mencionada, mas igualmente ignorada ou desvalorizada, dos afectos e das relações interpessoais. Citaremos, a este propósito, uma única frase de Rousseau, tão singela como eloquente: «La compasión que tenemos del mal ajeno no se mide por la cantidad de este mal, sino por el sentimiento que atribuimos a los que padecen» (pág. 295). Também por aqui passa a educação de Emílio, também por aqui passa a concepção que Rousseau tem do estado de natureza.

Referimos anteriormente todo um conjunto de posições que centra a sua análise nas conexões entre o exercício corporal e a actividade produtiva, posições que defendem que os exercícios corporais nascem do processo produtivo e da divisão do trabalho, da criação dos meios para o homem satisfazer as suas necessidades vitais.

Nesse sentido, procurámos chamar a atenção para as conexões entre a evolução dos exercícios corporais e os modos de produção dominantes em cada momento histórico, tendo feito alusão à caça, à agricultura e à pesca, ao nomadismo e ao sedentarismo, às primeiras formas de sistematização e especialização da educação corporal, os jogos, às danças e às competições desportivas. Referimos igualmente a dimensão militarista que os exercícios corporais foram adquirindo, olhando para as concepções que vêm o desporto como expressão da domesticação da guerra e, portanto, para a natureza essencialmente violenta do desporto.

Nos próximo parágrafos retomaremos estas temáticas, continuando com as relações entre guerra e desporto, passando por algumas análises mais recentes sobre o desporto na moderna sociedade industrial, para finalmente nos concentrarmos nas designadas abordagens freudo-marxistas.

1. 3. As Interpretações Freudo-Marxistas

Le corps libéré est encore sous la domination
de la société qui le réprime
(Jean-Marie Brohm)

Alguma literatura da área da sociologia do desporto, onde se integram Norbert Elias e Eric Dunning, insiste no fundo violento do desporto. Em muitos momentos da história o desporto funcionou como preparação para a guerra, como prática física de carácter militar. O modelo educativo espartano, assente numa cidade-acampamento e respectiva militarização da actividade física, é insistentemente referido a este propósito. São bem conhecidas as origens militares da educação física em países como Portugal, Espanha, França ou Alemanha. Está suficientemente bem estudada a forma como as ditaduras portuguesa e espanhola, o fascismo italiano e o nacional-socialismo alemão, instrumentalizaram as práticas físico-desportivas e as usaram nomeadamente nas suas políticas educativas para a juventude.

Alfred Baemler, o conhecido teórico nazi do desporto, declarava que «O corpo é um instrumento político», afirmação que não vacilaríamos em subscrever não fosse o sentido e utilização particular que o autor lhe dá.

No entanto, não se pode igualmente ignorar que a presença desta dimensão militarista não impediu o desenvolvimento de outras tendências. De entre elas, poderemos enumerar as que passam pelas dimensões da educação, da saúde, da animação, da recreação, do espectáculo ou do turismo.

Com efeito, esse fundo violento do desporto, essa violência e conflitualidade referida na literatura, entrelaça-se e vincula-se, subtilmente, a formas construtivas de interdependência, de cooperação e amizade, de trabalho em equipa e espírito de grupo. Ou seja, o carácter educativo ou não educativo do desporto bem como a presença ou ausência, e com que grau de intensidade, de qualquer das dimensões anteriormente enunciadas ou de quaisquer outras dimensões (competitividade, institucionalização, profissionalização, especialização), resultam da complementaridade de uma diversidade de factores sociopolíticos.

Bastaria, para o efeito, pensar na *paideia* grega e na forma como contemplava uma formação integral do homem, consubstanciada numa simbiose perfeita entre as dimensões ética e corporal da pessoa humana. A *areté* (virtude) helénica propunha um ideal educativo, um modelo pedagógico harmonioso e equilibrado – é conhecida a importância que a harmonia tem no pensamento e sensibilidade do mundo grego – onde se combinavam a beleza física, a virtude, a bondade ético-moral. Onde, num equilíbrio harmonioso entre *educare* e *educere*, se procurava a actualização de todas as virtudes do espírito humano.

A educação e a cultura grega, a *paideia*, como formação integral, valorizadora do corpo e da alma, da formação do corpo e do espírito, preocupada em assegurar aos homens livres a mais elevada realização do seu próprio ser, o mais elevado dos bens, a *areté*, envolve todo um conjunto de práticas sociais que, no contexto da *polis,* só adquirem sentido na comunicação com o outro.

Sendo acima de tudo uma prática física, em grande parte confiada ao *pedotribés*, engloba a ginástica, a música, a poesia e a filosofia. Mas, nesta formação integral do corpo e do espírito, mesmo a ginástica, a higiene, a saúde e a beleza (as duas principais formas de *areté* física), as purificações, as relações que os gregos tinham com o seu corpo, eram relações de virtude, de procura da excelência física e espiritual, de *areté*.

Mas, tal harmonia logo foi quebrada. A progressiva profissionalização do desporto, decorrente de diversos factores (confronto com outras civilizações, educação platónica e criação de uma atitude hostil em relação ao corpo, intelectualização da educação), levou ao declínio e extinção deste ideal educativo.

No decurso do século XX, as actividades corporais de natureza agónica e competitiva, a que hoje chamamos desporto, assumiram um carácter altamente estruturado e organizado, perdendo em grande parte, excepto em situações pontuais e extremas, aquela dimensão de competição violenta das práticas de que deriva.

Como perderam igualmente, como veremos mais tarde, a sua dimensão lúdica. As limitações impostas à violência, os esforços de regulação e autocontrolo, as normas sociais que vão sendo introduzidas, mantêm a violência a níveis moderados, fazendo mesmo com que as representações simbólicas, que hoje temos das actividades desportivas, sejam as de uma competição não violenta.

De acordo com uma diversidade de abordagens, um dos problemas fundamentais com que se confrontam as sociedades, é o de permanentemente encontrarem aquele equilíbrio, nunca definitivamente alcançado, entre prazer e restrição, emancipação e regulação, vivência de emoções fortes e sua regulação e controlo, de forma a evitar desordens socialmente intoleráveis.

O progressivo reforço de mecanismos de regulação social e sua interiorização, a partir das normas que cada vez mais definem os comportamentos humanos em todas as esferas da vida quotidiana, se por um lado trazem maior estabilidade e segurança, por outro lado geram uma maior monotonia e uma perda ou redução das gratificações e satisfações, que tantas e tantas vezes decorrem das formas de conduta mais livres e espontâneas.

Ora, o desporto é uma das soluções para este problema, ao possibilitar, simultaneamente, alguma gratificação e satisfação, mas salvaguardando a necessária ordem social. Uma espécie de descontrolo controlado, de expressão e libertação de emoções, face às restrições socialmente impostas a essas mesmas emoções.

Autores tão diversos como Huizinga ou Caillois, Stone ou Rigauer, Herbert Marcuse, Norbert Elias, Dumazedier, Jean-Marie Brohm, entre outros, brindam-nos com perspectivas bem distintas sobre a natureza do desporto e seu papel nas sociedades modernas.

Huizinga, colocando-se numa perspectiva histórico-filosófica, opõe o jogo, como actividade conscientemente *não-séria*, à seriedade do trabalho. Acentua as dimensões de actividade livre, intensa e total, exterior à actividade habitual, que entende serem as características essenciais do jogo, considerando que até ao século XIX as sociedades ocidentais mantiveram um relativo equilíbrio entre *seriedade* (ou seja, trabalho) e jogo. Equilíbrio que com o processo de industrialização, o desenvolvimento científico e tecnológico e a importância crescente dos movimentos igualitários, se desfez a favor da *seriedade*.

Com efeito, os jogos desportivos da Idade Média e do Renascimento, mais espontâneos e menos organizados do que os dos tempos modernos, mesmo pondo em acção, a níveis por vezes elevados, as qualidades corporais dos jogadores, tinham essencialmente uma dimensão lúdica, de prazer e divertimento. Huizinga (1994: 213) chega a afirmar que

> «Sin embargo, toda la actividad espiritual del Renacimiento es de juego.»

Mesmo nos séculos XVII e XVIII, que privilegiam o hedonismo em detrimento da disciplina e do esforço físico, o elemento lúdico é o mais procurado nos jogos desportivos.

Ora, como o século XIX é fortemente caracterizado pela expansão e importância crescente do desporto, tal facto parecia de alguma forma contradizer as suas teses. No entanto, o autor argumenta, bem, a nosso ver, que tal facto só confirma e reforça a sua tese, já que a expansão crescente dos jogos desportivos foi acompanhada por mudanças estruturais muito fortes e significativas na própria actividade desportiva. Mudanças que se traduziram na redução, quase completa, do elemento lúdico das actividades desportivas. Ou, nas palavras do próprio autor, (Huizinga, 1994: 233)

> « [...] el deporte se va alejando cada vez más en la sociedad moderna de la pura esfera del juego, y se va convirtiendo en un elemento *sui generis*: ya no es juego y, sin embargo, tampoco es algo serio.»

Apesar das diferenças históricas a registrar nos diferentes países, no que à evolução do desporto moderno diz respeito, é possível encontrar alguns fios condutores que nos ajudam a compreender como, a partir de meados do século XVII, com o advento do processo de industrialização, chegámos ao desporto moderno tal como o conhecemos hoje.

Em primeiro lugar, nomeadamente a partir da segunda metade do século XVII, assiste-se a uma supressão daquele tipo de festividades e jogos populares que tão significativamente caracterizavam a cultura medieval. Esta supressão, que em grande parte se prende com o desprezo e puritanismo religioso em relação aos jogos que integravam essas festividades, faz com que, até por volta dos anos vinte do século XX, as práticas desportivas da altura quase assumam um carácter de clandestinidade. Circunstância que facilitou o desenvolvimento de toda uma da vida assente na ideia da inutilidade dos jogos e festividades populares. Algo que se harmonizava com o novo tipo de relações entre o capital e o trabalho que a revolução industrial exigia.

No entanto, as práticas desportivas que eram privilégio da alta aristocracia, como as corridas de cavalo, a caça a cavalo com cães, o ténis ou o cricket, não só se mantiveram como sofreram mesmo um forte crescimento. É por volta dos anos cinquenta do século XIX que, quer em Inglaterra quer nos Estados Unidos, ocorrem os primeiros jogos verdadeiramente estruturados e organizados. Por esta mesma altura, anos cinquenta do século XIX, em plena ascensão da era Vitoriana, o interesse e consequente fomento das práticas desportivas nos *Colégios* ingleses e norte-americanos, colégios que na sua generalidade estavam reservados à aristocracia, assumem dimensões até aí inimagináveis.

A partir dos anos sessenta, situação que se prolonga até ao início do século XX, as actividades desportivas, inicialmente organizadas para as classes dominantes, disseminam-se fortemente pelas classes trabalhadoras na base de toda uma ideologia que sustentava que o desporto tinha, nessas camadas, um efeito conciliador, regulador e disciplinador. Uma espécie de darwinismo social, claramente imperialista (imperialismo britânico), que incorpora os valores da virilidade e do patriotismo, da respeitabilidade e da responsabilidade, do naturalismo e da vida ao ar livre.

Coleman (1989:184) diz-nos a este propósito:

> «En esta fase del desarrollo del deporte, que ahora es utilizado para reorganizar la clase obrera, podemos ver una confirmación de lo que decía Michel Foucault en el sentido de que durante el siglo XIX se manifiesta una preocupación de las minorías por *discipliner et surveiller* (disciplinar y vigilar a los obreros).»

O que não impediu que as classes trabalhadoras tivessem criado as suas próprias organizações desportivas, embora muitas vezes na base do patrocínio daqueles que sempre quiseram preservar os seus interesses hegemónicos. No ano que antecedeu o início da primeira guerra mundial é mesmo criada uma *Internacional Socialista de Educação Física*, estrutura esta que em 1925 se converte na *Internacional Socialista do Desporto para Trabalhadores*. Esta organização autónoma do desporto para trabalhadores chega mesmo a pôr no terreno, em 1925 e em 1931, jogos olímpicos alternativos. No entanto, a maioria dos atletas trabalhadores participa em eventos desportivos patrocinados pelas instituições burguesas.

No decurso do primeiro quartel do século XX registam-se transformações em todas as dimensões do fenómeno desportivo, de entre as quais salientamos: a sua progressiva e acentuada desludização, o significativo aumento do número de espectadores (desporto espectáculo) e o crescente interesse dos meios de comunicação social, o profissionalismo e a internacionalização (o Comité Olímpico Internacional havia sido criado em 1894), a comercialização, o gigantismo de toda a organização burocrática, o desenvolvimento tecnológico, o aparecimento dos *heróis* e *estrelas* desportivas, as marcas e os recordes, a acentuação das intercepções entre os feitos atléticos e os nacionalismos. Este último ponto assume proporções ainda maiores com a entrada dos países do bloco de leste no Comité Olímpico Internacional em 1952, transpondo para o plano desportivo, nomeadamente para o movimento olímpico, todo o tipo de conflitos e contradições ideológicas que marcaram a guerra fria internacional.

Nas últimas décadas, no sentido de procurar superar os aspectos negativos que a mercantilização do desporto trouxe consigo (individualismo exagerado, fenómenos de violência, doping), assiste-se a um significativo esforço no sentido de recuperar aqueles ideias desportivos em que pressupostamente sempre assentou o valor emancipatório do desporto, a saber, a universalidade das práticas desportivas, a cooperação entre os povos, o aperfeiçoamento e a excelência humana, a harmonia e a beleza, o *fair-play*. Regressa-se, assim, a essa posição ideológica que vê no desporto a encarnação das mais profundas aspirações do homem.

A *super-seriedade* do desporto moderno, a sua progressiva *desludização*, foram analisadas por Stone (1971) a partir das tensões e dinâmicas internas da estrutura social, particularmente na base das relações que mantêm com algumas características estruturais do próprio desporto.

Stone (1971), optando por uma análise simbólica, sugere que a dimensão *exibição* do espectáculo desportivo retira, em grande parte, a natureza lúdica à actividade desportiva, afastando-a do jogo e aproximando-a das actividades *sérias* da sociedade. O prazer de jogar, a espontaneidade e a incerteza, a criatividade, a inovação, vão dando lugar à rigidez normativa, à organização e à elevação do grau de estruturação da actividade, ao carácter de ritual e de espectáculo do desporto. Vão dando lugar à *seriedade*. Ou, recorrendo à terminologia de Roger Caillois, à acentuação da dimensão *ludus* e redução, ao máximo, da dimensão *paidia*, como que destruindo a natureza lúdica do desporto e aproximando-o daquelas características estruturais e organizacionais que definem o trabalho e as actividades sérias.

Já Rigauer (1969), citado por Elias e Dunning (1992), colocando-se numa perspectiva marxista, prefere acentuar o carácter burguês do desporto, um tipo de recreação inicialmente praticado pelos membros da classe dominante, sem outro objectivo que não fosse o próprio prazer que retiravam dessas actividades. Com a aceleração do processo de industrialização e a massificação do desporto, este acabou por adquirir características que o aproximam das actividades sérias, nomeadamente do trabalho. Para Rigauer, esse isomorfismo entre desporto e trabalho pode ser encontrado numa diversidade de manifestações que, de uma ou outra forma, derivam da super-importância que passaram a ter o resultado, a permanente procura do êxito e do sucesso, as marcas e os recordes.

A superação dos êxitos e marcas anteriores, o treino intensivo levado aos limites, os métodos científicos que presidem a esses treinos, o treino fraccionado, por fases e circuitos, a divisão do trabalho, a especialização, a margem de iniciativa deixada aos atletas, que cada vez mais dependem dos planos e prescrições técnicas dos treinadores e administradores desportivos, de toda uma elite burocrática, de um sistema desportivo complexo e internacionalizado, mais não são do que a forma de trazer para a esfera da recreação, esvaziada do seu carácter lúdico, a seriedade e a ética do trabalho.

Desta forma, o desporto, para além do seu papel de compensação e recuperação da força de trabalho, funcionaria como um mecanismo de opressão, submissão e dominação, que asseguraria o equilíbrio e funcionamento de uma sociedade industrial avançada, a manutenção do *status quo* e o reforço da autoridade da classe dominante.

Considerando que as análises de Rigauer são pouco precisas e específicas ao chamarem a atenção para as analogias estruturais entre o desporto e o trabalho, Elias e Dunning (1992: 256) escrevem: «Rigauer simplemente pinta un cuadro general e indiscriminado que afirma que todos los países industrializados han desarrollado características similares a los del trabajo y que, en esa medida, sirven por tanto a los intereses gobernantes.»

Questionando a clássica polarização entre lazer e trabalho, pela imprecisão dos próprios conceitos, sempre sujeitos àquelas distorções que derivam de todo um conjunto de valores que de longa data vêm o trabalho como um dever moral e o lazer como a sua antítese natural, mero complemento do trabalho e negativamente valorizado, já que associado ao prazer e ao pecado, Elias e Dunning (1992: 87) desenvolvem uma aprofundada análise da natureza e função das actividades recreativas, assumindo que,

> « [...] aquí como en todas partes, la búsqueda de la emoción, del «entusiasmo» aristotélico en nuestras actividades recreativas, es la otra cara de la moneda del control y de las restricciones que coartan nuestra expresión emocional en la vida corriente. No es posible entender la una sin la otra.»

Com efeito, nas actividades recreativas em geral, o prazer, a expressão das emoções e das fantasias, assumem um papel maior do que nas actividades não recreativas, onde um controlo demasiado rígido leva muitas vezes à perda do prazer e da satisfação. Comparativamente com a esfera do trabalho, nos jogos e nas actividades recreativas em geral, diminui o controlo inibitório, as emoções e as fantasias expressam-se mais livremente, predomina o elemento lúdico, de prazer, de divertimento. Trata-se, no entanto, de uma liberdade socialmente regulada, nomeadamente nas sociedades mais complexas e diferenciadas, como a sociedade industrial, onde as actividades recreativas, mais fortemente controladas, são em grande parte *socialmente pré-construídas*.

Tudo parece indicar que este processo de regulação crescente das actividades recreativas, fortemente ligado ao advento do processo de industrialização, que Elias e Dunning designam por *desportivização* dos jogos recreativos, se tenha traduzido numa aproximação crescente da estrutura e organização do desporto à estrutura e organização do trabalho. Tudo parece indicar que os jogos típicos das sociedades pré-industriais, com a sua forte componente lúdica, se foram convertendo no que hoje designamos por desporto, com todas as suas características específicas. Processo este de alguma forma isomorfo das próprias transformações que caracterizam a industrialização. Ou seja, a estandardização, a massificação, a especialização, a sincronização, a racionalização, a centralização e a maximização dos resultados.

Elias e Dunning (1992: 122-123) dizem-nos a este propósito que « [...] todas las actividades recreativas conllevan un de-control de las restricciones impuestas a las emociones [...] se distinguen por el grado de rutinización o, en otras palabras por el distinto equilibrio entre las dos», para logo acrescentarem que «hay una estrecha relación entre la des-rutinización y el de-control de las restricciones sobre las emociones.»

Se nas sociedades como a nossa a *rotinização* e o controlo invadem todas as esferas da vida, nomeadamente a do trabalho, se tal situação coloca graves restrições emocionais ao ser humano, as experiências emocionais que as actividades recreativas proporcionam são de alguma forma a contrapartida, institucionalizada, das fortes e constantes restrições emocionais que as rotinas racionais, não recreativas da vida, sempre colocam. Algo que de alguma forma nos faz lembrar os conceitos de sublimação e desublimação repressiva das abordagens freudo-marxistas, nesse constante conflito entre sacrifício e gratificação pulsional.

Como refere Freud em *Malaise dans la Civilisation*, a cultura exige sempre algum grau de inibição da satisfação erótica, de repressão do Eros e sua canalização em vias socialmente aceites. Desta forma, o processo civilizacional suporta-se na renúncia às pulsões instintuais (Marcuse, 1969), sendo as relações sociais em grande parte regidas por esta *renúncia cultural*. Não haveria, assim, sociedade sem repressão do desejo (conflito entre o princípio do prazer e o princípio da realidade).

Neste sentido, a questão da *economia libidinal* assume-se como central, pois se em função do tipo de *realidade* (economia agrária, industrial ou pós-industrial, economia de mercado ou economia planificada) as estruturas de regulação social introduzem níveis distintos de repressão e controlo – níveis mínimos considerados compatíveis com o processo civilizacional ou aquelas formas adicionais de controlo que Marcuse, em *Eros e Civilização*, designa de *Mais-Repressão* – o que é certo é que, como refere François Gantheret (1968: 69), «les institutions, médiations entre l'organisation sociale et les individus, imposent à ceux-ci, non seulement un système de conduites, mais aussi un système de névroses.»

Mas, a que factores se deve este efeito *libertador* que as actividades recreativas parecem encerrar e que, de uma forma ou outra, todos os autores parecem reconhecer? Mesmo aqueles que se colocam numa perspectiva crítica, porque vêm algumas dessas actividades, caso do desporto, como alienantes? Como ópio? Porque se ouve tantas vezes dizer que essas actividades nos libertam das tensões do quotidiano? Que ajudam a relaxar (a esquecer, para aqueles que vêm o desporto como factor de alienação) da dureza do trabalho e das fadigas da vida diária? Porque pode o desporto provocar, como todas as actividades recreativas, uma redução das tensões, uma excitação agradável que permite uma libertação dos sentimentos? Porque têm estas actividades um efeito libertador e catártico?

Sem pretendermos fazer uma análise profunda desta temática, à luz das concepções mais recentes, não é esse o nosso objectivo, limitamo-nos a recorrer mais uma vez aos pensadores da Antiguidade, nesta caso a Aristóteles, para trazer para a discussão os conceitos de *mimesis* e de *catarsis*.

As actividades recreativas em geral têm, para Aristóteles, uma natureza mimética. É o caso da música e da tragédia, aquelas a que o autor deu maior atenção. Em *Tragédia e Filosofia,* Kaufmann (1992:55) diz-nos que, para Aristóteles, a tragédia é a imitação (*mimesis*) «of a good action» (*spoudaios*), que a tragédia é a *mimesis* «not of man» mas «of an action». Neste sentido, a tragédia é uma espécie de «make-believe action», «a semblance of an action», diz-nos Kaufmann (1992: 19), para logo acrescentar que «through pity (*eleos*) and fear (*phobos*) it achieves purgation (*catarsis*) of such emotions [...] as if they had been medically treated and purged (*catarsis*)» (Kaufmann, 1992:49).

Estas breves reflexões ajudar-nos-iam, por certo, a compreender a importância que a actual literatura atribui ao jogo, nomeadamente a sua dimensão psicoterapêutica, quando em particular se debruça sobre os jogos de faz-de-conta. Mas continuemos a acompanhar o pensamento aristotélico sobre a natureza mimética e catártica das actividades recreativas. Nesse sentido, não esqueçamos que, no seu tempo, os grandes pensadores seguiam o modelo médico. Consequentemente, o recurso muito insistente aos paralelismos entre a alma e o corpo.

Não é, pois, de estranhar, que ao referir-se aos efeitos da música e da tragédia, duas das actividades consideradas miméticas nos seres humanos, Aristóteles o faça seguindo esse modelo. Recorre, assim, ao conceito de *catarsis*, conceito médico que se refere à eliminação de substâncias nocivas do corpo, à limpeza e purificação do corpo através da administração de um purgante. Desta forma, em sentido figurado, Aristóteles sugere-nos que, assim como um purgante liberta e purifica o corpo, também as actividades miméticas libertam a purificam a alma, ou seja, têm sobre ela um efeito curativo.

Elias e Dunning (1992:95), que igualmente reconhecem o carácter mimético das actividades recreativas, comentam igualmente o pensamento de Aristóteles sobre o efeito curativo, catártico, dessas actividades, efeito que provocam «no mediante el movimiento de los intestinos sino mediante un movimiento del alma *"kinesis tes psyches"*». Assim, para Aristóteles, o efeito curativo das actividades recreativas, como actividades miméticas, repousa nas emoções que produzem (*eleos, phobos...*). Neste contexto, utilizam a expressão *pharmakon* para se referir a essas actividades, querendo com isso acentuar a ideia de que as actividades miméticas são um fármaco para o espírito.

Neste sentido, o efeito libertador e catártico dessa actividade mimética que é o desporto, radica na capacidade de despertar emoções similares (*mimesis*) às que o homem experimenta noutras situações da vida real. No caso específico do desporto, desempenham um papel central nessa *mimesis* dimensões como o *agon*, a luta, o combate, a competição, a agressividade.

Mas centremos agora a nossa atenção nas designadas abordagens freudo-marxistas, talvez as abordagens mais críticas e radicais que alguma vez foram formuladas sobre o desporto contemporâneo. Estas abordagens tiveram a sua expressão máxima nos artigos publicados no nº 43 da revista francesa *Partisans*, subordinada ao tema *Sport, Culture et Répression,* publicada no Verão de 1968, ou seja, no contexto do movimento contestatário estudantil do Maio de 1968 em França.

Nesse número da revista sobressaem nomes como os de Jean-Marie Brohm, Pierre Laguillaumie, François Gantheret ou Ginette Bertrand, no âmbito específico da educação física e do desporto, e de Herbert Marcuse, o grande ideólogo do combate por uma sociedade nova e erotizada, defensor dos valores revolucionários do Eros e que denuncia veementemente os valores que petrificam, mutilam e reprimem o corpo. Para os articulistas, o desporto, com as suas características específicas, competição, especialização, estandardização, massificação, centralização, maximização, racionalização, mais não é do que um instrumento de opressão, repressão e dominação.

Com a sua ética estóica, o culto do trabalho, do esforço e da fadiga, com a sua moral competitiva, a linguagem universal da marca e do recorde, o desporto espelharia as categorias do sistema capitalista. Reflectiria, genuinamente, o verdadeiro espírito agonista da sociedade capitalista.

Assumindo fundamentalmente uma matriz marxista, estas abordagens abrem-se à psicanálise, nomeadamente à obra de W. Reich, e, portanto, às duras críticas que tece à repressão sexual dos jovens perpetrada pela lógica de dominação capitalista. É bem conhecida a importância que tiveram na educação dos jovens desse tempo, na educação dos jovens do meu tempo, algumas das obras de W. Reich, como *A Função do Orgasmo, A Irrupção da Moral Sexual Repressiva* ou *O Combate Sexual da Juventude.*

Obras que, ao conceptualizarem a repressão sexual como uma preparação para a aceitação passiva da submissão e do trabalho alienado, vão preparando o terreno ao entendimento do desporto como um conjunto de práticas sistematizadas e organizadas, com um carácter tipicamente sadomasoquista, cujo objectivo último, como mecanismo de regulação social, é promover a inibição e neutralização dos desejos sexuais dos jovens e adolescentes. Desejos sublimados na fadiga e esforço corporal. Visto desta forma o sistema desportivo seria um mecanismo de controlo e opressão da classe dominante ao serviço da alienação e repressão da juventude.

Os fundamentos desta visão tão crítica do fenómeno desportivo podem ser já encontrados nos anos cinquenta, com os chamados *apocalípticos de esquerda*, nomeadamente os que integram a escola de Frankfurt, como Horkheimer, Adorno, Marcuse e Fromm. Autores que desenvolvem toda uma corrente de pensamento altamente marcada pela feroz crítica sociológica que tecem à sociedade industrial, ao denunciarem, por detrás da aparente e falsa participação popular, os mecanismos que a manipulam e oprimem.

Para os freudo-marxistas, no contexto desta crítica sociológica mais alargada à sociedade industrial, o desporto, com a sua moral do esforço e do sofrimento, seria igualmente uma expressão dessa unidade repressiva, desse estatuto sociocultural da condição política do corpo, que o torna corpo fetiche, força alienada de trabalho, homem-máquina, num quadro geral de organização repressiva.

Na base da concepção geral de que o desporto é um meio de opressão e de condicionamento ideológico, um aparelho de dominação ideológica do Estado que reproduz as estruturas do capitalismo, explicitemos o pensamento dos principais autores que integram esta visão sociológica tão crítica sobre o fenómeno desportivo.

Comecemos por Jean-Marie Brohm, para recordar que, quer nos *Partisans*, quer em publicações posteriores (a última que referenciámos foi de 2006, *La Tyrannie sportive. Théorie critique d'un opium du peuple*), as suas análises ao desporto, como meio de opressão e condicionamento ideológico, não se reduzem ao capitalismo de Estado de inspiração liberal, pois essas críticas alargam-se aos Estados de inspiração burocrática totalitária, ou seja, aos Estados socialistas, equiparando, neste aspecto, o desporto *socialista* ao desporto *capitalista*.

Brohm considera que os fundamentos da cultura capitalista do corpo expressam toda uma unidade repressiva em relação ao mesmo, sejam quais forem as *técnicas do corpo*, as formas socialmente controladas da sua utilização, a que a actual cultura de massas recorre em todas as dimensões da vida do indivíduo. Ou seja, para Brohm (1968: 46)

> « [...] la société détermine technologiquement et institutionnellement le statu socioculturel, la condition politique du corps».

Mas, por detrás dessa diversidade de técnicas do corpo que derivam das relações de produção capitalista, como se imprime materialmente nos corpos essa *unidade repressiva* de que nos fala Brohm?

O autor apresenta-nos duas grandes linhas de reflexão. Numa primeira linha centra-se nos três sectores dominantes da economia política da civilização do lazer, a produção, o consumo e os tempos livres (*le loisir*). Em relação ao primeiro sector, produção, acentua particularmente as condições de trabalho, cada vez mais duras e muitas vezes desumanas, os ritmos e a intensidade do trabalho, os horários, a rotinização e a especialização.

Em relação ao segundo sector, consumo, chama a atenção para a entrada vertiginosa do corpo «dans le cycle des marchandises» referindo a manipulação das necessidades e dos desejos, os *media* e a publicidade, a ocupação dos tempos livres.

Finalmente, em relação ao terceiro sector, os tempos livres, centra-se na oposição trabalho-tempo livre, nas *actividades livres* mas *socialmente controladas*, nas técnicas do lazer e do divertimento, nas técnicas de recuperação da força do trabalho. Chama assim a atenção para a forma como, por detrás de uma cultura alienante e de exploração do corpo, por detrás de uma cultura repressiva do corpo, se faz passar toda uma ideologia de uma cultura positiva e afirmativa do corpo, um humanismo dos lazeres, um humanismo desportivo.

Numa segunda linha de reflexão, Brohm diz-nos que a manipulação e opressão do corpo obedecem a um duplo processo, o da sublimação repressiva (desvio das pulsões sexuais para outros fins socialmente valorizados) e o da desublimação repressiva (proporcionar, de forma socialmente controlada, algum grau de gratificação e satisfação).

Em relação ao mecanismo da sublimação repressiva, Brohm refere todo esse processo educativo que consiste em preparar e adaptar o corpo da criança às normas e exigências sociais, nomeadamente as do trabalho, o que exige a renúncia do Eros, a renúncia das pulsões em proveito da produtividade social e da submissão à autoridade.

É o próprio Freud que nos diz – pensamento onde alguns pretendem ver uma justificação cultural da repressão – que o processo civilizacional «*repose sur la contrainte au travail et le renoncement aux instincts*», ou seja, num certo controlo e domesticação das pulsões, na repressão do princípio do prazer e sua subordinação ao princípio da realidade. O que significa a passagem de uma relação mais erótica com o corpo a uma relação com o corpo centrada no seu controlo e dominação.

Seria esta a condição do trabalho, pois como reconhece Brohm, a sublimação repressiva obedece à lógica do trabalho, das relações de produção capitalistas, ao princípio industrial do rendimento (racionalização, taylorismo, automatização, especialização). Dizendo de uma outra forma, a condição do rendimento, da produtividade no trabalho, é a dessexualizarão do corpo, o que, para o autor, passa fundamentalmente por três processos fundamentais.

Em primeiro lugar, pela *cibernetização dos receptores sensoriais*, ou seja, pela redução dos analisadores sensoriais a meros receptores de informação e sinalização. Em segundo lugar, pela mecanização e automatização dos movimentos, estruturalmente decalcados dos movimentos das máquinas, o que acarreta a redução, ou mesmo amputação, de toda a carga lúdica sempre associada à actividade motora. Reduz-se, assim, a estrutura muscular à sua função efectora. Finalmente, pela automatização e condicionamento das funções mentais superiores, pela pavlovização, formatação, modelação, dessas funções. Afinal, não encontramos aqui, mais uma vez, essa apregoada similaridade estrutural entre o domínio do trabalho e o domínio do desporto?

A ser assim (sublimação repressiva e consequente des-erotização do corpo e da actividade física), como compreender, questiona-se o próprio Brohm, que a sociedade do lazer e do tempo livre, a actual cultura de massas, se tenha precisamente convertido na civilização do corpo, na civilização da sua afirmação e glorificação? É face a este aparente paradoxo que Brohm nos fala da dialéctica da sublimação e desublimação repressivas, mecanismo na base dos quais se cria a ilusão de que uma civilização contra o corpo, da opressão e des-erotização do corpo, funciona como uma civilização afirmativa e valorizadora do corpo. Vejamos então o que Jean-Marie Brohm tem para nos dizer sobre a desublimação repressiva.

O processo de sublimação repressiva, necessário por um lado, traz também consigo «des conséquences fâcheuses», pondo de alguma forma em risco o próprio equilíbrio e saúde mental do indivíduo. A desublimação repressiva resulta exactamente desta necessidade de minimizar as consequências *fâcheuses* da sublimação. «Pour que la machine animale continue à fonctionner normalement», diz-nos Brohm (1968 : 55), «il faut lui accéder quelques gratifications», gratificações compatíveis com a ordem existente, gratificações socialmente enquadradas. Assim, a esfera do trabalho alienado seria o domínio da sublimação repressiva, o domínio do lazer e dos tempos livres, o lugar da auto-repressão, da repressão *livremente consentida*. Esse reino da desublimação, do prazer e da gratificação, que a estrutura social tolera.

Para Brohm, trabalho e lazer situam-se em campos opostos, tendo este último um carácter compensatório em relação aos sacrifícios pulsionais exigidos pelo trabalho. Como nos diz Brohm (1968: 57) «la sublimation exige, en vertu même de son caractère prononcé, une compensation.»

A sociedade do lazer oferece, assim, para além da sublimação repressiva, uma multiplicidade de ocasiões, por ela própria controladas e organizadas, a que se chama tempos livres. Tempos de desublimação muscular, de desublimação do corpo e da sua motricidade, onde coexistem e proliferam, recorremos aqui à terminologia de Roger Caillois, as dimensões *ilinx* (turbulência e vertigem física), *mimicry* (ilusão e fantasia), *alea* (sorte a azar) ou *agon* (luta, combate, competição). Nesta multiplicidade de manifestações (festas, danças, música, jogos, turismo), o desporto seria uma daquelas manifestações onde a desublimação muscular estaria mais fortemente socializada (dimensão *ludus* de Caillois) e as restrições erótico-lúdicas da actividade seriam mais acentuadas.

Para Brohm, na sociedade dos tempos livres, do lazer e do bem-estar, aparentemente uma sociedade afirmativa do corpo, quanto mais o corpo é sujeito a processos de sublimação no contexto da produção (sublimação repressiva), mais se evidenciariam os processos de desublimação no que respeita ao domínio do consumo (desublimação repressiva).

A civilização do corpo é, afinal, antes de tudo, a civilização da proliferação da indústria do corpo, ou, no dizer de Jean-Marie Brohm (1968: 58)

« […] le *retour du refoulé* corporel est le triomphe de la marchandise corporelle.»

Numa mesma linha de pensamento, Pierre Laguillaumie desenvolve toda uma análise sociopolítica do desporto à luz do marxismo, chamando a atenção para a forma como as relações de produção, que caracterizam as sociedades capitalistas industrializadas, determinam a estrutura interna do próprio desporto. Algo que já referimos anteriormente a propósito do pensamento de Brohm, ou seja, o isomorfismo estrutural entre o desporto e o trabalho, recorrendo, entre outras, a categorias como a competição, o rendimento, a medida e o recorde, a massificação e a disciplina.

Laguillaumie chega mesmo a afirmar que o desporto, dada a sua estrutura interna e unidade fundamental, determina a *estrutura caracterial de massa* (conceito que vai buscar a W. Reich) dando-lhe contornos pré-fascistas, embora reconheça igualmente que o desporto é, em grande parte, condicionado e determinado por essa estrutura caracterial de massa. Neste contexto, defende (Laguillaumie, 1968: 28) que, como factor de socialização e de educação, o desporto desempenha as mesmas funções que as outras estruturas autoritárias, a família e a religião, na «structuration des pulsions du moi et surtout du surmoi».

Com o objectivo de explicar a ideia de que o desporto reflecte, na sua própria unidade interna, as categorias do sistema capitalista industrializado, Laguillaumie confronta-nos com o que nos parecem ser posturas irreconciliáveis. Fala-nos, assim, do que designa de falácia do mito olímpico, da ideologia burguesa e dos seus mentores, designadamente Thomas Arnold e Pierre de Coubertin. Fala-nos da postura daqueles que defendem o desporto como instrumento educativo, cultural, ético e estético, de melhoria social, de coexistência pacífica dos povos, que propicia a aquisição de todo um conjunto de valores e virtudes cívicas. Que propicia o desenvolvimento integral do homem.

Fala-nos do ideal olímpico como ideologia universalmente aceite, da dimensão ética do desporto, daqueles que vêm no desporto a melhor forma de manifestação da cooperação humana (como Coubertin), da atitude agonista e da ética estóica que subjaz a toda a prática desportiva, do culto do trabalho e do esforço, do desporto como veículo de perfectibilidade moral e social do indivíduo e da sociedade. Fala-nos do carácter democrático do desporto, de *fair-play*, de humanismo, cultura, honra, enfim, de toda uma moral desportiva, burguesa segundo ele, que cria a imagem de uma fraternidade humana mundial, de paz e amizade mundial.

Desta forma, apresenta-nos o desporto e o movimento olímpico mundial, com toda a sua ideologia burguesa, para lhe contrapor esse outro pólo que vê no desporto, como reflexo das categorias do sistema capitalista industrializado, um instrumento de opressão e repressão, especialização e robotização, alienação e mercantilização do próprio corpo.

As categorias do sistema capitalista que Laguillaumie reencontra no sistema desportivo, são fundamentalmente as seguintes:

- A competitividade e o rendimento. Competitividade e rendimento suportam essa linguagem universal do desporto que é a constante superação de marcas e recordes. Estes factores desempenham um papel determinante em toda a organização do desporto.

- Divisão e especialização do trabalho. O mundo do desporto é o mundo da hiperespecialização, do crescente tecnicismo, do treino intensivo, continuado e repetitivo. O mundo dos gestos técnicos específicos, da racionalização de uma técnica particular, da taylorização do movimento. O domínio onde o homem, o atleta, se transforma numa *unidimensionalidade* corporal, num homem-máquina.

- Hierarquização e centralização. A estrutura organizacional, que determina a prática do desporto a nível mundial, é uma estrutura altamente hierarquizada e centralizada, institucionalizada e profissionalizada. O que lhe permite, sem fronteiras, definir todo um conjunto de normas e regras que regulam o circuito competição/rendimento/marcas e recordes, independentemente de onde ele ocorre. O que lhe permite *colonizar*, de alguma forma, a diversidade de concepções e práticas que encerra a própria palavra desporto (desporto escolar, desporto recreação, desporto para todos, desporto-aventura, desporto-saúde, desporto-turismo).

- O desporto como desporto de Estado. O desporto tornou-se, de forma crescente, num desporto de Estado, com a sua progressiva integração na vida nacional, nos planos económico, social e político-partidário, funcionando claramente como uma forma de coordenar e controlar as massas, nomeadamente a juventude.

- O desporto-espectáculo. Sob esta designação genérica Laguillaumie aborda, criticamente, temáticas tão diversas como a publicidade, a indústria desportiva, o valor de mercadoria do corpo e do espectáculo desportivo, os seus cerimoniais militaristas e pré-fascistas, a cultura de agressão e violência que os atravessa, a mobilização de massas, a canalização de energias ou os nacionalismos e chauvinismos.

Já François Gantheret (1968), partindo da sua experiência clínica, num artigo intitulado *Psychanalyse institutionnelle de l'éducation physique et des sports*, desenvolve toda uma crítica do fenómeno desportivo, da qual gostaríamos de salientar duas vertentes: na primeira, o autor analisa o desporto como instituição de normalização dos *fantasmas* individuais, na segunda, equaciona as implicações educativas daí decorrentes.

Partindo da casuística do foro psiquiátrico por ele acompanhada, mas que Gantheret considera reencontrar-se igualmente nas situações não patológicas, começa por abordar conotações fantasmáticas tão diversas da actividade física como a obsessão pelos exercícios corporais, um maior domínio e controlo sobre o próprio corpo, o desejo de perfeição do corpo, a estética muscular, os exercícios de manutenção, a cultura física, a musculação, enfim, todo um conjunto de manifestações que nos remetem para *fantasmas de reparação e restauração do corpo*, de *reparação* e *restauração* do objecto perdido. Para os mitos da eterna juventude e do paraíso perdido, ou então, com maior força na juventude, para os *rituais de nascimento*, do *renascer* para uma nova imagem social do corpo.

Ora, toda esta economia pulsional, fantasmática, pode levar, na óptica do autor, a duas grandes possibilidades. A primeira é o confronto com uma actividade corporal essencialmente marcada pela alegria, pela festividade, pelo movimento livre e criativo, pelo lúdico, pela erotização do movimento, em suma, pelo *prazer corporal*. A segunda, ao confronto com uma actividade física centrada no domínio e controlo do próprio corpo, na estruturação de uma *couraça muscular defensiva* (W. Reich), na mecanização e estereotipia, no carácter repetitivo e sadomasoquista da actividade.

Gantheret analisa estas duas vias, estas duas possibilidades, não em termos de psicanálise individual mas em termos de psicanálise institucional, ou seja, das relações e conexões entre a organização social e os desejos e fantasmas individuais, considerando que o desporto é um desses modelos prevalentes de organização social das pulsões.

Na opinião de Gantheret a organização real e simbólica da educação física e dos desportos é particularmente marcada por uma relação sadomasoquista com o corpo, o seu e o do outro, por uma repressão do prazer corporal. A maximização do *rendimento*, a moral do *esforço* e do *sofrimento*, do *domínio* e *controlo* sobre o corpo, a repetição exaustiva de um gesto técnico particular, anulam toda e qualquer possibilidade do *prazer corporal gratuito*, duma relação erótico-festiva, lúdica, com o corpo.

Gantheret (1968: 70) ilustra esta situação com a seguinte frase de uma jovem estagiária de educação física: «Je n'ai pas l'impression de les avoir fait travailler si elles n'on pas souffert.»

Ora, a organização das relações de produção, de forma a não ser contestada, de forma a ver reduzida ao mínimo essa possibilidade, deve de alguma forma ser, consciente e inconscientemente, interiorizada. Deve ser interiorizada, como diz o autor, «au niveau du fantasme». Neste processo, acrescenta Gantheret (1968: 72), «Le corps est le médiateur privilégié de cette intériorisation, et l'éducation physique et le sport son les instruments privilégiés de cette médiation».

São os valores e ideologias veiculados pelo desporto – uma determinada percepção social do corpo, mecanizada e des-erotizada, que vê no corpo e nos músculos apenas a dimensão máquina e força de trabalho – que determinam a economia e destino político das pulsões, que determinam o papel social dos *tecnocratas do corpo*. São esses *agentes educativos* que, tendo já a sua *couraça muscular* marcada por essas conotações fantasmáticas, como modelos de identificação corporal, irão forjar a interiorização desses *fantasmas* pelas novas gerações.

Com estas últimas reflexões situamo-nos já no plano da segunda das duas vertentes da obra de Gantheret que nos propusemos analisar, a das implicações educativas decorrentes do confronto entre pulsões individuais e sua canalização pelas instituições e organizações sociais. Sabendo já nós que, para o autor em questão, o desporto é um dos principais veículos de normalização e organização social das pulsões.

Sendo o corpo, como já referimos, o principal mediador simbólico entre pulsões individuais e instituições sociais, o processo de interiorização, no psiquismo individual, das determinações sociais, ocorre basicamente a partir da relação que se estabelecem entre o treinador e o atleta, entre o profissional de educação física e os seus alunos.

É no contexto dessas relações, no encontro dos corpos e das práticas que partilham, que os determinantes sociais e as *conotações fantasmáticas* que veiculam têm oportunidade de ser interiorizadas. É nestes contextos comunicacionais específicos, no contexto das relações transferenciais que proporcionam, no contexto de relações de «*transfert* e *contre-transfert afec*tivo, que aluno e professor, atleta e treinador, forjam e partilham fantasmas corporais comuns.

Suportando-se em conceitos e práticas terapêuticas que anteriormente desenvolvera com Paul Sivadon e que levaram à publicação conjunta, em 1973, do livro *La Rééducation corporelle des fonctions mentales*, onde, entre outros, desenvolvem conceitos como os de *imagem do corpo* e *esquema corporal* (entendidos como o centro das contradições entre pulsões individuais e organização social), *mediadores, relação analógica, situação terapêutica regressiva*, Gantheret, a propósito da partilha de fantasmas corporais, alude a uma diversidade de mecanismos. Mecanismos como os de identificação, nomeadamente dos modelos de identificação corporal, de projecção de fantasmas, do narcisismo dos educadores, do carácter sadomasoquista das relações com o corpo, das relações atleta-treinador ou aluno-professor, da problemática do pai (da autoridade), da natureza homossexual das amizades desportivas.

Recorda mesmo que os educadores/treinadores já foram eles próprios educados e, provavelmente, na base daquela economia das pulsões que o desporto, como veículo privilegiado de normalização social das pulsões, implica e exige. Economia das pulsões, cultura do corpo, que eles próprios, consciente ou inconscientemente, irão reproduzir nos seus alunos/atletas.

Alerta-nos, assim, para o facto de as práticas sociais do corpo, desenvolvidas em quadros institucionais específicos, apresentarem implicações que vão bem para além das que os próprios educadores poderiam suspeitar, e que, ultrapassando as *matérias* leccionadas, se prolongam no que Freud designou por *destino das pulsões*.

Antes de terminar esta breve análise ao pensamento de François Gantheret (1968: 73), gostaríamos de, socorrendo-nos das suas próprias palavras, recordar o que nos diz a propósito da necessidade de uma *pedagogia crítica* da educação física e dos desportos.

> «C'est donc dans la double direction: - d'une analyse du fantasme: le corps comme référence individuelle n'a pas de sens qu'en tant que *corps fantasmé*, lieu du désir et de l'interdit ; - et d'une analyse des déterminants socio-économiques: il n'y a pas de «réel» physique politiquement neutre, que doit être conduite l'étude critique de l'Éducation physique et sportive.»

Porque no texto escrito por Ginette Bertrand no número dos *Partisans* a que temos vindo a aludir, intitulado *Éducation sportive et sport éducatif,* a autora se debruça igualmente, de forma crítica, sobre o valor educativo do desporto, parece-nos oportuno tecer agora algumas considerações sobre o seu pensamento. Partindo da concepção geral de que o desporto, como factor de massificação e disciplina, coincide com a irrupção da civilização totalitária e tecnologicamente desenvolvida, interessa-se particularmente pelo estudo dos aspectos repressivos da disciplina desportiva.

Argumenta que, na base da desvalorização da alegria e do lúdico, do improviso e da espontaneidade, a educação desportiva, suportando-se na utilização e transmissão de técnicas corporais codificadas e unidimensionais, rígidas e estereotipadas, é uma educação eminentemente repressiva.

Técnicas corporais codificadas e unidimensionais que visam, acima de tudo, preparar para o trabalho, desviar as necessidades sexuais das suas fontes primárias de gratificação e promover a submissão à autoridade. Para o efeito estuda os mecanismos típicos da repressão no âmbito da educação desportiva. Começa, assim, por denunciar o mito dos pretensos valores educativos do desporto, da educação pelo desporto, questionando a ideologia do desporto como meio privilegiado de formação moral, cívica e cultural.

Esforça-se por mostrar que, mesmo no contexto do desporto escolar, a competição desportiva, com todo o quadro organizativo repressivo que envolve (calendário competitivo, rendimento, resultados, administração e registo de números, resultados, performances, ciclos de treino-competição, trabalho repetitivo e estereotipado), é a base estrutural à volta da qual a acção educativa e sua avaliação se materializam.

Tudo se passa como se a avaliação do trabalho pedagógico realizado se reduzisse aos resultados alcançados no quadro competitivo em que os alunos participam. O trabalho educativo que é desenvolvido, que muitas das vezes se confunde com o trabalho de treino, encontra a sua única razão de ser e seu principal factor motivacional, na competição, no quadro competitivo, no rendimento. Nos resultados a alcançar nesse quadro competitivo.

Sendo a competição, os resultados a alcançar, como diz Ginette Bertrand, «a origem e controlo do treino», retirada a competição, todo o quadro educativo se desmorona, ficando esvaziado do seu principal motor. Inversamente, face à centralidade do factor competição e de tudo o que ele envolve, a aprendizagem e o treino, como preparação para o quadro competitivo em que se vai participar, organiza-se na base de todo um conjunto de elementos estruturantes, que lhe dão identidade e coerência interna. De entre eles poderemos sinalizar a *seriedade* da actividade, a *aplicação* dos praticantes, a ordem, o método, a disciplina, a racionalidade dos procedimentos, não havendo lugar ao improviso, à espontaneidade, ao lúdico, à liberdade, à criatividade.

O professor, o professor-treinador, dirige, controla, comanda, arbitra, num clima em que mesmo o líder *não-autoritário* se torna um factor de ordem, autoridade, disciplina, num clima em que, como diz a própria Ginette Bertrand, a autoridade da técnica se transforma na técnica da autoridade. Constitui-se, assim, um universo abusivamente técnico, onde a autoridade moral do adulto deriva da sua superioridade e autoridade técnica. Um universo técnico em que objectivos pedagógicos e objectivos técnicos se confundem, gravitando em redor de preocupações como o rendimento desportivo, a competição, o treino, a selecção dos melhores, os resultados a alcançar nas várias provas e torneios em que se participa.

Um universo técnico em que os procedimentos desportivos se centram na transmissão, implantação e aperfeiçoamento, de técnicas corporais eficazes. Universo onde as relações do aluno com o seu próprio corpo e o corpo do outro, com os objectos e instrumentos que se utilizam, com o espaço, com o tempo, são puras relações instrumentais, funcionais, técnicas.

Onde as relações do aluno com o seu próprio corpo e o corpo dos seus pares se tornam em relações de *controlo*, de *domínio*, sobre um corpo que, como objecto dócil e subserviente, deve eficazmente obedecer à vontade do seu senhor. Onde as relações professor-aluno e as relações aluno-aluno, determinadas pela lógica do sistema desportivo, pela lógica do calendário competitivo, são meras relações operacionais e instrumentais. Imperativos técnicos que se consubstanciam numa estrutura de dominação autoritária, repressiva, numa organização dos processos comunicacionais onde tudo obedece ao princípio do rendimento, à racionalização da eficácia.

Atitude que parece não ser, para Ginette Bertrand (1968: 80), exclusiva da educação desportiva, já que considera que «cette tendance est d`ailleurs générale dans la pédagogie contemporaine.»

Esta estrutura de dominação autoritária, a que Rousseau, à sua maneira, chamava *autoridade ensinante*, talvez seja mais massivamente invasora, talvez esteja mais generalizada e disseminada, do que muitos educadores poderão suspeitar.

No seguimento destas considerações Ginette Bertrand analisa, de forma mais aprofundada, os mecanismos típicos da repressão desportiva, que aqui sintetizamos em quatro pontos essenciais, o último dos quais subdividido em três mecanismos específicos:

1. Subordinação do praticante a um espaço e a um tempo metodicamente planificados e programados, onde a actividade é caracterizada por uma *economia energética* própria. Economia canalizada para o rendimento, onde reina a racionalidade, a alternância esforço/recuperação, o gesto técnico específico, a aprendizagem da resistência à fadiga levada aos seus limites extremos. Tudo, num espaço técnico-geométrico caracterizado pelas simetrias, o que, como nos ensina Gilbert Durand (1969), é típico do Regime Diurno do Imaginário, ele próprio marcado pela racionalidade, pela rigidez, pelas antíteses e as oposições. Regime onde a valorização de um dos extremos passa pela morte e desvalorização do outro. Não admira, pois, que a exclusão do princípio lúdico seja a condição da valorização do princípio do rendimento.

2. A *economia energética* referida no ponto anterior, nas circunstâncias espácio-temporais apontadas, é investida em técnicas corporais particulares, que se subordinam à rentabilização e robotização do corpo (modelo único, eficácia da técnica, repetição).

3. Interiorização da moral desportiva (competição, rendimento, ordem, disciplina, sofrimento, renúncia) e constituição de um *super-ego desportivo* a partir desses valores, *super-ego* com base no qual o que foi exteriormente imposto ganha a aparência de ter sido livremente aceite.

   Como diz Marcuse em *Eros e Civilização*, sujeitar-se a uma disciplina exteriormente imposta, *obedecer*, submeter-se a uma autoridade técnica, torna-se algo *instintivo* e *automático*.

4. Repressão sexual e neutralização erótica do corpo, ou seja, substituição da satisfação sexual por formas alternativas de satisfação socialmente aceites. Repressão que se expressa em três direcções distintas:

   a) Substituição do prazer erótico propriamente dito pelo prazer agora investido no sistema muscular, o que faz com que a alegria do movimento se torne um prazer masoquista (prazer no esforço levado aos limites, prazer na própria dor e sofrimento), assumindo o desporto contornos de «prática organizada do masoquismo» (Bertrand, 1968: 86).

   b) Satisfação do dever cumprido traduzida no prazer do *controlo*, do aprender a *dominar* o seu corpo, corpo que cada vez mais deve obedecer ao Ego. Ego que cada vez mais se torna *dominador*. Neste contexto, o sentimento do dever cumprido – como transmutação do prazer em *dominação*, com o sofrimento muscular, renúncia, dor, esforço, convertidos em prazer e satisfação – mais não é do que uma outra expressão, o fundamento mesmo, das relações sadomasoquistas do indivíduo com o seu corpo.

c) Finalmente, diz-nos Ginette Bertrand (1968 : 87), «le sport par ses exigences et son organisation même constitue une substitution massive à l'activité intellectuelle critique», um obstáculo ao funcionamento intelectual livre e autónomo dos jovens.

Este revisitar as abordagens freudo-marxistas termina com Martial Barèges (1968) e algumas das suas posições centrais em relação ao significado do lazer físico na civilização dos lazeres.

O autor começa por definir o conceito de lazer opondo-o ao de trabalho, argumentando que, na sociedade capitalista industrializada, o lazer funciona como uma espécie de compensação, de satisfação libidinal mínima, em relação à fadiga muscular e nervosa, ao stress do trabalho, aos ritmos intensos e à agitação da vida, que a civilização técnica impõe aos trabalhadores. Uma espécie de compensação física que permitiria continuar a viver num envolvimento desfavorável ao organismo.

Neste sentido, a proliferação de técnicas de compensação, de conservação e renovação do corpo, de ocupação dos lazeres e tempos livres, são vistas como uma necessidade do sistema e do seu equilíbrio face à agressão do ambiente hostil do trabalho e, portanto, como condição de preparação do organismo para o aumento da rentabilidade da força de trabalho.

A *ginástica de pausa*, todo o tipo de sessões de recuperação física no próprio local de trabalho, muitas vezes acompanhadas de actividades respiratórias, de relaxação e de música, são vistas como técnicas de manipulação da própria força de trabalho, do aumento da rentabilidade, contribuindo para a redução do absentismo, dos acidentes de trabalho e da melhoria das relações humanas no contexto laboral. Uma espécie de terapia da fadiga.

O próprio Dumazedier fala também, por um lado, de *actividades de ajustamento* às relações de produção, por outro, da necessidade de a adaptação à sociedade industrial ser compensada por actividades de recuperação, definindo desta forma o lazer pela compensação e recuperação funcional.

É todo um conjunto de *técnicas do corpo* que vão do estar em forma à rentabilidade e ao bem-estar, dos cuidados de saúde e beleza à procura do corpo eternamente jovem e perfeito, passando por actividades tão diversificadas como, entre muitas outras, a massagem, a sauna, as curas de emagrecimento, a helioterapia, a hidroterapia, a talassoterapia, a relaxação, o yoga, o culturismo, o desporto-animação, o desporto-recreação. Enfim, todo o tipo de actividades físicas ligadas à indústria do turismo.

Toda esta panóplia de actividades, parte integrante do hiperconsumo que caracteriza a sociedade industrial, deve ser controlada e administrada pelo próprio sistema, por serviços e tecnocratas do corpo altamente especializados. O tempo livre, nesta óptica repressiva, não deve ser, paradoxalmente, um tempo de que se dispõe livremente. Como diz Martial Barèges (1968: 119) «l'individu est pris totalement en charge, il n'a qu'à suivre l'itinéraire prévu, proposé, l'emploi du temps mis en place.»

Algo que nos faz lembrar José Saramago, que nos elucida sobre as diferenças entre turistas e viajantes, quando afirma que «o turismo matou a viagem». Diz Saramago, num texto inédito escrito para o Colóquio *Poética del Relato de Viaje en la Península Ibérica* (3-5 de Outubro de 2003), referido por Isilda Leitão (2008: 140): «Deslocamo-nos muito. Viajamos pouco. As pessoas que enchem os aeroportos e abarrotam aviões, não são viajantes, são passageiros. [...] o turismo matou a viagem, ao colocar o turista numa situação de dependência e infantilidade, numa situação em que «*l'individu est pris totalement en charge*».

Diz ainda Saramago que «O que o turismo faz é levar e trazer, o que está no meio é o que o guia mecânico e despachado que conduz o seu rebanho de inocentes basbaques [...]». Daqui parece decorrer a ideia de que a matriz da alma já não é o enigma, o genuíno estado de viver a aventura, de sair de si e abrir-se ao imprevisto, ao não controlado.

E Saramago continua dizendo-nos que, apesar de tudo, ainda se vêm alguns viajantes, esses

> «[...] últimos românticos, os que ainda acreditam na existência da Terra e vão à procura dela como de uma ilha desconhecida. Não têm a certeza [...] mas sabem que sempre existirá um caminho à espera, único, pessoal, aquele que se vai formando em cada passo que vamos dando.»

O problema é que, conclui Saramago, citado ainda por Isilda Leitão (2008: 140) «Todos queremos encontrar os caminhos já feitos.» Da mesma forma que o «turismo matou a viagem», os tecnocratas do corpo, ao colonizarem e instrumentalizarem os tempos livre, matam a própria dimensão lúdica do movimento, a dimensão lúdica da vida e do mundo.

Assim, pensado o lazer como complemento e recuperação do trabalho, não pelo ócio, pelo tempo livre, como poderia igualmente ser pensado, o próprio lazer deve ser benéfico, rentável, activo e produtivo. Uma forma particular de «*neg-ócio*», de não-ócio. Uma negação do ócio, como a indústria do turismo e os tecnocratas do corpo muito bem sabem. Não fosse o ócio, nesta concepção, visto como moralmente negativo.

O desporto não é imune às contradições sociais. As grandes polaridades que sobre ele pesam, alienação-libertação, trabalho-lazer, centralização-descentralização, espontaneidade-rotinização, naciona-lismo-internacionalismo, amadorismo-profissionalismo, masculini-dade-feminilidade, a diversidade de conflitos temáticos que o atravessam, todos eles, estão impregnados, no sentido mais amplo do termo, de um grande alcance ideológico.

A sociologia do desporto confronta-nos com três tipos de ideologias, genericamente designadas de conservadoras, socialistas e liberais.

A primeira, que quase sempre resvala para o discurso fascizante, encara o ideal atlético intimamente vinculado à arte da guerra, exaltando a virilidade desportiva, o exibicionismo narcisista, o culto do esforço, a chefia e o comando. Para este tipo de discurso, a ginástica e o desporto são um pretexto, as metáforas básicas, do imperialismo e da exaltação nacionalista.

A ideologia socialista, igualmente anti-lúdica, opõe-se no entanto aos valores do exibicionismo e do individualismo que as ideologias conservadoras tanto gostam de exacerbar. É a conhecida recusa das ideologias socialistas ao culto da personalidade. O ideal socialista, mais racional, prefere enfatizar os valores da saúde e da higiene, do colectivo, da racionalidade, na relação com o trabalho e com as máquinas. A equiparação do trabalho colectivo, do trabalho em equipa, a uma máquina bem afinada, é uma das suas metáforas predilectas. Uma equipa deve trabalhar, na perfeição, como uma máquina, como um todo, de forma serena, imperturbável, infatigável.

O terceiro tipo de ideologia, liberal-burguesa, suportando-se nos valores do amadorismo, tendo aí as suas raízes, identifica o desporto com os ideais da excelência, do harmonioso desenvolvimento humano, da meritocracia na competição, do pacifismo e da não-exclusão. Com a promoção da dignidade humana, da amizade, da solidariedade e do *fair-play*, apontando o desporto como o caminho, a escola, para o desenvolvimento das virtudes humanas.

Enaltecendo a relevância ética do desporto, considerando-o um movimento de paz que promove o sentido da justiça, da equidade, de equilíbrio de condições, de *aequitas*, esta última posição ideológica, discordando inteiramente daquelas outras que o vêm como factor de subjugação e alienação, elege o desporto como o verdadeiro *ethos* da solidariedade e da libertação, enaltecendo o seu papel na promoção de relações mais justas e fraternas entre homens de classes, povos, raças e crenças diversas.

Seja como for, a organização social do desporto, as suas estruturas, práticas, imagens, mitos e ideologias, na multiplicidade das suas manifestações, opera como um mecanismo virado para a criação e transformação, manutenção e legitimação, de uma dada economia dos corpos na sociedade, de uma dada estratificação social dos corpos.

1. 4. As Interpretações Lúdico-Festivas

Toda a acção festiva é, em certa medida, um jogo
(Karl Kerényi)

Ao longo dos tempos têm sido tomadas, no que ao jogo respeita, posições que vão da desvalorização, menorização, depreciação – atitudes que se prendem com motivos de natureza religiosa, moral e social – até ao seu total reconhecimento e aceitação, neste caso por razões de índole antropológica e psicopedagógica.

É certo que o interesse pelo estudo do jogo vem de longe. Bastaria, para o compreender, pensar na Antiguidade Clássica e em Aristóteles. Bastaria pensar na multiplicidade de abordagens histórico-culturais sobre o sentido e significado do jogo que surgem a partir da Revolução Francesa e do advento do processo de industrialização. No entanto, não se tratava propriamente de abordagens de cariz sociológico ou que partissem da validade social e da função sociopolítica dos jogos.

Jürgen Moltmann afirma mesmo que o jogo só se transforma em problema teórico com a sociedade industrial. Diz o autor (Moltmann, 1981:117) que

> «[...] es a partir del tiempo en que el hombre se ve obligado a trabajar disciplinada y racionalmente en empresas industriales cada vez mayores y a desterrar de su mundo laboral lo jocoso como algo desfasado, cuando el juego se convierte en problema teórico.»

O que ajuda a compreender que as reflexões que neste contexto surgem sobre o jogo emanem da «nostalgia romántica e utópica de la simplicidad de un mundo infantil perdido o aún no alcanzado.» (Moltmann, 1981: 117).

Com efeito, como é sobejamente reconhecido, o movimento romântico do século XIX, nomeadamente com Schiller, realça as possibilidades libertadoras do jogo e das manifestações festivas em geral, que com a modernidade haviam entrado numa profunda crise.

A ética do trabalho e o sentido profundamente puritano da Reforma, como reconhecem Weber (*A Ética Protestante e o Espírito do Capitalismo*) e Harvey Cox (*Las Fiestas de Locos*), desencadearam um imenso empobrecimento na capacidade de a nossa civilização lidar com o jogo, a fantasia e a festa. Com esse tipo de manifestações lúdicas e festivas que, como Cox acentua, foram tão características de todo o período medieval, nomeadamente as designadas *Festas de Loucos*. Festas que apesar de condenadas pelo Concílio de Basileia, em 1431, conseguem sobreviver até ao século XVI e só com a Reforma e a Contra-Reforma se extinguem. A elas voltaremos mais tarde.

Foi neste contexto, em que o jogo e o divertimento pareciam ter os seus dias contados, contexto em que a dimensão racional do ser humano cerceava todos os direitos a outras dimensões do homem, particularmente o lúdico, o fantástico e o festivo, que os românticos desenvolveram toda uma filosofia irracionalista, valorizadora do sentimento e da intuição, do jogo e do festivo.

Face aos racionalistas e sensualistas do século XVIII, que pensavam ter chegado a hora de finalmente o homem reinar sobre a matéria, controlar e dominar o mundo objectivo, o *Sturm und Drang* fala do primado do sentimento, do símbolo, da natureza, do sonho, de realidades transcendentes e interiores, do inconsciente. Não do inconsciente freudiano, feito dos conteúdos esquecidos ou reprimidos da consciência, mas dum inconsciente romântico, criador, fundamento e raiz do próprio ser humano. Polaridade que é necessário reconciliar com o consciente, ou, como poeticamente nos diz Carus,

« [...] ce chant, cette merveilleuse confidence de l'Inconscient au Conscient, nous l'appelons sentiment.»

Não procuravam os românticos, ao contrário do que muitas vezes, depreciativamente, se pensa, refúgio num mundo irreal e ilusório. Ansiavam antes por uma vivência, um sentir a vida, uma linguagem, que fosse simultaneamente a da realidade imediata e a da realidade espiritual. Uma linguagem que, alusão a Hölderlin, contemplasse, na sua oposição e convergência, as dimensões de *deus* e de *mendigo* que o homem encerra em si. Deixemos então ressoar em nós as palavras de Hölderlin, retiradas de Béguin (1991:215):

> «Oh! L´ homme est un dieu lorsqu´il rêve, un mendiant lorsqu´'il pense, et quand son enthousiasme le quitte, il est semblable a un mauvais garçon que son père a chassé de la maison [...]».

É contra a desvalorização, a desfiguração e a repressão, pela civilização iconoclasta, da imaginação, que Gilbert Durand tão claramente denunciou, contra a desvalorização da imaginação pelo pensamento ocidental, reduzindo-a a um mero epifenómeno interior da actividade psíquica, «maîtresse d´erreurs et de fausseté» (Durand, 1969: 15), contra a obsessão pelo «monoteísmo da verdade e da racionalidade» (Durand, 1979: 7), que de diferentes quadrantes se levantam vozes, reivindicando a dimensão lúdica e festiva do ser humano.

É contra o carácter redutor e unilateral da objectividade da percepção e do conceito, os dois pilares sagrados em que assenta o pensamento aristotélico-tomista, contra o racionalismo cartesiano, o mecanicismo newtoniano, o empirismo de Locke e Hobbes, cuja epistemologia do imaginário reduz a imagem a *sensação enfraquecida* ou simples reprodução da *coisa vista* mas mais *obscura e esbatida*, contra a depreciação da imagem que se vê reduzida a «*inimiga da razão*» (Pascal), «*doida da casa*» (Malebranche), «*infância da consciência»* (Alain) ou «*pecado contra o espírito»* (Brunschvicg), contra todo este pragmatismo utilitário e instrumentalista, que de múltiplas direcções, cortando com séculos de desvalorização e domesticação do imaginário, se luta pela restauração da importância e dignidade das imagens.

Em todo este corte com o passado desempenham um papel fundamental a psicanálise (Freud, Jung), o surrealismo (André Breton), o romantismo (Baudelaire, Mallarmé, Rimbaud, Valéry), a fenomenologia bachelardiana, a filosofia das religiões (Mircea Eliade), a antropologia cultural (Gilbert Durand) e a própria epistemologia piagetiana (Piaget, Werner, Kaplan).

No âmbito mais específico do contributo dado à revalorização do lúdico e do festivo, à afirmação da dimensão *ludens* e da dimensão *festivus* do homem, poderemos realçar, entre outros, Huizinga, Cox, Caillois, Wittgenstein, Wunenburger, Kerényi ou Moltmann.

Huizinga fala-nos do *homo ludens*, defendendo que todas as manifestações culturais, sejam elas a ciência, a poesia ou a arte, a filosofia ou a religião, a justiça ou a política, têm as suas raízes no jogo. É a sua célebre tese pan-lúdica da cultura. Já Harvey Cox enfatiza o *homo festivus*, o elemento festivo do homem. Ambos desenham uma imagem sonhadora, livre, visionária, do mundo e do homem, em aberta oposição ao racionalismo e pragmatismo que domina a sociedade industrial.

Com Wittgenstein e a atenção que dedica aos jogos de linguagem, o jogo converte-se, definitivamente, num princípio hermenêutico que pode ser útil na aplicação, como demonstrou, a outros sectores da actividade humana. O que aconteceu com a lógica, a matemática, a filosofia e mesmo a teologia.

Neste último caso, a teologia, com os estudos de Moltmann, Hugo Rahner ou Harvey Cox, que apostaram numa interpretação lúdico-festiva da religião ao privilegiarem o acesso ao sagrado a partir do lúdico. Suportando-se na tese do *homo ludens* anteriormente desenvolvida por Huizinga, consideram que daí deriva a ideia de um *Deus ludens*, de um Deus criador que, livremente, sem necessidade de nenhum tipo, ludicamente, cria o mundo. Deve, aliás, referir-se que muitas das abordagens realizadas por volta dos anos sessenta se centraram nas estreitas relações entre o jogo, a festa e o sagrado, particularmente a *religiosidade popular*.

Mas, retornemos a Huizinga, para analisar, com mais atenção, algumas das suas ideias centrais. Colocando-se numa perspectiva filosófico-cultural, Johan Huizinga foi, sem dúvida, um dos autores que mais influenciou o estudo da actividade lúdica. A sua obra de referência, *Homo Ludens*, publicada em 1938, é um trabalho científico que outorga prioridade à cultura, buscando as suas origens no estádio pré-cultural do jogo animal e do jogo da criança. Marcou profundamente a sua época e muitos dos estudiosos que, na sua esteira, se dedicaram à investigação desta forma específica de manifestação cultural.

Esta anterioridade do lúdico em relação ao cultural, este quase elevar o jogo a motor da história e da cultura, surge bem patente logo no início do livro. Com efeito, referindo-se à essência e significado do jogo como fenómeno cultural, Huizinga inicia o livro com a seguinte frase: «El juego es más viejo que la cultura; pues, por mucho que estrechemos el concepto de esta, presupone siempre una sociedad humana, y los animales no han esperado a que el hombre les enseñara a jugar» (Huizinga, 1994: 11). Três páginas à frente concretizar o seu pensamento afirmando:

> «La realidad *juego* abarca, como todos pueden darse cuenta, el mundo animal y el mundo humano. Por lo tanto, no puede basarse en ninguna conexión de tipo racional, porque el hecho de fundarse en la razón lo limitaría al mundo de los hombres. La presencia del juego no se halla vinculada a ninguna etapa de la cultura, a ninguna forma de concepción del mundo. Todo ser

pensante puede imaginarse la realidad del juego, el jugar, como algo independiente, peculiar [...]».

Nesta obra, onde trespassa uma visão espiritualista do jogo e da cultura, o autor reconhece que a cultura, na multiplicidade das suas manifestações, é a expressão da capacidade do homem para jogar, da capacidade do homem para assumir uma atitude lúdica perante a vida e as coisas. Opondo o *homo ludens* ao *homo faber*, vai desenvolver, ao longo do livro, toda uma visão pan-lúdica da cultura. Esta posição em relação ao jogo abre caminho ao que alguns críticos consideram ser o panteísmo espiritualista e irracionalista de Huizinga, que de alguma forma fica refém do teleológico, do irracional e incompreensível, pois para ele o jogo é algo de irracional que rompe e ultrapassa as limitações do biológico para se elevar às dimensões do espiritual. Algo que nos recorda o carácter supra-lógico da situação do homem no mundo. Diz-nos Huizinga (1994: 14):

> «Pero, quiérase o no, al conocer el juego se conoce el espíritu. Porque el juego, cualquiera que sea su naturaleza, en modo alguno es materia. Y en el mundo animal rompe las barreras de lo físicamente existente. Considerado desde el punto de vista de un mundo determinado por puras acciones de fuerza, es, en el pleno sentido de la palabra, algo *superabundans*, algo superfluo. Sólo la irrupción del espíritu, que cancela la determinabilidad absoluta, hace posible la existencia del juego, lo hace pensable y comprensible!»

O *Homo Ludens*, como que reflectindo aquele ambiente intelectual do período entre guerras mundiais, pouco propício à racionalidade e fortemente marcado por aquelas clivagens que marcaram os anos trinta e quarenta, clivagens que opunham necessidade e liberdade, racionalidade e irracionalidade, matéria e espírito, determinismo e acaso, não deixa igualmente de ser, no âmbito específico do jogo e da cultura, um esforço de superação dessas oposições. Oposições como as *faber/ludus*, seriedade/não seriedade, realidade/fantasia, norma/transgressão da norma, nomeadamente naquela dimensão que mais nos interessa aqui, a do carácter lúdico da vida cultural e da relação entre ludismo e sacralidade.

Tudo isto apesar de Huizinga, eminente medievalista e profundo conhecedor da importância do jogo na cultura medieval, estar bem consciente de que com a crescente complexificação da vida social, tanto no plano individual como colectivo, a cultura se vai tornando *cada vez mais séria*, empurrando o jogo para uma posição mais periférica e secundária. Esta aparente desvinculação e perda de contacto entre o jogo e a diversidade de outras manifestações culturais, não impede Huizinga de enfatizar o carácter e origem lúdica da vida cultural, de pôr em relevo as fortes conexões entre a cultura arcaica e o jogo.

Diz-nos Huizinga (1994: 16) a este propósito:

«Ahora bien, en el mito y en el culto es donde tienen su origen las grandes fuerzas impulsivas de la vida cultural; derecho y orden, tráfico, ganancia, artesanía y arte, poesía, erudición y ciencia. Todo esto hunde así sus raíces en el terreno de la actividad lúdica.»

Com efeito, Huizinga defende que o jogo, nomeadamente nas suas manifestações superiores, como actividade plena de sentido, que significa ou celebra algo, ultrapassando os processos meramente funcionais e biológicos de satisfação das necessidades vitais (nutrição, protecção, procriação), pertence às esferas da festa, do culto, e do sagrado.

Começa por referir algumas das características formais do jogo, nomeadamente a tensão entre regras e transgressão dessas regras, entre sério e não-sério, entre realidade e ilusão, o que testemunha desse espaço de fronteira, de espaço intermédio, em que o jogo se situa, característica que revela a fragilidade do mundo lúdico e a facilidade com que pode resvalar para o mundo do real, das coisas ditas sérias, para de seguida tecer alguns paralelismos entre o jogo infantil e os *grandes jogos*.

Como acontece com as *festas de iniciação* das culturas arcaicas, particularmente no que respeita às dimensões da *suspensão temporal da vida quotidiana*, dos limites temporais e espaciais em que os jogos ocorrem. E, consequentemente, o carácter de ilusão e fantasia, de faz-de-conta, de *como se*, de estrutura ilusória, que define as actividades que se desenvolvem nesses limites espaciais e temporais.

Durante essas festividades, como que se instaura um tempo sagrado de jogo, um tempo extraordinário, em que as regras, colectivamente aceites, são outras, em que está presente a ilusão, a máscara, o disfarce. Em que os jogadores, sem deixarem de ser os mesmos, são outros. Representam. Transportam-se para uma ordem superior. Para um mundo mágico, mítico, simbólico, que escapa à realidade habitual. Mundo em que os participantes, enquanto duram os jogos, quase acreditam viver.

Um pouco à semelhança daqueles mundos ilusórios em que a criança, plena e totalmente, parece viver, enquanto joga. Daqueles mundos ilusórios em que «el niño se pone tan fuera de sí que casi cree que lo es de verdad, sin perder, sin embargo, por completo, la conciencia de la realidad normal» (Huizinga, 1994: 27).

Os jogos arcaicos, as festividades e representações sacras, mantendo todas aquelas características formais do jogo, são bem mais do que simples representações, envolvendo uma dimensão espiritual efectiva, por mais difícil que seja explicitá-la com rigor e precisão. Com efeito, os participantes, no contexto lúdico em que actuam, procuram repetir e recrear uma ordem das coisas e da vida bem superior à ordem habitual do mundo em que vivem. Assim, este tempo sagrado do jogo, com tudo o que envolve, realidade e ilusão, norma e liberdade, alegria, dança, música, é a condição de acesso a outra ordem das coisas, aos deuses, à sacralidade.

A dança, a música, a alegria, os jogos, na cultura arcaica, como representações e acções sagradas, procuravam «conservar el mundo en marcha y predisponer a la naturaleza en favor del hombre» (Huizinga, 1994: 28). Desses jogos dependia o curso das estações e ciclos de vida. Deles dependiam a fertilidade e as colheitas, deles dependia a própria ordem cósmica.

Esses jogos envolviam, na generalidade dos casos, uma estrutura antitética e agónica, de tensão e incerteza, de oposição ou alternância, entre grupos ou facções, compreendendo actividades como as danças, os desfiles ou os cantos. Esta estrutura, agónica e antagónica ou então dialogal e conversacional, podia assumir formas de diferenciação a partir de critérios distintos. Os grupos podiam diferenciar-se na base do seu totem e, consequentemente, das máscaras, vestimentas, comportamentos que assumiam (homem-pássaro, homem-tartaruga). Ou de critérios como o género, a idade, a pertença a determinados grupos sociais.

Talvez a diferenciação pelo género fosse uma das mais representativas, pois em muitas culturas arcaicas generalizou-se ao dualismo cósmico em geral, como no caso da oposição e complementaridade chinesa do *yin* e do *yang*, o princípio feminino e o princípio masculino. Conforme a estrutura dual que se procurava representar, que se procurava mimar, um grupo podia figurar o sol (*yang*) outro a lua (*yin*), um o Verão outro o Inverno, um o anfitrião outro o hóspede, um as forças celestes outro as forças terrestres, um os deuses outro os homens.

Com os seus jogos e festividades o homem procurava assegurar a permanência dos ritmos cósmicos, a fertilidade da terra e dos homens, a protecção contra os inimigos, a protecção dos deuses e antepassados. Se uma festa é bem celebrada, bem representada, na base dos rituais usuais, se «el sacrificio o las danzas sagradas han salido bien», então todas as bênçãos cairão sobre o grupo, a vida será assegurada, «todo está en orden, las potencias superiores están con nosotros, se mantiene el orden del mundo, y se asegura el bienestar cósmico-social de nosotros y de los nuestros.» (Huizinga, 1994: 72-73).

Como refere Leo Frobenius, citado por Huizinga, tudo se passava como se os homens – mais uma vez o velho conceito aristotélico de *mimesis* – nas suas representações simbólicas, nas suas dramatizações, nos seus jogos sagrados, imitassem a ordem cósmica, os grandes acontecimentos cósmicos e sociais da vida e da natureza, na base da consciência que têm desses acontecimentos. Ou seja, o jogo, como forma de acesso ao sagrado, permite representar, realizar e actualizar, os grandes acontecimentos cósmicos, como que tornando presente os tempos míticos da criação.

Desta mesma forma se expressa também Mircea Eliade, quando se debruça sobre aquela crença, aquela visão tão particular dos povos primitivos, que os leva a ver as transformações e mudanças da ordem cósmica como a metamorfose de uma realidade que, ciclicamente, se regenera na base da constância dos processos de morte e renascimento. Este eterno retorno do real, nas suas repetições cíclicas, seria o mito primordial (mito do eterno retorno), aquele que nos remete para as origens do mundo e do homem, para aquele tempo sagrado e forte, realíssimo, em que os deuses criaram o mundo.

Ora, é precisamente esse *in illo tempore*, esse tempo mítico da criação divina, que os jogos sagrados permitem actualizar, tornar presente. Só imitando essa criação divina, repetindo-a ritualmente, dramatizando-a, jogando-a neste jogo de homens e deuses, é possível regenerar o tempo actual, torná-lo puro e fecundo. É este carácter lúdico, de jogo de faz-de-conta, presente nas festividades, que permite ao homem, imitando dramaticamente os gestos criadores dos deuses, renovar e restaurar o tempo gasto e cansado em que vive.

É isso que permite afirmar que, para a mentalidade arcaica, o jogo é um acto sagrado, um acto criativo e recreativo, um acto que permite a repetição e actualização dos arquétipos primordiais, arquétipos que Mircea Eliade designa de Modelos. Que permite a Huizinga afirmar que o lúdico está impregnado de um significado profundo de *acção sagrada,* que é no lúdico que o culto, o culto sagrado, se suporta, e não o contrário.

Mas se o culto, se os rituais sagrados, são, acima de tudo, seriedade, gravidade, *santa gravidade*, diz o próprio Huizinga, como poderão, ao mesmo tempo, ser um jogo, actividade tão profundamente conotada com a falta de seriedade, a brincadeira, o folguedo e o gracejo? Como poderá defender-se a ideia da identidade estrutural entre o jogo e a acção sagrada?

No que anteriormente explanámos sobre o pensamento de Huizinga encontramos já resposta para esta questão, nomeadamente quando o autor refere o espaço intermédio em que se situa o lúdico, a saber, entre o sério e o não-sério, o formal e o informal, a repetição e a inovação. Diz-nos o autor, à semelhança de muitos outros estudiosos do jogo infantil, que o jogo, para a criança, sem deixar de ser uma brincadeira, é igualmente uma actividade séria. Actividade em que ela se envolve de uma forma intensa e total.

Neste sentido, não é difícil detectar o isomorfismo estrutural que envolve o jogo e o culto, ambos situados nesse espaço intermédio, de fronteira, entre seriedade e não-seriedade. Isomorfismo que igualmente se descobre em relação a outras características formais do jogo e do culto, como é o caso da demarcação de limites espaciais e temporais.

Não surpreende, pois, que Huizinga (1994: 33) explicite as suas posições em relação à identidade estrutural entre o jogo e o sagrado afirmando:

> «Desde este punto de vista podemos precisar más la conexión intima entre culto y juego. De este modo se aclara el fenómeno de la amplia homogeneidad que ofrecen las formas rituales y las lúdicas, y mantiene su actualidad la cuestión de en qué grado toda acción sacra corresponde a la esfera del juego.»

É hoje usual reconhecer-se (Rappaport, 2001) que entre antropólogos, teólogos, psiquiatras e etnólogos, existe algum cuidado e preocupação em utilizar termos de carácter geral para referir fenómenos diversos e distintos, fenómenos entre os quais existem, portanto, diferenças acentuadas, mas fenómenos igualmente caracterizados pela sua proximidade e semelhança estrutural, por pontos e dimensões comuns que significativamente os unem e identificam.

É o caso de termos como *ritual*, *cerimónia* ou *culto*. Se em psiquiatria se usam os termos ritual ou cerimónia para designar as condutas repetitivas e estereotipadas de doentes neuróticos, se em sociologia ou em antropologia os mesmos termos aludem a uma diversidade de comportamentos sociais, religiosos ou não, nomeadamente aos aspectos repetitivos e formais desses acontecimentos, se a etologia recorre aos mesmos termos para designar as *exibições* comportamentais observadas em diferentes espécies animais, evidentemente estamos perante acontecimentos bem distintos, diversos, mas que igualmente apresentam características comuns.

No caso de Rappaport (2001: 56), que dedicou muitos dos seus estudos à investigação das relações entre religião e sociedade, o ritual é definido da seguinte forma: «[...] ejecución de secuencias más o menos invariables de actos formales y de expresiones no completamente codificados por quienes los ejecutan.»

Ora, uma das características que o autor refere nesta definição, a da *formalidade*, parece ser um daqueles aspectos que encontramos em todos os rituais, remetendo para elementos como o repetitivo, o sequencial, o convencional, o estereotipado, o estilizado. Elementos a que Rappaport acrescenta o *decoro*, o que de alguma forma nos leva, de novo, à questão da seriedade e do culto, da *santa gravidade* da acção sagrada. No entanto, se Huizinga coloca, quer o jogo quer o culto, nesse espaço intermédio entre seriedade e não-seriedade, entre seriedade e brincadeira, também Rappaport não tem nenhuma dificuldade em ver a presença do *indecoroso* na formalidade e decoro do ritual.

Neste sentido, o *culto* de que nos fala Huizinga, como o *ritual* na forma como é abordado por Rappaport, com todo o significado de *acção sagrada* que ostentam, revestem-se daquelas características formais que caracterizam o jogo. Ainda a propósito da presença do sério e do não-sério nos actos de culto de que nos fala Huizinga, bem como da presença do decoroso e do indecoroso nos rituais, tal como são vistos por Rappaport (2001: 69), vejamos o que este último nos diz:

«En primer lugar hay que decir que aunque la ejecución de muchos rituales exige decoro, y que los conceptos de "formalidad" y "decoro" se solapan, no son sinónimos, y la formalidad tampoco lleva consigo necesariamente una conducta decorosa. Por ejemplo, algunas formas de saludo de los adolescentes son formales en el sentido de que son estereotipadas, pero con frecuencia no son particularmente decorosas; del mismo modo la formalidad de algunos rituales, como destaca Roger Abrahams (1973), puede incluir o incluso hacer ostensible una conducta cómica, violenta obscena o blasfema. Los payasos desempeñan un papel importante en los rituales de los Tewa (Ortiz, 1969) y de otros indios americanos, también en Sri Lanka (Kapferer, 1983) y en otros sitios: y la sociedad *Arioi* de las Islas Sociedad violaba los tabúes de la comida, ejecutaban lo que el Capitán Bligh y otros tomaron como danzas obscenas, y se entregaba a lo que misioneros y exploradores consideraron como libertinaje heterosexual y sodomía dentro de los recintos sagrados (*marae*) en el transcurso de algunas de sus ceremonias [...]»

Também a demarcação de um lugar sagrado, como característica estruturante de toda a acção sagrada, aproxima o culto do jogo, pois uma das características formais do jogo é precisamente o facto de decorrer dentro de limites espaciais e temporais previamente definidos, o que faz com que Huizinga (1994: 34) chegue mesmo a afirmar que

« [...] los lugares consagrados no son, en el fondo, sino campos de juego.»

A dimensão de tensão e alegria dos jogos permite igualmente a Huizinga fazer novas aproximações entre o jogo e a acção sagrada, entre o jogo e o carácter festivo das celebrações religiosas, com todas aquelas manifestações de seriedade e divertimento, de realidade e ilusão, de gravidade e êxtase, de gozo e elevação, acentuando a mesma natureza estrutural da festa e do jogo. Recorramos uma vez mais a Huizinga (1994: 35):

«Qué ocurre con la actitud y el estado de ánimo en las fiestas sacras? La palabra *celebrar* lo denuncia casi. Se celebra el acto sagrado, es decir, que cae en el ámbito de la fiesta. El pueblo que acude a sus santuarios se reúne para una manifestación común de alegría. Consagración, sacrificio, danza, competición sacra, representaciones, misterios, todo se halla incluido dentro de las fronteras de la fiesta. Aunque los ritos sean sangrientos, las pruebas de los iniciados crueles, las máscaras espantosas, todo se celebra, todo se ejecuta, o juega como fiesta.»

Detectam-se, pois, uma diversidade de traços comuns entre a festa e o jogo, não sendo por vezes fácil distinguir, com precisão, as fronteiras entre rito, culto, festa e jogo. Traços entre os quais sobressaem a delimitação espacial e temporal, o formalismo e a liberdade, a fé e a incredulidade, a autêntica emoção extática e a simulação, a consciência do *como se*, do faz-de-conta. Aquele carácter alegre e brincalhão dos acontecimentos, o que não põe em causa a sua seriedade. Acontecimentos que não são de ilusão completa, pois alguma consciência existe de que não é verdade o que se representa, embora não seja menos forte a emoção de que vivemos num tempo e num espaço sagrado, de que a acção é uma acção sagrada.

A este espaço de transição, espaço intermédio, em que qualquer das polaridades anteriormente assinalada pode derivar, se pode converter, na polaridade que se lhe opõe, chama-se exactamente jogo, actividade lúdica. A este espaço de representação, de figuração, diz-nos Huizinga (1994: 39) «como mejor se la caracteriza es designándola función lúdica.» Compreende-se agora melhor, por certo, a definição que Huizinga (1994: 43-44) nos dá do jogo:

> «[...] el juego es una acción o ocupación libré, que se desarrolla dentro de unos límites temporales y espaciales determinados, según reglas absolutamente obligatorias, aunque libremente aceptadas, acción que tiene su fin en sí misma y va acompañada de un sentimiento de tensión y

alegría y de la consciencia de *ser de otro modo* que en la vida corriente.»

Compreende-se agora melhor, por certo, a homogeneidade formal entre as esferas do jogo e do sagrado, onde o jogo assume um carácter primário, pois como afirma Huizinga (1994: 42), mesmo no final do primeiro capítulo do *Homo Ludens*

> «La acción sacra queda comprendida, en lugar importante, dentro de la categoría juego, sin que por eso pierda, en esta subordinación, el reconocimiento de su carácter sagrado [...] »

Ora, como tudo parece indicar, este carácter de *faz-de-conta*, de *como se*, de representação, que tão significativamente marca a função lúdica, nasce como figuração. Ou, recorrendo à terminologia piagetiana, a representação começa por ser, nas suas fases iniciais, *abusivamente figurativa*, sendo a *personificação*, um dos caminhos que esse *abusivamente figurativo* pode seguir.

A personificação pode ser entendida como o mecanismo psicológico, ou melhor, psicossocial, que potencia a transmutação da realidade percebida na representação de algo vivo e animado, que permite a transmutação de realidades ou objectos inanimados em realidades vivas e animadas. Encontramos este mecanismo psicológico no pensamento alegórico (a Fortuna, a República, a Beleza, a Modéstia). No antropomorfismo, a atribuição de traços ou qualidades humanas a forças impessoais ou irracionais. No animismo, a atribuição de alma, de vida, a objectos inanimados e forças da natureza. No totemismo, a figuração dos deuses e dos espíritos na forma de animais. Nas criações fantásticas da literatura infantil, nos jogos das crianças e no próprio pensamento psicológico (Eros, Tanatos, Édipo, Sombra, Grande-Mãe).

Confrontamo-nos, regularmente, com a personificação poética, alegórica, mística, religiosa. Os grandes mitos cósmicos são essencialmente personificações. Os poetas falam da Luz, da Verdade, do Bem, da Noite, da Fadiga, da Discórdia, da Cólera, da Harmonia. A noiva fervorosa de São Francisco de Assis era a Pobreza. São João da Cruz fala da Esposa e do Amado e chama *aves ligeiras* às divagações da imaginação.

Representações figurativas, personificações, que estão igualmente presentes no jogo. Jogando, uma criança transforma um pau num cavalo, o seu corpo num avião ou num automóvel, fala com amigos imaginários, diz que a lua é uma bola e anima, dá vida, aos seus bonecos e brinquedos.

Não é fácil, como muitos autores referem, diferenciar de forma rigorosa e precisa as representações religiosas, como as visões místicas, de outras formas de representação. Pois também estas, as místicas, à semelhança de outras formas de representação abusivamente figurativas, parecem igualmente ser expressão da função lúdica do espírito. Também elas vivem naquele espaço intermédio entre o real e a fantasia, o sério e o não-sério. Serão todas estas formas de representação, como parece sugerir Huizinga, um jogo do espírito? Serão todas estas formas de representação a manifestação, diversa e plural, da natureza e essência lúdica do espírito humano?

Sobre as suas visões e êxtases místicos Santa Teresa de Ávila (1970: 359) dizia, com a mesma convicção, que «[...] nem podia duvidar de que era boa a visão, digo, que não era ilusão», como igualmente reconhecia (pág. 708):

> «Disse que não era coisa sonhada, porque na morada que fica dita, até que a experiência seja muita, fica a alma duvidosa do que foi aquilo: se foi ilusão, se estaria sonhando, se foi dada por Deus, ou se o demónio se

transfigurou em anjo de luz. Fica com mil suspeitas e é
bem que as tenha; porque – como disse – até a própria
natureza nos pode enganar ali alguma vez [...]»

A dúvida, a incerteza (características essenciais do lúdico),
sempre podem persistir. Seriam as suas visões de Deus, do demónio,
ou da própria imaginação? Se o espírito humano fala uma linguagem
lúdica, se o espírito humano é um espírito de humor, não o
detectamos precisamente nesse espírito brincalhão que se diverte,
joga e brinca, ora metamorfoseando-se em demónio ora em espírito
de luz? Outra grande mística, Hildegarda de Bingen, fala de forma
similar das suas visões, que parecem oscilar, ludicamente, entre a
realidade metafísica e o fantástico, entre a vivência mística e a
fantasia, entre o sério e o não-sério.

«Tenemos derecho a denominar juego del espíritu esta
propensión congénita e ineludible del espíritu a crearse un mundo
pensado de seres vivientes?», interroga-se Huizinga (1994: 162). Os
mitos e rituais sagrados, a poesia, as visões dos grandes místicos, a
criança que inadvertidamente brinca e joga, a criação artística, como
tantas e tantas outras manifestações de cultura, serão, afinal,
manifestações diversas que encontram o seu fundamento, a sua raiz,
nessa matriz comum que é o impulso lúdico do espírito humano?

A ser assim, teria todo o sentido a tese de Huizinga, quando
afirma que a cultura tem a suas origens e fundamentos no lúdico,
quando afirma que o jogo é primário em relação à cultura, quando
reconhece o carácter lúdico de toda a vida cultural, quando reconhece
que é da natureza do espírito humano criar, transformar, ludicamente,
tudo aquilo em que toca. O que é dizer que a cultura radica nessa
atitude lúdica de fundo que é a do espírito humano. Radica no *serio
ludere*, nessa atitude espiritual em que assentou toda a cultura
renascentista.

É, afinal, o lúdico, o espírito de humor, que nos salva dos literalismos, que mantém viva essa função psicológica básica que é duvidar, distinguir entre espírito e letra, pôr em causa mesmo o que se apresenta com o rosto da maior gravidade ou seriedade. Pois, como veremos mais tarde, o espírito fala poeticamente, com um espírito de humor, ludicamente, mas o homem que não sabe jogar, que não tem uma atitude lúdica, entende-o literalmente.

A criança que brinca, que transforma um pau num cavalo, sabe, literalmente, com um espírito de verdade, que um pau não é um cavalo, que aquele pau não é verdadeiramente um cavalo, o que não a impede de, com um espírito de humor, brincalhão, lúdico, intensa e totalmente, com a máxima seriedade, fingir, solitariamente ou no espaço lúdico que partilha com os seus parceiros de jogo, que aquele pau é, efectivamente, verdadeiramente, um cavalo.

Roger Caillois, fortemente influenciado por Huizinga, reconhecendo a importância e fecundidade das vias de investigação abertas pelo autor de *Homo Ludens*, reconhecendo a importância do jogo no próprio desenvolvimento civilizacional, não deixa no entanto de discordar parcialmente de muitas das suas posições, começando logo por pôr em questão a forma como define o jogo, as aproximações que faz ao sagrado e ao misterioso, bem como as posições pan-lúdicas que Huizinga assume.

Confrontado com as teses que entendem o jogo como uma imitação e degradação das actividades físicas funcionais, das actividades ou ocupações corporais fundamentais dos adultos (a corrida ou lançamento do dardo seriam o testemunho das antigas caçadas do homem pré-histórico) e com a tese oposta de Huizinga, que vê no jogo a origem e fundamento de toda a cultura, Caillois (1958: 125) afirma: «Je ne pense pas qu'on les ait encore jamais confrontées, soit pour décider entre elles, soit pour les articuler l'une à l'outre.»

Depois de apresentar, resumidamente, as teses em confronto, escrevendo,

> «Dans un cas, les jeux sont présentés systématiquement comme autant de dégradations de celles des activités des adultes qui, ayant perdu leur sérieux, tombent au niveau de distractions anodines. Dans l'autre, l'esprit de jeu est à la source des conventions fécondes qui permettent le développement des cultures.»

refere que a discussão sobre o facto de os jogos derivarem das actividades sérias ou as actividades sérias derivarem dos jogos, é em parte vã, pois ambas as explicações são ricas e fecundas, concluindo que «L'esprit de jeu est essentiel à la culture, mais jeux et jouets, au cours de l'histoire, sont bien les résidus de celle-ci.» (Caillois, 1958: 126).

Se em certas fases históricas os jogos são parte integrante das instituições sociais, laicas ou sagradas, noutras fases esses mesmos jogos como que funcionam ao lado das estruturas sociais *sérias*, como algo secundário e não-sério, como meros jogos, ou seja, mudam a sua função social, mas não a sua natureza.

Assumindo uma posição fenomenológica e taxionómica, Caillois elabora uma classificação que divide os jogos em quatro grandes tipos: os jogos de *Alea* (sorte ou azar), de *Agon* (luta e competição), de *Mimicry* (ilusão ou simulacro) e de *Ilinx* (vertigem).

No primeiro grupo, *alea*, estão os jogos de sorte e azar em que o resultado da actividade não depende dos participantes. Precisamente o oposto do que ocorre com os jogos de *agon*. Nos jogos de *alea*, o papel do jogador é completamente passivo, tudo se joga em função da sorte ou do azar, em função do destino, como acontece, por exemplo, com os jogos de roleta ou a lotaria.

No entanto, *alea* e *agon* podem estar simultaneamente presentes nalguns jogos, como por exemplo num jogo de cartas, onde o mero acaso preside à distribuição das cartas do baralho, que depois os jogadores exploram o melhor possível, em função das suas competências e capacidades, na expectativa de ganharem.

No segundo grupo, *agon*, estão os jogos de competição, de rivalidade ou combate, os jogos em que os adversários se opõem, procurando cada um deles a vitória. Neste tipo de jogos criam-se as condições de igualdade para que o resultado dependa exclusivamente das competências e capacidades dos jogadores (velocidade, força, resistência, memória), tal como acontece no atletismo, no basquetebol, na esgrima, na competição desportiva em geral.

No terceiro grupo, *mimicry*, estão os jogos de ilusão, os jogos de fantasia ou de faz-de-conta, os jogos sócio-dramáticos. Aquele tipo de jogos em que entra um elemento ficcional, em que a imaginação e a criação de personagens ou estruturas ilusórias desempenham um papel central. Como acontece com o jogo simbólico na criança, os jogos de imitação, muitas das manifestações lúdicas do Carnaval ou as dramatizações e uso das máscaras nas sociedades primitivas.

Finalmente, no quarto grupo, *ilinx*, estão os jogos de maior pendor dionisíaco, jogos essencialmente caracterizados pela perda temporária do equilíbrio e da lucidez, do sentido de segurança e controlo. Pela perda da estabilidade da percepção e da consciência, pela procura da sensação de pânico, de vertigem, de perigo, de êxtase ou mesmo de transe. Como ocorre com os jogos de rodopiar, o andar de baloiço, a montanha russa ou múltiplas actividades do designado desporto-aventura.

Este primeiro critério classificativo usado por Caillois, distinguindo quatro grandes tipos de jogos, não esgota a realidade e complexidade do jogo, pelo que o autor recorre a um segundo critério situando, em pólos opostos, o que designa de componente *ludus* e componente *paidia* do jogo.

Francisco Alberto Ramos Leitão & Isilda Maria de Sousa Leitão

Vejamos, nas palavras do próprio Caillois (1958: 48), o que são as componentes *ludus* (formalidade e estruturação) e *paidia* (informalidade e espontaneidade).

> «A une extrémité règne, presque sans partage, un principe commun de divertissement, de turbulence, d´ improvisation libre et d´épanouissement insouciant par où se manifeste une certaine fantaisie incontrôlée qu´on peut désigner sous le nom de *paidia*. A l´extrémité opposé [...] un besoin croissant de la plier à des conventions arbitraires, impératives [...] Je nomme *ludus* cette seconde composante.»

O uso das máscaras nas sociedades primitivas, normalmente acompanhado por todo um clima festivo fortemente marcado pela metamorfose, as experiências de possessão e de comunicação com os antepassados, os espíritos e os deuses, talvez sejam os acontecimentos mais estudados pela etnografia, mas também aqueles que mais tem intrigado os próprios investigadores.

Nestes acontecimentos festivos, tão marcados pela máscara e pelo êxtase, pelas dimensões *mimicry* e *ilinx* de que nos fala Caillois, a ordem normal do mundo como que é transitoriamente abolida. As máscaras, fabricadas em segredo, posteriormente escondidas ou destruídas, são como que os instrumentos que permitem aos participantes, num contexto marcado pelas danças, os rituais e as cerimónias, a mímica, o simulacro e a vertigem, transformarem-se, metamorfosear-se, em Deuses, Espíritos, Animais-Ancestrais. Em forças sobrenaturais benéficas e regeneradoras ou em forças sobrenaturais de natureza negativa, destruidora e terrífica.

1.5. O Juramento Olímpico e a Eterna Presença de Pélops

Nosotras [las Musas] en cambio sabemos decir
muchas mentiras [...] pero también sabemos,
cuando queremos, entonar la verdad
(Hesíodo)

Para Caillois, a passagem à civilização propriamente dita arrasta consigo a regressão ou minimização das forças da vertigem e do simulacro, de *ilinx* e *mimicry*, e a ascensão e fortalecimento das relações sociais marcadas pela competição e o acaso, o *agon* e a *alea*. Este progressivo deslizar da *mimicry-ilinx* para o *agon-alea*, esclarece Caillois (1958: 193)

«[...] n´est rien d´autre que la naissance même de la civilisation.»

O processo civilizacional, visto desta forma, parece assentar na renúncia e condenação do reino de *mimicry-ilinx*, dominante nos períodos mais arcaicos, e na progressiva valorização do mundo estável e ordenado de *agon-alea*.

Embora uma multiplicidade de mitos testemunhe ainda desse mundo antigo em que dominavam os cultos orgiásticos, o frenesim e a dança, a vertigem e o êxtase, em que prevalecia a polaridade *mimicry-ilinx*, na Antiguidade Clássica, nomeadamente na Grécia, esse já não era o valor dominante.

Tudo se foi desviando, de forma mais ou menos harmoniosa e equilibrada, para os reinos de Apolo, para os valores *agon-alea*. Com esta renúncia à dimensão *mimicry-ilinx*, a máscara e tudo o que a ela está ligado, converte-se, disfarçadamente, em mera vestimenta ou ornamento litúrgico, em acessório de culto, de cerimónia, de dança ou teatro.

Agora, os altares em que se sacrifica, são os altares da ordem, do número, da medição. Os altares de Apolo. Caillois (1958: 208) expressa-o desta forma:

> «Le règne de la *mimicry* et de *l'ilinx*, comme tendances culturelles reconnues, honorées, dominantes, est en effet condamné dès que l'esprit parvient à la conception du Cosmos, c'est-à-dire d'un univers ordonné et stable, sans miracle ni métamorphose. Un tel univers apparaît comme le domaine de la régularité, de la nécessité, de la mesure, en un mot, du nombre.»

Sem este resvalar de *mimicry-ilinx* para *agon-alea* e toda a corte de transformações que lhe é inerente, a estabilidade e a ordem, a serenidade, a regra e a medida, o mérito e a competição, a igualdade de oportunidades, o desenvolvimento da organização e da administração, sem o eixo *agon-alea* como regra ou suporte fundamental do jogo social, como teria sido possível à cultura grega a fundação dos Jogos Olímpicos, Ístmicos, Píticos ou Nemeus? Num mundo unicamente dominado pelas pulsões *mimicry-ilinx*, os Jogos Olímpicos seriam inconcebíveis.

Jogos Olímpicos e reino de *mimicry-ilinx* são incompatíveis. Jogos Olímpicos e universo social estável e ordenado, domínio da regularidade, presença do número e da precisão, competição limitada, regulada e especializada, igualização relativa das condições de competição, respeito pelas decisões da arbitragem, institucionalização da competição, aceitação das leis do acaso (tirar à sorte, sorteios), emulação e relações humanas assentes na lealdade e generosidade, são mundos conciliáveis.

Testemunhos vários, entre eles os de Píndaro (518 - 438 a.C.), Estrabão (63 a.C. – 24 d.C.) e Pausânias (115 – 180 d.C.), atribuem a origem dos Jogos Olímpicos a Hercules, o homem, o mortal, que em virtude das suas façanhas, dos seus actos heróicos, dos seus *trabalhos*, alcançou a esfera do divino. Neste sentido, os acontecimentos desportivos seriam como que a manifestação do divino em termos corporais.

As *Odes* de Píndaro são, antes de tudo, a celebração dos vencedores e dos jogos em que participam, Olímpicos, Píticos, Nemeus, Ístmicos, ou outros. As virtudes que se evocam reflectem, transpondo-as para o plano do atleta-herói, o que as cidades-estado gregas esperavam dos seus cidadãos: a harmonia, a perfeição e a beleza, a capacidade, o poder e o vigor, a audácia e a emulação, a permanente busca da superação e da vitória.

Consentânea com esta postura, com a *paideia* grega em geral, é a posição de Platão (428-347 a.C.) ao atribuir uma excepcional importância à *gimnasia* na formação dos cidadãos da sua cidade ideal. Ao contrário dos poetas, que deverão ser proscritos dessa república ideal, dada a influência negativa que exercem sobre os jovens, os atletas, nomeadamente aqueles que alcançam feitos maiores nas competições, são grandemente reconhecidos já que conferem uma grande honra à cidade.

O próprio Platão, no entanto, desenvolverá uma severa crítica ao ideal atlético, dado o crescente profissionalismo envolvido nos jogos e consequências que daí provêm. Todo aquele que circunscreve a sua educação às práticas físicas, diz-nos Platão, citado por Freyne (1989: 261), acabava por se tornar «un enemigo acérrimo de la filosofía, incivilizado, que nunca utiliza las armas de la persuasión.»

Antes ainda de Platão, Eurípedes (480 – 406 a.C.), um dos grandes nomes da tragédia grega, tecia apreciações profundamente negativas sobre os contornos que no seu tempo os jogos já encerravam, aludindo nomeadamente aos privilégios de que, injustificadamente, na sua opinião, os atletas beneficiavam. Contrapõe o atleta vitorioso ao cidadão bom, justo e honesto, aludindo que a cidade, nos louros e grinaldas que confere, deve fundamentalmente ter em conta os valores que este último representa.

Eurípedes, citado ainda por Freyne (1989: 261), sintetizou a sua veemente crítica a toda esta situação da seguinte forma: «Aunque son miríadas los males que aquejan a – Grecia, nada hay peor que la raza de los atletas.»

Também Aristóteles (384 – 322 a.C.), nomeadamente em *Ética a Nicómaco*, tece algumas críticas ao que no seu tempo de passava, aludindo a excessos que advinham particularmente do profissionalismo, das dietas especiais e outras práticas associadas ao treino para os jogos, circunstâncias que em grande parte impediam que, ao contrário do que inicialmente acontecia, todos pudessem almejar à vitória.

Alguns séculos depois Luciano de Samósata (125 – 190 d.C.), no seu *Anacársis ou Sobre os Exercícios Físicos*, transportando-nos para o ambiente do *Liceu* no início do século VI a. C. em Atenas, retoma esta questão. Na base de um diálogo entre Sólon e ele próprio, Anacársis, centrado na questão da educação grega e da importância que nesse contexto era dada aos exercícios físicos, valendo-se da sua conhecida veia cómica e satírica, assume uma posição de grande desprezo e desdém em relação à forma como nesse tempo eram praticados os exercícios físicos. Suportando-nos em Arqueiro (2011: 41) eis um extracto que retiramos desses diálogos,

ANACÁRSIS

Por que razão, Sólon, os vossos jovens se comportam deste modo? Uns, enleados, pregam rasteiras entre si; outros apertam-se e dobram-se como varas de vimes, rebolando-se na lama e chafurdando como porcos.
[...]
Gostaria de saber que proveito resulta de tudo isto: parece-me que uma tal conduta se assemelha mais a loucura do que a outra coisa, e não será fácil convencer-

me de que estes, que assim se comportam, batem bem da cabeça

SÓLON

É compreensível, Anacársis, que estes comportamentos te pareçam insólitos, por constituírem para ti um costume estranho, bem diferente dos hábitos citas. Da mesma forma, a vossa educação e os vossos costumes parecer-nos-iam, a nós gregos, igualmente estranhos, se algum de nós os testemunhasse, como tu hoje testemunhas os nossos. Todavia, tranquiliza-te, meu caro amigo, não é por loucura, nem por violência que estes jovens lutam uns contra os outros, se rebolam na lama ou se cobrem de poeira. Na realidade, isto tem certa utilidade, não é desagradável e proporciona ainda ao corpo uma força singular.

Séneca (4 a.C. – 65 d.C.), conhecida a importância que atribui à educação moral, numa mesma linha de pensamento, adopta igualmente uma postura depreciativa em relação ao ideal atlético grego, chegando mesmo a excluir a *gimnasia* do sistema de educação "liberal" que desenvolveu em Roma. Nas suas bem conhecidas Cartas (*Cartas a Lucílio, 89, 18*) escreve: «Qué hay de "liberal" en los aficionados a esos temas, voraces consumidores de eméticos, cuyos cuerpos están gordos a la vez que sus mentes se muestran flojas y torpes?»

Apesar da crítica filosófica do ideal atlético grego, basicamente centrada no crescente profissionalismo dos atletas, o que por vezes dificultava a própria realização dos jogos, já que os atletas elegiam aquelas celebrações cujos patrocinadores ofereciam prémios mais avultados, o entusiasmo pelos jogos não diminuiu. Foi-se mesmo alargando a territórios cada vez mais afastados.

A tal facto não foi estranha a forte difusão dos costumes gregos particularmente depois de Alexandre o Grande (356-323 a.C.), difusão que do espaço greco-romano alastrou a povos cuja cultura dificilmente poderia aceitar essas práticas atléticas.

Foi o caso do povo judeu, cujas tradições, fortemente vinculadas a uma concepção religiosa de cariz monoteísta, nada tinham a ver com múltiplas expressões da cultura grega, como o ginásio, a nudez, o teatro, a filosofia ou o próprio significado religioso dos jogos. Jogos que na época romana assumiram um significado social e religioso muito forte. Tratava-se, afinal, de celebrações em honra do imperador. Um verdadeiro culto ao imperador divinizado. Uma forma, portanto, de idolatria, que o monoteísmo judaico de maneira alguma poderia tolerar.

No entanto, nada disto impediu que o espírito helenístico, mesmo na dimensão específica dos jogos, chegasse a Jerusalém. Os dois episódios (II Macabeus) mais reveladores desta tensão entre esforços de helenização e consequente reacção do povo judeu leva-nos aos tempos da reforma de Antíoco IV (215-162 a.C.).

O primeiro episódio refere a forma como Jasão, totalmente helenizado, usurpa o cargo de Sumo-sacerdote e funda um ginásio em Jerusalém. O segundo episódio relata o facto de o mesmo Jasão ter desviado dinheiro do templo de Jerusalém para custear os jogos quinquenais de Tiro. Eis como em II Macabeus (4, 7-19) se descrevem estes episódios.

> [7]Mas depois da morte de Seleuco, tendo subido ao trono Antíoco, de sobrenome Epifânio, Jasão, irmão de Onias, começou a ambicionar o cargo de Sumo Sacerdote.
> [8]Numa entrevista com o rei, prometeu-lhe trezentos e sessenta talentos de prata e oitenta talentos de outras rendas,

[9]juntamente com outros cento e cinquenta talentos, se lhe fosse dada autorização para fundar um ginásio e uma escola para os jovens [...]

[12]Teve o atrevimento de erigir um ginásio junto da própria acrópole [...]

[13]Por causa da inaudita perversidade do ímpio Jasão, que nem era Sumo Sacerdote, o helenismo obteve tal sucesso e os costumes pagãos tão grande actualidade,

[14]que os sacerdotes descuidavam o serviço do altar, menosprezavam o templo, negligenciavam os sacrifícios, corriam, fascinados pelo lançamento do disco, a tomar parte na ginástica e nos jogos proibidos.

[18]Ao celebrarem-se em Tiro os jogos quinquenais, com a assistência do rei,

[19]o ímpio Jasão enviou, de Jerusalém, um grupo de habitantes de Antioquia, portadores de trezentas dracmas de prata para o sacrifício em honra de Hércules.

Século e meio depois Herodes o Grande (73-4 a.C.), mais por razões de natureza política que religiosa, quis organizar em Jerusalém jogos em honra do imperador romano. Pretendia, acima de tudo, expressar a sua fidelidade a Roma. No entanto, mesmo procurando retirar a esses jogos a sua dimensão religiosa, o seu carácter de competição sagrada, a resistência popular foi de tal forma grande que as celebrações acabaram por ser realizadas em Sebaste fora da cidade de Jerusalém.

Mas não nos iludamos, pois a própria origem e fundação dos jogos Olímpicos, pelo menos no plano mítico, parece ter sido tudo menos *olímpica*, luminosa, diurna. Presença indiscutível da dimensão *agon*, sem dúvida. A presença do elemento «*alea*», aceitação das regras do acaso, emulação, lealdade e generosidade, do elemento *fair-play*, diríamos hoje, essa parece estar mais *manchada* desde os momentos fundacionais. Mais obscurecida pelo elemento nocturno e sombrio da natureza humana. O elemento que a dimensão *agon-alea* pretende precisamente combater. Referimo-nos à história de Pélops, a que Píndaro, na segunda Ode Olímpica, também alude, considerando-o o primeiro vencedor de uma competição olímpica. Pélops, nos primeiros jogos competitivos, para vencer a corrida de quadrigas em que participa, suborna o cocheiro de Oenomaus, que coloca cavilhas de cera nos eixos, provocando o despiste da quadriga adversária.

Pélops era filho de Tântalo, rei da Lídia. Logo que chegou a Olímpia, enamorou-se de Hipodâmia, filha do rei Oenomaus, conhecida pela sua extraordinária beleza. O reino de Pisa, no Peloponeso, era governado pelo rei Oenomaus, que ao consultar o oráculo ficou a saber que seria morto pelo futuro genro. Face às revelações do oráculo logo decidiu alterar as regras a que deveriam obedecer os pretendentes à mão da sua filha Hipodâmia. De acordo com essas novas regras o pretendente deveria vencer o próprio Oenomaus numa corrida de cavalos. No caso de derrota o pretendente seria executado.

Quando Pélops chegou a Olímpia doze pretendentes haviam já sido mortos, pois o rei vencia sempre na medida em que os seus cavalos, dizia-se, eram de origem divina. Apaixonado que estava de Hipodâmia, Pélops apresentou-se como pretendente. Sabendo do que havia acontecido aos pretendentes anteriores, tratou de fazer um acordo com Mirtilo, o cocheiro do rei, que retirou as cavilhas das rodas, substituindo-as por cavilhas de cera. No decurso da corrida, em virtude da fricção, as cavilhas de cera vão derretendo, o carro que o rei conduz despista-se e Oenomaus acaba por morrer. Pélops vence, casa com Hipodâmia, torna-se rei, mas não cumpre o acordo secreto que havia feito com Mirtilo.

Antes, como hoje, o ardil e o engano têm a sua presença assegurada, mesmo quando não convocados insistem em comparecer. Muitos heróis míticos parecem comprazer-se em recorrer ao engano e à ajuda externa, ao ilícito, como forma de assegurar, de garantir por todos os meios, os pretendidos resultados finais. Jogo em que os próprios deuses não se inibem de participar.

Jasão sai vitorioso das suas provas com a ajuda de Medeia, tal como Teseu beneficia da ajuda de Ariadna.

Os Asa não cumprem o *juramento* prestado aos Gigantes. Na guerra de Troia, os heróis são ajudados ora por uns deuses ora por outros, como se essa ajuda dos deuses, ora a uma das partes envolvida ora à outra, fizesse parte da regra do jogo.

Nos *Mahabarata*, os *Kaurana* só ganham o jogo de dados porque recorrem à fraude e ao engano. Com efeito, a mitologia, situação exemplarmente representada na figura do *Trickster*, converte o ardil e o engano em *figura de jogo*, em algo que estruturalmente integra o próprio jogo.

E se um dado deus era apelidado de *Sacudidor da Terra*, se Atena era a de *Olhos Garços*, o divino e magnânimo Ulisses não era o *Astucioso*, o dos *Mil Ardis?* E que dizer do próprio Apolo e da sua luminosidade, que parecia não suportar os desafios dos mortais, como o de Êurito de Ecália, que como arqueiro o desafiou? É que, como se diz no Canto VIII da Odisseia, nos versos 227 e 228,

«Encolerizado Apolo matou-o, porque ousara desafiá-lo com seu arco.»

Intrinsecamente ligados a este resvalar de *mimicry-ilinx* para *agon-alea*, estão igualmente a complexificação da vida administrativa das sociedades e a delegação por interposta pessoa (para Huizinga uma forma degradada de *mimicry*) como forma de vencer, sem esforço, risco e insucesso, num mundo regido pelo mérito e o acaso. É o culto da vedeta, do campeão, dos ídolos.

O simulacro e a vertigem (*mimicry-ilinx*) opõem-se frontalmente à domesticação pela norma, pela rigidez e pela organização. O simulacro e a vertigem resistem à competição e ao acaso (*agon-alea*), dado o apego desta última dimensão à regra, à planificação, ao cálculo, à competição regulada. Ambas as dimensões resistem à sua substituição pela outra, ambas reivindicam níveis aceitáveis de gratificação. M*imicry-Ilinx*» e *Agon-Alea* são, para Caillois, os dois princípios, opostos e complementares, da sociedade moderna.

Esta polarização de que nos fala Roger Caillois é de alguma forma equivalente ao que nos diz Jean-Jacques Wunenburger (1977) nas suas análises sobre a festa, o jogo e o sagrado, quando, baseando-se em Nietzsche, vê a actividade lúdica como um fenómeno-limite que se situa nesse espaço de fronteira entre o apolíneo e o dionisíaco, a ordem e a desordem, o profano e o sagrado, o real e o imaginário. Espaço sempre animado pelo protagonismo e vontade de cada um desses pólos absorver e anular o pólo contrário.

A festa é, simultaneamente, instituição social e sua negação. Instituição social legitimada, que se afirma num espaço e num tempo determinado, e experiência individual e colectiva de negação e superação dessa mesma ordem social. É expressão do reinvestimento do real pela conduta simbólica, oscilando entre repetição e inovação, entre ordem estabelecida e criação de uma nova ordem, de uma outra realidade. Apresenta, assim, um carácter jânico, bifronte. Para Wunenburger, o lúdico nutre-se precisamente do equilíbrio entre polaridades opostas, entre as forças apolíneas da ordem e da severidade e as forças dionisíacas do excessivo, da liberdade sem limites.

A perda deste ponto de equilíbrio entre o pólo apolíneo, com todo o seu espírito de medida, ordem e disciplina, e o pólo dionisíaco, com o seu cortejo de irracionalidade, paixões violentas e desmedidas, a acentuação de uma das polaridades, traduz-se na degenerescência e degradação da função lúdica, do ludismo e da festa. Deste ponto de vista, a supremacia da dimensão *agon-alea* e a regressão da dimensão *mimicry-ilinx*, a primeira claramente apolínea e a segunda particularmente dionisíaca, traduzir-se-ia na degradação do jogo, do lúdico, na sua progressiva institucionalização e transmutação em *cerimónia* ou *espectáculo*.

Eis o que Wunenburger (1977: 13) nos diz sobre este equilíbrio entre as forças apolíneas e dionisíacas, sobre as direcções que a degradação do jogo pode assumir, quando uma dessas forças, abusivamente, predomina sobre a outra:

> «[...] si l'on considère, en effet, que tout vie humaine est fondée sur une relation entre une violence originaire en expansion qui forme un fond d'illimité et d'irrationnel et un ordre de contrainte motivée par le travail qui forme le fonde limité et rationnel, on peut soutenir que toute évolution d'une institution social, précisément chargée de rendre compatibles ces deux tendances, va dans le sens d'un excès, d'un déséquilibre de l'une sur l'autre. [...] la fête est un point d'équilibre entre un pôle apollinien où dominent *l'esprit de mesure*, la *sagesse sereine* et un pôle dionysiaque où domine l'abolition de la *subjectivité de l'individu* grâce à l'ivresse totale.»

O jogo envolve sempre uma tensão no sentido da alteridade, uma abertura ao que nos é estranho e nos desconcerta, ao que transcende as coisas habituais, compreendidas, bem conhecidas e familiares. Uma abertura, portanto, ao *totalmente outro* (Rudolf Otto), ao *numinoso*, ao sagrado, instaurando a possibilidade de, para além dos seus valores próprios e imediatos, acrescentar novos valores a um objecto ou a uma acção.

A festa, por sua vez, a festa arcaica, diz-nos Wunenburger, não é mais do que uma espécie de *jogo sagrado*, jogo que permite dramatizar o numinoso a partir de modelos gerais. Modelos a que chamamos mitos e envolvem sempre um conteúdo particular. É ainda Wunenburger (1977: 148) que nos diz que a festa arcaica se manifesta como «un ludisme mimétique d'un modèle de type mythique considéré comme transcendant.»

Colocado ao serviço de finalidades, sejam elas quais forem, submetido a um longo processo de penosas dessacralizações, elas próprias seguidas de ressacralizações antropocêntricas e narcisistas, instrumentalizado, perfilando-se como fortificador das instituições e normas do quotidiano, o jogo arcaico, degradado e debilitado, deixou de ser abertura e esperança tornando-se mero divertimento, espectáculo, lazer, incapaz já, e impotente, de renovar o sentido da vida, de a mudar e engrandecer, de afrontar o silêncio dos espaços insondáveis.

Kostas Axelos, colocando-se numa perspectiva filosófica, aborda igualmente estas questões, olhando simultaneamente para o jogo do mundo e para o mundo do jogo, para o mundo como jogo e para o jogo como mundo, olhando para o *Jogo do Mundo*, talvez a mais conhecida das suas obras.

Questionando-se, à semelhança de outros autores, sobre as fortes conexões entre o jogo e a religião, sobre se foi o jogo que originou o culto e a religião ou a religião e o culto que terão originado o jogo, questionando-se sobre uma possível origem comum, vê nessas duas manifestações culturais, o jogo e a religião, fortes afinidades estruturais.

A religião, tal como o jogo, justifica e confirma a ordem existente, da mesma forma que a nega e recusa. Na religião, tal como no jogo, crença e dúvida remetem uma para a outra e condicionam-se mutuamente. Uma parece não poder viver sem a outra. Na religião, tal como no jogo, há sempre algo que fala e se expressa e algo que se oculta e dissimula. Há sempre um rosto que fala e uma máscara que o oculta. No culto, no ritual, o jogo torna-se sagrado e o sagrado torna-se jogo. O jogo arcaico, *mimesis* da tragicomédia do mundo e da vida, torna-se jogo trágico e jogo cómico.

Também na dimensão *tempo* esta proximidade estrutural parece estar bem patente. No jogo, brincando, como que matamos o tempo que nos mata, como que matamos Cronos, esse Cronos que mata e devora os seus próprios filhos. O tempo do homem parece ser um tempo de passagem, de fronteira, um tempo nunca definitivamente *propício, fasto, festivo,* pois o elemento diurno e festivo não sobrevive sem a presença do pólo oposto, o nocturno e o *nefasto*. Tudo parece ocorrer demasiado cedo ou demasiado tarde, tudo parece fluir demasiado depressa ou demasiado devagar. Parar a *marcha do tempo*, sair do tempo histórico e regenerá-lo de alguma forma, é uma das mais fortes aspirações humanas, dimensão que assume contornos bem definidos no *tempo* do jogo.

Nele convergem e se confrontam a nostalgia de um passado, que poderia ter sido outro mas não foi. Nele se projecta um futuro, radicalmente diferente do passado e do presente. Um passado mítico, original e bom, um presente que se procura ultrapassar e transcender, um futuro escatológico igualmente puro, forte, bom e sagrado. Quer ele seja imaginado como a idade de ouro da infância (do jogo, portanto, pois a criança é um ser que joga), o retorno ao primitivo e original, o paraíso perdido, o *in illo tempore* das criações iniciais, o *céu* que se anseia, é sempre, fundamentalmente, aquele espaço e aquele tempo de jogo onde o mundo revela, verdadeiramente, a sua estrutura lúdica.

Não admira, pois, que num mundo multidimensional e aberto, como é o nosso, magia, mito e religião, poesia e arte, política e filosofia, ciência e técnica, tudo, tudo o que é humano, tudo o que é cultura, remeta para o jogo, para o lúdico. O jogo da vida joga-se multiplamente, revela-se nas diferentes máscaras dos homens e dos deuses, na exuberância das metamorfoses, dos polimorfismos. O jogo, o lúdico, é a alma e alquimia da vida. Da vida e da morte.

É para esses dois eixos, da vida e da morte, na sua unidade e complementaridade, não na sua oposição e exclusão mútua (este é o reino do antitético e do diurno, do *Summum Bonum*), que o jogo, intrinsecamente, estruturalmente, nos remete. Afinal o jogo, ou melhor, jogar, é saber morrer, abdicar da realidade e abdicar da fantasia, sem recusar nenhuma delas.

Neste sentido, o jogo é verdadeira iniciação na vida e na morte. Jogar é, simultaneamente, saber viver no *tempo histórico* e no *tempo mítico*, saber viver nesse espaço entre um e outro, abraçar um sem negar ou recusar o outro. Poder-se-ia, então, falar de uma estrutura lúdica do universo?

Eduardo Lourenço não nos lembra, recorrentemente, que «a mitologia sem história é vazia, e a história sem mitologia é cega» (Lourenço, 1999: 14), que «O tempo de um povo é trans-histórico na própria medida em que é "historicidade", jogo imprevisível com os tempos diversos em que o seu destino se espelhou até ao presente e que o futuro reorganizará de maneira misteriosa.»? (Lourenço, 1999: 9).

Harvey Cox, na sua conhecida obra *The Feast of Fools – Essay on Festivity and Fantasy*, que data de 1969, suportando-se em Huizinga, retoma estas temáticas, aludindo ao carácter universal do *homo festivus*. Considera que a festa é uma forma humana de jogo que amplifica as fronteiras do tempo, que se projecta no futuro e que inclui o passado. Concebendo a festa, à semelhança de Huizinga, como uma forma de jogo, debruça-se essencialmente sobre as fontes religiosas e rituais da actividade festiva, entendendo que nessas actividades, de forma socialmente organizada, se expressam exuberantemente, transgressoramente, aqueles sentimentos que normalmente são socialmente reprimidos ou desvalorizados.

Partindo do que considera serem as três principais características do festivo, o *excesso* (o elemento orgiástico, a vivência intensa e profunda, a quebra e violação de tabus sexuais e alimentares, formas de vestir, estatuto e papéis sociais), a *afirmação por via do festivo* (o dizer sim à vida, o gozo, o divertimento, a alegria e afirmação da vida) e a *justaposição* (limites espaciais e temporais distintos em relação ao quotidiano, seu carácter de excepcionalidade), desenvolve toda uma concepção teórico-militantista do jogo reclamando, para o catolicismo contemporâneo, práticas religiosas de cariz mais popular, associadas à dança, ao riso e ao cómico. Ao jogo, portanto.

Faz, assim, uma clara aproximação entre a religião e o espírito dionisíaco do jogo, em consonância com as teses do Vaticano II no que respeita às reformas da liturgia, que em grande parte assentam na necessidade de conciliar a tradição com a mudança, a alegria e o canto com a sacralidade do silêncio.

Na *Constituição Conciliar Sacrosanctum sobre a Sagrada Liturgia*, em "A Participação do Povo" no "Capítulo I - Princípios Gerais em Ordem à Reforma e Incremento da Liturgia", diz-se no ponto trinta: «Para fomentar a participação activa promovam-se as aclamações dos fiéis, as respostas, a salmodia, as antífonas, os cânticos, bem como as acções, gestos e atitudes corporais. Não deve deixar de observar-se, a seu tempo, um silêncio sagrado.»

Ao defender toda uma interpretação lúdica e festiva da religião, ao contrapor o carácter dionisíaco das práticas populares no que toca à festa e ao jogo, à natureza apolínea, cerimonial e anti-lúdica, dos jogos e actividades festivas institucionalmente promovidas pelos órgãos do poder, o militantismo de Cox procura trazer para o seio das práticas litúrgicas aquele elemento lúdico que perderam ao afastarem-se, perigosamente, da dimensão apolínea que parece caracterizar as práticas sociais demasiado arreigadas ao poder instituído.

Ora, o excesso de luz, de seriedade, de Apolo como único altar, arrasta consigo a morte do lúdico, agora reduzido a não-seriedade, a infantilidade e puerilidade. De sagrado, o jogo passou a puerilidade infantil (alusão, ela própria, já desvalorizadora do jogo). A liturgia, perdendo a sua inicial dimensão lúdica e dionisíaca, tornou-se séria e triste.

Mudanças estruturais profundas, com implicações muito para além do que inicialmente poderíamos imaginar. Mudanças que fazem coro com aquela visão antitética do mundo entre seriedade e não-seriedade, entre jogo e trabalho, entre a seriedade das forças vivas, que assumem a gestão e transformação do mundo, e a menoridade das forças que se dedicam a cantar a alegria de viver. Diz-nos Cox (1972:12) a este propósito: «No existen motivos para que los que saben gozar de las alegrías de la vida no puedan, al mismo tiempo, comprometerse en un hondo cambio social. Y los que pretenden cambiar el mundo no tienen por qué ser tristes y ascetas.»

Neste sentido, não compreendemos bem as críticas que Cox faz às posições de Eugen Fink, filósofo alemão que critica a tradicional antítese jogo/trabalho. No contexto de uma profunda análise do significado religioso do jogo e do que designa de *receptividade lúdica do ser*, Fink considera que jogo e trabalho, longe de serem realidades radicalmente distintas, estão bem mais próximas do que se poderia pensar. Interpenetram-se mutuamente, diz-nos o autor.

Com efeito, Cox considera, como referimos anteriormente, que uma das componentes centrais do lúdico e do festivo é precisamente a *justaposição*, a radical diferença entre jogo e trabalho, sustentando que a unidade jogo/trabalho não é uma realidade ontológica mas antes uma espécie de desejo escatológico de alguns autores. No nosso caso, estamos mais perto das posições de Fink, no que respeita à aproximação estrutural entre jogo e trabalho, bem como das teses de De Masi, às quais nos referiremos mais tarde.

Entendemos mesmo que há fortes razões para suspeitar que a estrutura do universo é uma estrutura heróico-trágica, lúdica portanto, na paradoxalidade das suas manifestações ascendentes e descendentes, solares e lunares, cómicas e trágicas.

No entanto, a presença de um imaginário fortemente diurno e antitético, esquizóide, tem de alguma forma obscurecido a presença do elemento lúdico em áreas tão *sérias* como as da fé e da religião, tornando quase impossível a aceitação do parentesco entre jogo e religião. Algo que os estudiosos, no seguimento dos trabalhos de Huizinga, descobriram já há muitos anos, ao assinalarem como o ritual, a religião, os actos litúrgicos, emergiram da capacidade do homem para jogar.

Nos primórdios da aventura humana os rituais tribais, expressão dramática e corporal do mito, estão carregados do elemento representação, teatro, ficção, muito ao estilo dos jogos infantis. Nos rituais de caça e fertilidade, num clima festivo de alegria, música e dança, os dançarinos metamorfoseavam-se em animais, nuvens, ou outras forças da natureza, mas tinham consciência que estavam a representar, a fazer-de-conta.

Os mesmos homens que faziam as máscaras, elemento central em muitos destes rituais, assustavam-se uns aos outros, provocando sentimentos de pânico e medo a si mesmos e aos outros elementos da comunidade. Algum secretismo era mantido em relação à fabricação das máscaras, mas os não iniciados, as mulheres e as crianças, sabiam bem que por detrás das máscaras estavam os seus maridos, pais ou irmãos, não os espíritos dos antepassados ou outras forças espirituais.

Também nos seus jogos as crianças, as crianças e os seus pais, divertidamente, se assustam mutuamente, fingem situações de medo, que vivem com a máxima seriedade, sem perderem embora a noção de que estão a fazer-de-conta, a fingir.

Num clima lúdico, festivo, de alegria e medo, de certeza e incredulidade, de ser e não-ser, de seriedade máxima e divertimento sem limites, jogo e sagrado davam as mãos.

A própria linguagem, mesmo sem ser necessário recorrer à sua origem ou construção *teológica*, revela, de múltiplas formas, que uma mesma expressão verbal não deriva obrigatoriamente da similaridade externa das coisas e dos acontecimentos, dessa similaridade externa que leva uma criança a chamar pai a todas as pessoas que, tal como o seu verdadeiro pai, têm barba. Uma mesma expressão verbal não repousa tanto na construção de relações, que assentam na similaridade dos suportes perceptivos (relações miméticas), mas antes na capacidade de construir internamente essas relações para além das suas semelhanças externas. Na capacidade de construir relações (simbólicas) a partir de *dinamizações internas* (Werner e Kaplan, 1963).

Dinamizações internas que se constroem, socialmente, no quadro geral das acções e finalidades humanas, unificando numa mesma matriz comum, numa mesma significação funcional, experiências que externamente parecem tão díspares e diferentes. Que *semelhança interna* poderá aproximar experiências tão diferentes como a dança e a agricultura? Pois bem, Cassirer, suportando-se em Preuss, diz-nos que certas tribos utilizavam a mesma expressão verbal para referir a experiência da *dança* e da *agricultura*. Não porque lhes faltasse o discernimento para distinguir entre essas duas actividades, mas porque o significado funcional que as une é muito forte. Ou seja, de acordo com as suas crenças, com o seu imaginário, a sobrevivência da tribo, do ponto de vista alimentar, dependia mais dos *rituais de fertilidade* que praticavam, da correcta execução dos rituais de dança que periodicamente celebravam, da festividade e do jogo, do que do adequado cultivo dos campos.

Na Antiguidade Clássica, tal como o expressa Platão em *As Leis*, jogo e sagrado ainda andavam de mãos dadas. O culto era uma forma de jogo e a vida devia igualmente ser vivida como um jogo. Durante toda a Idade Média, os jogos e festas das classes populares são particularmente marcados pelo lúdico e pelo festivo, com toda a sua crítica às convenções e costumes, mesmo as de cariz religioso. São as festas de loucos, o excessivo e o dionisíaco, a presença do *bouffon*, do cómico, do satírico, de tudo o que faz rir e aguça a consciência crítica. É ele, o *bouffon*, com a sua presença, que denuncia como duvidoso o que parece evidente e incontestável, é ele que estabelece a ponte entre o sério e o não-sério.

É a figura humana crucificada com cabeça de asno ou Cristo como arlequim, temas que tão profundamente marcam as raízes históricas da iconografia de Cristo e que posteriormente foram retomadas por nomes tão diversos como, Rilke, Picasso ou Fellini. É o conhecido poema de Rilke inspirado nestes mesmos temas. São os célebres arlequins de Picasso ou os magos e os acrobatas dos filmes de Fellini.

Toda esta religiosidade popular, lúdica e festiva, que tem a sua expressão máxima nas Festas de Loucos, resistiu, até ao século XVI, às repetidas tentativas da hierarquia religiosa para lhes pôr fim. Essa progressiva desludização da religião sofre as suas últimas machadadas com a Reforma e a Contra-Reforma e, posteriormente, com todo o processo de industrialização. Tudo factores que ajudam a perceber porque é que, apesar das múltiplas evidências, tantas são as resistências em ver na religião uma forma de jogo.

É o próprio Harvey Cox (1972: 164) que, no seu ensaio teológico sobre o lúdico e o festivo, afirma que

> «Tal dificultad surge de dos fuentes. En primer lugar han aprendido a situar el "juego" a un nivel muy bajo en importancia. Sin embargo, se trata de un prejuicio de la sociedad industrial y, de ninguna manera, es un criterio universalmente compartido. [...] en segundo término mucha gente cree que uno no puede mantenerse "serio" en relación con el juego.»

Também Jürgen Moltmann (1981) se interroga sobre o carácter sério e carregado, anti-lúdico, que caracteriza os actos de culto da religião cristã. Escreve o autor (1981: 55-56), em *Un Nuevo Estilo de Vida – Sobre la Libertad, la Alegría y el Juego*.

«Donde ha quedado la alegría del espíritu en nuestros servicios divinos? [...] no es el culto Cristiano la fiesta de la resurrección?»

Referindo as *independent churches* africanas, onde reina o canto, a dança, a alegria, reclama o renascimento da festa, do espírito lúdico, na vida em geral e nos actos litúrgicos em particular. Olha com nostalgia esse mundo das festividades populares, seculares e religiosas, que se extinguiram com a Reforma e a Contra-Reforma, com o puritanismo e o pietismo, com o processo de industrialização.

Factores que contribuíram para a criação do homem acomodado e acorrentado à seriedade da vida, à produção e à funcionalidade, ao trabalho, ao controlo e repressão dos sentimentos, e, consequentemente, à emergência de todo um imaginário simbólico em que o jogo e o lúdico são puerilidades, coisas de crianças e pouco dignas de consideração. Algo de inútil e incompatível com a liturgia.

Colocando-se numa posição claramente valorativa no que ao lúdico respeita, Moltmann, como teólogo que é, descobre no mundo, no homem e na natureza, na criação, fortes traços de expressão da liberdade, de vida e alegria, recordando-nos aquela célebre frase de Buytendijk onde se afirma que «Hasta los pájaros cantan más de lo que les está permitido según Darwin.»

Desde muito cedo o homem começou a cantar. O canto marca a sua presença logo nessa humanidade arcaica em que ainda não existe *história*, em que ainda não existe o *tempo histórico* como hoje o concebemos, em que o mito do eterno retorno, temporalidade fechada e circular, domina a experiência e actuação humanas. Experiência que encontra o seu fundamento na correspondência com um mítico sucesso primordial que, ciclicamente, procura reproduzir e repetir.

A esse canto, a essa ritualização, a esse retorno às origens do tempo, ao tempo das origens e criações originais, chamamos precisamente festa.

Num mundo hostil e caótico, perigoso e desconhecido, só a ritualização, com a sua natureza cíclica e repetitiva, parece outorgar ao homem aquela segurança e estabilidade, estrutura e ordem, de que necessita para que do seio do caos comece a emergir a luz, um cosmos minimamente organizado. É neste sentido que se pode afirmar que o divino, o acto criador inicial, se manifesta e reproduz no ritual.

Tudo parece passar-se como se existissem dois tipos de tempo. Um tempo puro e duro, mítico, arquetípico, esse «*in illo tempore*» das criações iniciais, das grandes cosmogonias (que o ritual reproduz e reactualiza), e um tempo efémero, passageiro, que envelhece e se degrada, que se extingue e, qual Saturno, devora os seus próprios filhos.

É o tempo tenebroso e terrífico de Cronos, tempo devorador, que imageticamente se expressa na multiplicidade das máscaras da angústia face ao tempo (a máscara dos esquemas teriomorfos, nictomorfos e catamorfos) e constituem, na expressão de Gilbert Durand (1969) os *grandes arquétipos do medo*.

Exorcizar esse tempo devorador que passa e nos mata, devolver-nos ao tempo puro, ao tempo das criações iniciais, é esse o segredo do lúdico e do festivo. O tempo puro e repetível das criações iniciais actualiza-se na festa. Na festa, tudo renasce, regenera-se o tempo efémero do quotidiano.

O tempo efémero e o tempo da festa. O tempo que termina e passa e o tempo festivo que o interrompe e regenera. O tempo do quotidiano e a época festiva em que nos tornamos contemporâneos dos deuses e das suas criações iniciais. A irrepetível experiência do meu nascimento e a sua renovada celebração anual no plano da festa, do lúdico, do simbólico, do faz-de-conta. A irrepetível experiência dos acontecimentos históricos e a sua repetição, a sua actualização, sempre que celebramos o Ano Novo, o Natal, a República, os torneios ou feiras medievais... sempre que celebramos a vida.

Entendendo a festa arcaica como a actualização, a apresentação e repetição dos acontecimentos da origem do mundo, da cosmogonia, compreende-se que Friedrich Nietzsche tenha afirmado que o paganismo é a religião da festa, que a festa é paganismo põe excelência. Na festa, esse grande jogo da alternativa à vida normal, ao tempo efémero e devorador, celebra-se a repetição da vida e do nascimento. Renova-se e purifica-se o tempo, santifica-se o espaço, vive-se, numa alegria sem fim, nesse tempo eterno, infinito, imenso, em que se silenciam os ruídos da terra, as angústias e gemidos do tempo histórico. Nesse tempo em que se vive a experiência forte da vitória sobre o destino e a morte.

Nas religiões da natureza esta imitação ritual da origem da vida, dos acontecimentos cósmicos primordiais, é muitas vezes celebrada em termos de núpcias sagradas do céu e da terra, como a *hierogamia* da terra, como mãe e esposa, com o céu, como pai e esposo. Como nos diz Moltmann (1987: 316), os «*cultos da fertilidad actualizan e invocan la fuerza generadora del cielo y la incesante actividad engendradora de la tierra!*»

É esta, na essência, a festa pagã, a celebração da vida dramatizada como a união dos contrários, união que, expresse-se ela como se expressar (céu e terra, masculino e feminino, sol e lua, dia e noite), adquire um sentido cósmico mais global, o sentido da fertilidade, o sentido da eterna criação e renovação do mundo e da vida.

Só aparentemente estas *festas do céu e da terra*, estas festas pagãs com as suas *hierogamias* sagradas, que o imaginário e a moral cristã apelidaram de *prostituições*, estão distantes e afastadas da festa cristã por excelência, a festa da ressurreição, pois como nos diz ainda Moltmann (1987: 316)

«[...] esta fiesta escatológica de la nueva creación del mundo recoge los elementos de la *fiesta pagana del cielo y de la tierra* [...] pero los orienta hacia la esperanza mesiánica: se celebra el reino de Dios como alegría nupcial (Mt. 22, 2ss; 25, 1ss); el Cristo que viene es recibido como el novio, la Iglesia sale a su encuentro como novia engalanada; el vestido nupcial es la fe llena de esperanza, el banquete se convierte en festiva comida mesiánica, y la vida eterna en el reino de Dios se asemeja a una ceremonia nupcial permanente.»

Será difícil reconhecer as fortes homologias estruturais que existem entre as *sagradas prostituições* da festa pagã e a alegria nupcial de Cristo, o noivo, e a sua Igreja, a engalanada noiva? E como não reconhecer, no soneto de Antero de Quental, *Visita*, esse mesmo ambiente lúdico e ritualmente festivo que encontramos nas *festas do céu e da terra* e na festa da ressurreição? Vejamos parte desse soneto:

«Adornou o meu quarto a flor do cardo,
Perfumei-o de almíscar recendente;
Vesti-me com a púrpura pulgente
Ensaiando meus cantos, como um bardo;
Ungi as mãos e a face com o nardo
[...]
A receber com pompa, dignamente,
Misteriosa visita, a quem aguardo.
Mas que filha de reis, que anjo ou que fada
Era essa que assim a mim descia [...]»
(Antero de Quental, *Visita*)

A festa, a *Visita*, são essa saída do mundo do quotidiano para, ritualmente, festivamente, poeticamente, entrarmos nesse tempo mítico, lúdico, onde a psique cria uma outra realidade, forte, viva, intensa, *séria*, sagrada. Mesmo que igualmente saiba que «essa que assim a mim descia» não era «filha de reis», «anjo» ou «fada». Que era, e isso é muito, isso é tudo, «lembrança», repetição e actualização dos velhos tempos, do tempo mítico, desse tempo festivamente mitificado em que «essa que a mim descia», era «flor». A festa, portanto, como o êxtase, corporalmente vivido, em que se sai do quotidiano, como o jogo da grande alternativa à vida quotidiana.

> «Nem princesas nem fadas. Era flor,
> Era a tua lembrança que batia
> Às portas de ouro e luz do meu amor!»
> (Antero de Quental, *Visita*)

Encontramos aqui uma dimensão do lúdico e do festivo a que Karl Kerényi, como investigador, é igualmente sensível, a dimensão do belo, que considera ser um traço fundamental, marcante, destas actividades. Embelezar-se para a festa, metamorfosear-se corporalmente, é procurar ser tão belo como os próprios deuses, parecer-se a eles.

Esta afinidade original entre o festivo e o belo, entre a beleza e o ambiente da festa, que permanentemente reencontramos nas actividades festivas, no canto, na dança, nas transformações corporais, em todo o tipo de ornamentos, regista-se também, segundo Kerényi, no facto de as próprias palavras gregas *Kalós* e *Kalé* (Belo!), se encontrarem inscritas em muitas obras de arte, nomeadamente nos vasos áticos, associadas a determinadas divindades. O que parece reforçar a ideia da afinidade entre o belo, a arte e as actividades ou ambientes festivos. Entre o belo e o comportamento lúdico, o jogo, até porque, como refere Kerényi (1999: 41)

> «[…] toda acción festiva es en cierta medida un juego.»

O autor, que por um lado diferencia entre a actividade lúdica e a actividade festiva, não deixa no entanto de reafirmar que a diferença entre o jogo e a festa é mais de grau do que de essência. Embora considere, como vimos anteriormente, que todo o festivo é, em certa medida, um jogo, envolve em certa medida o lúdico, não deixa de diferenciar essas actividades, suportando-se fundamentalmente em duas dimensões essenciais: a dimensão da alegria e a dimensão da liberdade.

Em relação à primeira dimensão, refere que o festivo não é idêntico ao alegre, embora a natureza divertida e alegre do festivo tenha sido o que sempre mais chamou a atenção dos investigadores. No entanto, diz-nos Kerényi, o festivo − e aqui encontramos uma primeira diferença de grau em relação ao jogo − encerra sempre, igualmente, uma dimensão nocturna, sombria, de tristeza.

A segunda dimensão, a do paradoxo coacção/liberdade, assinalada por praticamente todos os estudiosos, remete-nos para a ideia de que o jogo e a festa são fortemente caracterizados quer pela maior coacção quer pela maior liberdade. A saber, são actividades simultaneamente livres e regulamentadas, conservadoras e transgressoras, fenómeno livre e instituição social. Liberdade porque quem joga se situa numa esfera que está para além de todo o pensamento ou acção que persiga uma utilidade, liberdade porque quem joga vive num mundo imaginário, de ilusão voluntária, onde ele próprio é deus e criador. Coacção porque há normas e regras, *mimesis*, porque a pessoa que joga se encontra vinculada, presa, a um mundo encantado, a um mundo especial a que, como realidade espiritual que o ultrapassa e transcende, se entrega plena e completamente.

Tendo por base estes pontos, Kerényi (1999: 48) considera que a festa, o ambiente festivo, se situa precisamente entre o sério e o lúdico, entre a rigidez do vínculo a uma realidade que de alguma forma existe e funciona independentemente de nós e a livre criatividade, afirmando que

«Por eso la libertad del juego es tan etéreamente libré a pesar de su vinculación voluntariamente elegida, por eso la existencia lúdica es más ligera, más feliz e insustancial que la festiva.»

É em razões deste tipo que o autor se baseia para questionar as teses de cariz mais materialista, teses a que já fizemos anteriormente referência, no que respeita aos fundamentos e origens das actividades corporais. Teses que fazem repousar essas origens e fundamentos, de forma claramente redutora, em *exigências da vida*, tão simples embora fundamentais, como as necessidades de *sobrevivência*, *protecção* e *defesa*, ligadas à irredutibilidade da vida. Embora reconheça, evidentemente, que esses factores de natureza material, biológica até, têm o seu papel e importância. Dá a título de exemplo o caso dos *Aruna*, nativos do deserto central australiano, que celebravam os seus rituais totémicos precisamente na altura do ano em que encontravam alimentos em maior abundância, na altura em que o animal totémico se reproduzia.

Vejamos o caso específico da dança, amplamente considerada como sendo a *prima materia* de todos os rituais primitivos, com todo o seu cortejo de cantos, movimentos estilizados e ritualizados. Dança que na sua essência permanece festiva mas, nas suas origens, não estava reduzida, como hoje, a mero divertimento, entretenimento, arte ou espectáculo. A dança não é, desde as suas origens, um meio com vista a alcançar um objectivo, um meio para a consecução de um objecto de desejo. Esse é o papel dos actos funcionais, práticos, da vida quotidiana.

Um acto como a dança só se leva a cabo festivamente, num outro plano da existência, num plano da existência bem distinto do quotidiano. Fora do plano festivo, transpostas para o mundo do quotidiano, essas acções, esses actos motores a que chamamos dança, seriam ridículos e sem sentido.

No contexto da festa arcaica, a dança é *apresentação*, *representação*, de algo considerado como um facto objectivo, como uma realidade cósmica que ultrapassa e transcende os próprios executantes. Nas suas danças rituais, os executantes personificavam divindades, forças cósmicas, o espírito deificado dos antepassados. A dança é a repetição, a reactualização, de um acto criador inicial, de um sucesso primordial.

Um espaço festivo não é um espaço puramente humano, a festa exige sempre a presença e participação do divino, do alheio e estranho, do desconhecido, do que nos ultrapassa e transcende. A festa, a festa arcaica, exige a co-participação de homens e deuses. A festa, a festa arcaica, é a livre participação dos homens no livre jogo dos deuses. Na festa, os actos dos homens, como a dança, como que são santificados graças ao mito, graças aos ensinamentos e modo de actuar dos antepassados. Daí os cuidados em os participantes nas festas, nos cerimoniais rituais, respeitarem rigorosamente o que os próprios deuses lhes revelaram sobre os actos cerimoniais.

Uma longa tradição, assinalada por todos os investigadores, tradição que parece perder-se na noite dos tempos, aponta para o estabelecimento de uma correspondência entre mito e actos de culto, ou, no dizer de Kerényi (1999: 51) «el interés consistía en establecer una correspondencia entre culto y mito, en establecer una coincidencia con la imagen celestial, el trasfondo cósmico.»

Os calendários festivos, os cantos, as danças, os actos de culto em geral, pressupunham sempre um mito, uma visão do cosmos, uma imagem ou arquétipo. Por vezes, envolviam mesmo conhecimentos complexos. A astronomia, por exemplo, como no caso do que parece ter sido a festa mais solene da Grécia Antiga, a grande *Daídala*, que se celebrava de sessenta em sessenta anos, também chamada a *Festa das Bonecas Cheias de Arte*, onde o modelo mítico a respeitar era o cortejo nupcial de Hera. Kerényi (1999: 51) refere-se a esta festa da seguinte forma: «Los sesenta años constituyen un ciclo de Júpiter, es el «año» del planeta de Zeus, del novio en esta boda divina.»

Num texto intitulado *The Cosmos as a Stadium: Agonistic Metaphors in Heraclitus Cosmology*, Andrei Lebedev confronta-nos igualmente, numa diversidade de planos, com esta correspondência culto/mito. Alude, no caso específico dos Jogos Olímpicos, à forma como em Olímpia, nos seus jogos e festividades, na dinâmica de organização do próprio *Stadium*, se detectam fortes traços de toda uma simbologia cósmica.

Simbologia onde o *Cosmos* é visto como um *Stadium* e o *Stadium* como um *Cosmos*. Onde a cosmologia é modelada no *agon* e os Jogos, parte integrante das festividades religiosas, com toda a sua estrutura agónica, são modelados no mito, no culto, nos rituais. Em Olímpia, os extremos opostos do *Stadium*, onde se colocavam dois postes (*starting-post* e *turning post*), representavam o Este e o Oeste, a Manhã e a Tarde, o equinócio da Primavera e o equinócio do Outono, o Dia (*light-time*) e a Noite (*darkness-time*).

Daí também que os jogos se realizassem, periodicamente, numa data que caía sempre entre o solstício de Verão e o equinócio do Outono. Neste modelo agónico, tal como as forças cósmicas competem num *agon* sem fim, também no *Stadium,* os atletas, como nas provas de corrida, nos *diaulos* (corridas de dois estádios) ou nos *dolichos* (corridas com um número mais elevado de voltas), competem num eterno equilíbrio entre ganhar e perder.

Na generalidade dos casos, a corrida envolvia um poste de partida (*starting-post*) e o regresso a esse mesmo poste, depois de contornar um segundo poste (*turning-post*).

Como é sobejamente conhecido na Grécia os jogos tiveram, desde as suas origens, claras referências religiosas, como os jogos funerários realizados em honra de Pátroclo, o primeiro relato conhecido dos jogos atléticos na Grécia, abundantemente ilustram. No capítulo XXIII da Ilíada, onde se relatam esses jogos em honra de Pátroclo, alude-se à presença desses postes. Eis dois breves excertos onde os postes são referidos.

«Por isso dar-te lições é coisa de que não precisas,
Sabes bem como contornar o poste; [...]»
(Ilíada, XXIII, 309-310)

«Há um tronco de madeira, que se eleva uma braça acima do chão,
de carvalho ou de pinho: não apodrece devido à chuva
e de cada lado estão encostadas duas brancas pedras
na junção do curso; e a pista hipodrómica é lisa em volta.
Porventura será o túmulo de um homem há muito falecido,
ou então trata-se do poste das corridas de homens antigos;
mas agora escolheu-o como poste o divino Aquiles de pés velozes.»
(Ilíada, XXIII, 326-333)

Noutros casos, parece ter havido, no meio, um terceiro poste, que simbolicamente representava o solstício, situação em que os participantes corriam em direcções opostas, um para Este (Dia), outro para Oeste (Noite), torneavam os respectivos *turning-posts* (Equinócios) e voltavam ao ponto de partida.

No *Stadium*, como modelo dinâmico do *Cosmos*, como modelo cosmológico, defrontam-se os competidores, ora ganhando uns ora ganhando outros, da mesma forma que na corrida cósmica o reaparecimento do Verão assinala a sua vitória sobre o Inverno, ou a chegada do Dia celebra a sua vitória sobre a Noite. As forças cósmicas como se fossem antagonistas no *Stadium*, os atletas no *Stadium* como se fossem forças cósmicas.

Alguns testemunhos falam-nos também do *Cosmos* como Hipódromo, da lua como a quadriga, da órbita que percorre como a corrida. Nas corridas de estafeta, a tocha, metáfora da vida, seria a imagem das sucessivas gerações. A vida humana vista como uma corrida, o nascimento como o *starting-post*, a morte como o fim da corrida, não são temas muito enraizados na cultura popular? Não são um motivo popular recorrente? Motivo que directa ou indirectamente nos ajuda a reconhecer o significado universal da imagem do *Stadium*.

Falar do *Cosmos* como *Stadium* ou do *Stadium* como *Cosmos*, significa também falar de ordem e regras, do *Cosmos* e do *Stadium* com as suas invioláveis medidas, com os seus limites próprios, que de forma alguma podem ser ultrapassados. Da mesma forma que no plano cósmico o sol e a lua, o Verão ou o Inverno, não podem ultrapassar, transgredir, os seus limites, têm os seus próprios *turning-posts*, também no *Stadium* o *agon* tem as suas regras, os seus princípios.

Tudo se passa como se o sol, a lua, o universo, estivessem fortemente vinculados, presos, a um *juramento* que não podem violar, a um juramento a que alguns chamam *Lei Divina* e assumia, para os pitagóricos o significado de *metra*, número, medida, *medida justa*. Ora, se no plano do *agon* cósmico temos a presença de um *Mediador* divino que salvaguarda o equilíbrio entre as forças opostas, prédefinindo-lhe os seus limites, as suas metas, até onde cada um pode ir, também nesse microcosmos que é o *Stadium* se torna imperiosa a presença de um mediador. De um Árbitro, que delimita, marca, determina distâncias, assinala os espaços de corrida com os seus *starting-posts* e os seus *turning-posts*, dá sinais de partida, proclama e declara o vencedor. Árbitro que desta forma procura defender os concorrentes da sua própria *hybris*, das forças desmedidas que os podem levar a esquecer e violar o seu *Juramento Olímpico*.

Já nos jogos fúnebres em honra de Pátroclo se refere a presença deste árbitro, que com verdade se deveria pronunciar sobre o resultado dos jogos.

«Tomaram seus lugares em fila; e Aquiles indicou-lhes o poste
lá longe na lisa planície. Como árbitro de linha ali colocou
o divino Fénix, seguidor de seu pai, para que vigiasse
a corrida e sobre ela se pronunciasse com verdade.»
(Ilíada, XXIII, 358-361)

Ora, se a história dos Jogos Gregos vem, desde o início, associada a esta quebra do Juramento, como no caso da história de Pélops, que nos remete para a própria fundação dos Jogos Olímpicos, se a história dos Jogos Gregos está, desde o início, associada ao desrespeito pelo Árbitro e pela *medida justa*, não admira que a mitologia grega, como expressão de uma espécie de consciência interiorizada das regras, princípios e limites, nos brinde também com a figura das Eríneas. Com essas divindades ctónicas que, como instrumentos da punição divina, como guardiãs das leis da natureza e da ordem das coisas, supliciem aqueles que violam a Lei Divina, desrespeitam a *medida justa*, não cumprem o *Juramento* a que todos estamos obrigados.

Nos Jogos Antigos, nas festividades religiosas, no *Stadium*, os atletas, para além do combate agónico em que se envolviam, representavam, no plano mágico-ritual, como incorporação das forças cósmicas do Dia e da Noite, do Este e do Oeste, dos agónicos limites dos equinócios e dos solstícios, aquele jogo heróico-trágico do equilíbrio cósmico que é necessário preservar, impedindo assim, ritualmente, o sol e as forças cósmicas, de ultrapassarem os seus limites.

O homem primitivo repete, constantemente e com o máximo cuidado e exactidão, ritualmente, os actos religiosos dos seus antepassados, os actos religiosos que os próprios deuses lhe revelaram. Este é um dos aspectos centrais da sua vida religiosa. Com estes seus cultos, com estes seus comportamentos rituais, como que reactualizavam os gestos criadores com que *in illo tempore* os deuses criaram o mundo, convertendo o tempo corrente, o quotidiano, nesse tempo ou instante criador primordial. A estes tempos transformados, elevados, míticos, que adquiriam todas as características, presença, calor, originalidade, vida, do momento cosmogónico inicial, chamamos hoje festa arcaica.

As interpretações lúdico-festivas das manifestações físico-desportivas vêm as suas origens e fundamentos precisamente nos comportamentos rituais, nos actos de culto. Não surpreende, pois, que na sua *História dos Desportos* Carl Diem nos confronte com aquela tão forte afirmação de que todos os exercícios corporais foram, inicialmente, actos de culto.

Envolvendo esses actos de culto toda uma actividade física, em que a dança assume um papel central, ver a dança como a base e fundamento da actividade física e desportiva pode ser interpretado como uma expansão das perspectivas lúdico-festivas, como o reconhecimento da importância da dança sagrada como acto de culto. Interpretações lúdico-festivas que não ignoram, igualmente, que o culto e a festa são, como já dizia Huizinga, uma espécie de jogo. Ou seja, culto e festa apresentam uma estrutura verdadeiramente lúdica.

1. 6. O Lazer na Sociedade Pós-Industrial

> *Não é do trabalho que nasce a civilização; ela*
> *nasce do tempo livre e do jogo.*
>
> (Alexandre Koyré)

A generalidade dos estudos sobre o jogo conceptualiza esta actividade como complemento ao trabalho. Jogo e trabalho são pensados como dimensões claramente diferenciadas que se situam em esferas opostas ou complementares da vida. No entanto, esta diferenciação jogo/trabalho, tipicamente industrial, dadas as características que a actividade laboral assume durante este período histórico, parece ter perdido, actualmente, muito do seu significado. Para além de não ter caracterizado outros períodos da história do homem.

Com efeito, a diferenciação tão acentuada entre jogo e trabalho, entre lazer e trabalho, que fortemente caracteriza a sociedade industrial, tinha outros contornos no passado. Já não era assim na sociedade rural. Foi o processo de industrialização que separou, no espaço e no tempo, circunstâncias de vida, formas de comportamento, que anteriormente se organizavam de forma radicalmente distinta. Foi a indústria, a fábrica, que separou o homem da mulher, os pais dos filhos, o lar do trabalho, o jogo da actividade séria, ou, se quisermos, o trabalho e o cansaço físico da diversão e do prazer.

No caso de Portugal, quem, melhor do que Torga, poderia perpetuar na memória e no coração de todos nós, esta paisagem – paisagem é, como nos diz o poeta, um estado de alma – esta presença, na cultura portuguesa, do abraço entre o lúdico e o trabalho, entre as dimensões *ludens* e *faber* do próprio homem? Dos *Contos da*

Montanha de Miguel Torga (1987: 177-178), retiramos este precioso fragmento, alusivo às vindimas no Douro:

> «Dispersa pela montanha, a roga mais parecia festejar um deus generoso e pagão do que trabalhar. Os geia eram degraus do Olimpo onde crescia e se colhia o espírito celeste. Cada canção – um hino de louvor. E os cestos acogulados, que desciam a escadaria a escadaria de xisto aos ombros dos fiéis devotos uma fila indiana, sonora e ritual – a dádiva desse amantíssimo Senhor, que só pedia contentamento em troca dos seus frutos.
> Dir-se-ia que tudo naquele paraíso suspenso se movimentava lúdica e religiosamente.»

No mundo rural o camponês e o artesão trabalhavam no mesmo espaço em que viviam, os filhos eram educados no contexto laboral dos pais, que no fundo era o espaço onde a família vivia. Trabalho e actividade doméstica muitas vezes misturavam-se, vida e trabalho não eram duas realidades distintas que mutuamente se ignoravam. A vida não estava completamente separada e subordinada ao trabalho. Com a industrialização, todas as dimensões da vida se reorganizam em função do valor dominante, por vezes quase único, que o rendimento no trabalho passou a ter.

Esta diferenciação jogo/trabalho, obviamente que na pré-história assumia igualmente características de maior indiferenciação. Actividades funcionais e de subsistência tinham, nessa altura, características estéticas e simbólicas, afectivas e emocionais, mágicas e culturais, características que as relações de produção, típicas da civilização industrial, baniram. Foram encontradas na Idade da Pedra, pontas de flecha decoradas com desenhos de folhas, talvez a primeira manifestação estética do homem primitivo de que nos chegaram vestígios.

Actividade útil e funcional, beleza, prazer, emoção, entrecruzavam-se mais. Como a descoberta das primeiras sepulturas –

a mais antiga parece datar de há 90.000 anos e foi encontrada na Judeia – igualmente testemunha.

Se no contexto do trabalho artesanal, trabalho e vida em grande parte coincidem, o trabalho industrial veio separar o que antes estava bem mais próximo. O que ajuda a perceber como a mudança da natureza do trabalho arrasta consigo modificações igualmente profundas na forma como se estruturam as relações humanas em todas as suas dimensões (vida familiar, emoções, educação). E, portanto, a forma como se estruturam as relações jogo/trabalho, a forma como se estruturam os tempos livres, os tempos de recreação e lazer.

Já nos anos trinta, estudiosos como John Keynes, economista, e Bertrand Russell, filósofo, equacionaram a problemática dos tempos livres e sua relação com o trabalho. Keynes, dada a sua formação, para relacionar o problema do desemprego, decorrente da crescente mecanização dos processos de trabalho, com a problemática dos tempos livres. O que lhe sugeria a necessidade de uma redução mais ou menos drástica das horas de trabalho e consequente necessidade de definir políticas de ocupação dos tempos livres. Políticas que, ainda segundo Keynes, deveriam passar pela educação das pessoas quanto à forma de ocuparem esses tempos livres. Tempos livres que libertariam o homem dessas circunstâncias de vida mais opressoras ligadas ao mundo da actividade produtiva.

Bertrand Russell, o autor do *Elogio do Ócio*, criticou seriamente o excesso de trabalho a que a sociedade votava a grande maioria dos seus membros, questionando-se sobre a *virtuosidade* e *santidade* do trabalho. Defendeu que o desenvolvimento tecnológico permitiria que todos tivessem acesso aos tempos livres. Para o autor, a felicidade e prosperidade humanas dependem do direito ao ócio e ao lazer, considerando que a ética do trabalho é a ética da escravatura, situação que nos tempos modernos já não se justificaria. Faz, assim, o seu bem conhecido elogio ao ócio.

Mesmo alguns autores eventualmente mais suspeitos, pela sua forte vinculação à racionalização e mecanização do trabalho, como Taylor, não tinham propriamente em mente, a prazo, tornar o trabalho mais desumano e cruel. Ao inverso, a sua ideia era a de, a longo prazo, precisamente na base dessa racionalização do processo produtivo, dessa taylorização das condições de trabalho, o homem poder ter acesso a períodos cada vez mais longos de lazer. Neste aspecto, diz-nos Domenico De Masi (2000), Taylor parece situar-se mais próximo de Lafargue, que já no seu tempo defendia o *direito ao ócio*, do que do pensamento de Smith, Proudhon ou Karl Marx, os grandes defensores do *direito ao trabalho*. Ambos, Taylor e Lafargue, consideram o trabalho como um mal necessário, que deve ser reduzido ao mínimo.

Na transição do século XIX para o século XX confrontam-se várias teorias sociais sobre o trabalho, nomeadamente as veiculadas pela igreja católica, pelos liberais e pelos socialistas. Para além do que claramente as diferencia, é igualmente importante compreender as posições que assumem em relação ao papel do conflito, do conflito social, como factor de mudança.

Para a Igreja Católica, posição expressa por Leão XIII na bem conhecida encíclica *Rerum Novarum*, o trabalho é uma sentença condenatória, a parte essencial e central da vida apesar de fortemente conotado com a ideia de sacrifício. A tradição cristã, profundamente enraizada no pensamento mítico da expulsão do paraíso, opõe ao ócio feliz do paraíso o sofrimento do trabalho. Uma espécie de sentença condenatória imposta pela justiça divina. Os dois extractos da Bíblia Sagrada que se seguem ilustram bem esta situação:

> «Maldita é a terra por causa de ti; com dor comerás dela, todos os dias da tua vida»
> (Génesis 3, 17).

> «No suor do teu rosto comerás o teu pão, até que te tornes à terra»
> (Génesis 3, 19)

É a ideia de que os homens cairão de novo no pecado se não se submeterem à obrigação, divinamente decretada, do trabalho. Daí não surpreender que, para a moral católica, a preguiça seja um pecado capital. Há que sofrer em silêncio e trabalhar. O direito ao ócio e ao gozo, esse, os homens parecem tê-lo perdido com a expulsão do paraíso.

Para a burguesia e para os liberais, o trabalho é uma disputa mercantil, uma questão de mercado, competitividade e livre concorrência. Para Marx, o trabalho, conjuntamente com a revolução, é a condição da redenção do homem, da sua libertação em relação ao trabalho alienado, à exploração e à opressão.

Com base nestas posições, enquanto o pensamento marxista assume uma visão positiva do conflito, da revolução, da luta de classes, vendo nesse conflito a esperança da revolução e consequente libertação da classe operária, a igreja e os liberais assumem uma posição contrária atribuindo ao conflito uma valorização negativa. Na *Rerum Novarum*, apesar de se reconhecer que «[...] um pequeno número de ricos e de opulentos, que impõem assim um jugo quase servil a uma imensa multidão de proletários», tal injustiça e desigualdade não justifica o conflito.

A burguesia e os liberais – para quem manter os privilégios com que saíram da Revolução Francesa é essencial – fazem coro com a Igreja e negam igualmente o valor do conflito. Dizendo de uma outra maneira, têm medo do conflito, de outras possíveis revoluções.

De qualquer forma, os pressupostos organizacionais ditados pela indústria, praticamente todos definidos e aperfeiçoados por Taylor, a saber, *o fim da personalização* (métodos estandardizados), a *massificação* do gosto sem contestação da parte do consumidor, a *especialização* funcional dos espaços e a repetição dos mesmos gestos milhares de vezes, a *sincronização temporal das tarefas* (linha de montagem), a *maximização* do rendimento impondo ritmos de trabalho opressivos e desumanos, a *concentração* em grandes empresas, a *centralização* das decisões na base duma diferenciação entre quem pensa e quem executa, ou seja, a total *racionalização* das condições de produção, acentua fortemente a clivagem entre trabalho e lazer.

O mundo laboral, o mundo fabril, ao expulsar do seu seio tudo o que não é *racional*, tudo o que poderia afectar a rentabilidade e a produção, como sejam as dimensões afectivo-emocionais, estética e, em grande parte, a própria dimensão ética, cria as condições para, do ponto de vista conceptual, a sociedade industrial ser caracterizada pela oposição entre lazer e trabalho, entre jogo e trabalho.

É esse fosso entre o princípio da realidade (industrial) e o princípio do prazer, que as abordagens freudo-marxistas denunciam, mostrando como o próprio lazer, na óptica industrial, é visto em termos de recuperação do organismo para o aumento da rentabilidade. Uma espécie de terapia da fadiga, como dissemos anteriormente.

Que ética do trabalho é essa que leva um empresário a apresentar no Primeiro Congresso de Filantropia de Bruxelas, em 1857, o relato que se segue e que retiramos da obra *O Ócio Criativo* de Domenico Masi (2000: 67):

> «Introduzimos algumas distracções para as crianças. Ensinamo-las a cantar enquanto trabalham; isso as distrai e faz com que enfrentem com coragem essas doze horas de esforço e cansaço que são necessárias para que obtenham os meios de subsistência.»

Exemplo que ilustra bem como, com base em fundamentos de natureza ética e filantrópica, coincidem, na linguagem freudo-marxista, sublimação repressiva e desublimação repressiva, opressão no trabalho e o mínimo de gratificação, laboralmente imposta (no caso o cantar), com o único objectivo de, cantando (desublimação repressiva), produzirem mais durante as «doze horas de esforço e cansaço» (sublimação repressiva). Foi, com efeito, a sociedade industrial que excluiu, o ético e o estético, do mundo do trabalho, da mesma forma que excluiu a emoção e o prazer, cavando assim o fosso entre lazer e trabalho, entre jogo e trabalho.

O ócio e o lazer não são vistos como uma entidade própria, com o seu valor e autonomia, mas como um epifenómeno, um mero complemento ou recuperação do trabalho. O ócio, neste sentido, é o pai de todos os vícios. Miticamente, a igreja apresenta-nos o paraíso como um «*lá*», num além vindouro. Sem sinais de trabalho, diga-se. Por outro lado, apresenta-nos a terra como um «*cá*», aquele que todos os dias sentimos, na carne e nos ossos. O lugar do trabalho, da dura luta, do esforço e do cansaço. Condenação expiatória do pecado original.

Robert Malthus, que viveu entre 1766 e 1834, no seu conhecido livro sobre o crescimento demográfico, *Primeiro Ensaio sobre a População*, apresenta-nos igualmente uma concepção mais negativa que positiva do ócio. Depois de defender que as *dificuldades* da vida contribuem para *engendrar os talentos*, depois de considerar que o aumento «de la fuerza corporal a través del ejercicio físico» (Malthus, 2000: 138) é um dos factores essenciais do «progreso de la razón y del orden social», conclui pela desvalorização do ócio e seu carácter nocivo, ao afirmar que « [...] el ocio es, sin duda, de gran valor para el hombre, pero considerando al hombre tal como es parece probable que en la mayoría de los casos seria más nocivo que beneficioso.» (Malthus, 2000: 263).

Acrescenta ainda (Malthus, 2000: 262) que «[...] si la laboriosidad no fuese premiada y la pereza castigada [...]», quase deixando sugerir que a cultura deriva do trabalho, posição inversa à de Alexandre Koyré, quando afirma que a civilização nasce do tempo livre e do jogo.

Numa linha de pensamento bem mais próxima de Alexandre Koyré, posição fortemente contestada pela sociologia soviética, Ortega y Gasset (1983: 610) afirma em *El Origen Deportivo del Estado* a anterioridade e o primado do lazer e do desporto em relação ao trabalho quando afirma que

> « [...] todos los actos utilitarios y adaptativos, todo lo que es reacción a premiosas necesidades, son vida secundaria. La actividad original y primera de la vida es siempre espontánea, lujosa, de intensión superflua, es libre expansión de una energía preexistente.»

para de seguida especificar a sua ideia afirmando que

> «Y como este esfuerzo obligado, en que estrictamente satisfacemos una necesidad, tiene su ejemplo máximo en lo que suele el hombre llamar trabajo, así aquella clase de esfuerzos superfluos encuentra su ejemplo más claro en el deporte.
> Esto nos llevará a transmutar la inveterada jerarquía y considerar la actividad deportiva como la primaria y creadora, como la más elevada, seria e importante en la vida, y la actividad laboriosa como derivada de aquélla, como su mera decantación y precipitado.
> Es más, vida propiamente hablando es sólo la de cariz deportivo, lo otro es relativamente mecanización y mero funcionamiento.»

A filosofia do ócio como negatividade, inculcada pela religião, da mesma forma que a filosofia do rendimento, da eficácia e da eficiência, inculcada por tudo o que tem a ver com o processo de industrialização, marcam fortemente o próprio processo educativo organizado pela sociedade industrial, que visa fundamentalmente a preparação das jovens gerações para o trabalho.

Como diz Domenico De Masi (2000: 388), «A severidade da disciplina, o ritmo dos compromissos, os deveres da escola e os conteúdos dos programas buscam obter cidadãos muito mais preparados para as oitenta mil horas de trabalho do que para as quatrocentas mil horas de ausência de trabalho», visam preparar os alunos quase exclusivamente para a vida profissional, ignorando ou relegando para planos secundários tudo o que tenha a ver com o desenvolvimento de competências sociais e comunicativas, da sensibilidade e dos afectos, da capacidade de gerir conflitos. Ignoram ou relegam para planos secundários tudo o que tenha a ver com a educação para os tempos livres e o lazer.

Para Dumazedier o ócio é ainda algo necessariamente negativo. O lazer não é conceptualizado como uma forma de negar o trabalho mas antes como uma forma de negar o ócio. O trabalho, o grande mito do ocidente criado pela tecnologia e a globalização, é o desmedido valor, a desmesurada referência, da sociedade industrial. O lazer é entendido como um complemento e uma forma de reabilitação da força produtiva. O ócio é algo de negativo e pernicioso. Bem ao contrário do que acontecia na Grécia, onde o ócio não tinha, de forma alguma, uma conotação negativa.

Ao inverso do que ocorre com a civilização do trabalho, com o *homo faber* e a habitual oposição jogo-trabalho, com a consequentemente desvalorização do primeiro (do ócio, do jogo, do lazer) e valorização do segundo (o trabalho), a concepção aristotélica é o supremo elogio do ócio. O termo grego para ócio é *schole*, o antecessor longínquo, tudo indica, do inglês *school*.

Na Grécia Antiga, as actividades com que os homens livres ocupavam os seus ócios, os seus tempos livres, a conversação, os debates e discussões, as conferências, a criatividade e a reflexão, eram referidas com o termo *schole*. O ócio, o tempo livre dedicado à aprendizagem e à reflexão, era um privilégio dos homens livres, pois, como se sabe, a sociedade grega suportava-se na legitimidade da guerra e da escravatura.

É certo que os cidadãos gregos também desenvolviam outras actividades, nomeadamente tratar da paz, da guerra e dos negócios, actividades que os mantinham afastados da *schole* entendida como ócio. A importância que os gregos davam ao ócio, à *schole*, era de tal forma grande, a diferença de valores em relação à super-importância que a sociedade industrial dá ao trabalho é de tal forma abissal, que nem sequer tinham um termo próprio para designar essas actividades que os mantinham afastados do ócio, da *schole*.

Explicitando melhor, o termo que referia o trabalho dos cidadãos, essas actividades, menos dignas, que os afastava do ócio, era expresso negativamente e significava *não-ter-ócio*. A expressão era *ascholia*. Para os gregos trabalhar (*ascholia*) era a condição de acesso ao ócio, ao lazer, a essas actividades verdadeiramente humanas e espirituais. «Trabalhamos para ter ócio» (*schole*), dizia Aristóteles, significando com isso que o fim último do trabalho era ter tempo, livre, para coisas mais importantes, melhores, mais plenas de sentido. Para o mundo grego o ócio confunde-se, de alguma forma, com o próprio humanismo.

Bem mais tarde, os iluministas, em grande parte libertos de preocupações de ordem económica, irão igualmente reconhecer o valor do ócio. Como sugere Domenico De Masi (2000: 54) «depois dos gregos, os iluministas são os maiores cultores do *ócio criativo.*» Hoje, os profetas da sociedade pós-industrial recuperam de novo o valor do ócio, desse ócio que nos remete para a liberdade e para o princípio do prazer.

Fundamentalmente há que conceptualizar o ócio, liberto da lógica social de dominação, de forma positiva e valorativa, pois o ócio remete-nos para aquela experiência humana do sentir-se desobrigado do agir compulsório, do agir imposto determinado por instâncias que nos querem acorrentar aos seus ditames.

Nesta concepção do ócio, o que em concreto se faz ou deixa de fazer, é relegado para segundo plano. O importante é romper com a imposição, a regulamentação dos comportamentos pelo outro, pelas instâncias sociais. O importante é romper com a norma, com a opressão e a repressão, com a determinação, a manipulação e regulação sociopolítica da ocupação dos tempos livres.

Conceptualmente isto significa diferenciar claramente entre ócio e lazer. Entre lazer como instrumentalização do ócio, ócio instrumentalizado, como os freudo-marxistas souberam fazer, e o ócio como expressão de liberdade, como expressão da dignidade humana. O que não retira dignidade ao trabalho, antes lha confere.

O que esta concepção do ócio recusa é ver nele, ócio, um subproduto do trabalho, um mero epifenómeno sem dignidade e autonomia própria. Quando muito prefere antes ver no trabalho, como faziam os gregos, um subproduto do ócio (*schole*) e a ele subordinado.

Recordemos a este propósito Aristóteles quando afirma que «*Trabalhamos para ter ócio*» (*schole*), querendo com tal expressão significar que os cidadãos gregos trabalhavam com o fim de terem tempo para coisas melhores, mais importantes, mais plenas de sentido.

Recordemos igualmente a propósito desta *valorização do ócio* pela sociedade grega que as palavras *ergon* (do grego) e *opus* (do latim), na generalidade dos casos traduzidas por *trabalho*, se referiam mais especificamente ao resultado da actividade produtiva, às obras produzidas, do que propriamente à actividade de as produzir, ao trabalho, portanto.

Tudo parece indicar que a palavra trabalho deriva da expressão latina *tripalium*, expressão que designava um antigo instrumento de tortura, expressão ela própria derivada de *palus*, estaca ou poste de madeira onde se empalavam os escravos rebeldes e os condenados em geral.

De qualquer forma, algo que nos remete para a ideia de esforço penoso, condenatório, tortura, castigo, submissão ao jugo, ao peso, de uma canga. Para esse esforço penoso, para esse verdadeiro *tripalium* em que o processo de industrialização transformou o trabalho.

Ora, como vínhamos afirmando, para os teóricos da sociedade pós-industrial, que recuperam a valorização positiva do ócio, como no seu tempo já o haviam feito, nomeadamente, os gregos e os iluministas, a coincidência e sobreposição entre trabalho, estudo e jogo, a aproximação entre actividade criativa, jogo e aprendizagem, entre trabalho e *ócio criativo*, são marcas essenciais que caracterizam a transição da sociedade industrial à sociedade pós-industrial.

Da mesma forma que Schiller nos diz que o homem só é plenamente humano quando joga, também os defensores da sociedade pós-industrial nos dizem que a plenitude da actividade humana só é atingida quando o trabalho, o estudo e o jogo, se cruzam e entrelaçam. Quando se mesclam e valorizam mútua e reciprocamente. Quando simultaneamente trabalhamos, aprendemos e nos divertimos. O que, segundo estes autores, acontecerá cada vez mais no futuro.

Domenico De Masi (2000: 179) refere um provérbio zen que retracta perfeitamente, segundo ele, este espírito de vida:

> «Aquele que é mestre na arte de viver faz pouca distinção entre o seu trabalho e o seu tempo livre, entre a sua mente e o seu corpo, entre a sua educação e a sua recreação, entre o seu amor e a sua religião. Distingue uma da outra com dificuldade. Almeja, simplesmente, a excelência em qualquer coisa que faça, deixando aos demais a tarefa de decidir se está a trabalhar ou a divertir-se. Ele acredita que está sempre a fazer as duas coisas ao mesmo tempo.»

Hegedres, Touraine, Castells, Farro, Toffler, De Masi, mesmo Habermas, consideram que os alicerces da sociedade pós-industrial gravitam à volta das ideias de criatividade e programação, ciência e estética, informação e tempo livre. Que a sociedade pós-industrial privilegiará aqueles contextos de vida onde florescem os valores da solidariedade, da cooperação, da amizade e da sã convivência, do jogo e do amor. Precisamente aqueles valores que a sociedade industrial, mais virada para a produção material e o consumo, o trabalho e a competitividade agressiva, exclui, desvaloriza e minimiza.

Mas, a propósito das relações entre jogo e trabalho, entre actividade *séria* e *não-séria*, importa referir que até ao advento da sociedade industrial essas relações eram fortemente marcadas por uma maior proximidade. Pela presença de vínculos mais fortes e intensos, entre a actividade laboral e a actividade lúdica. Actividades que progressivamente foram sendo colocadas em pólos opostos e antagónicos.

Fazem parte das minhas memórias de infância e juventude, a entrada dos ranchos de ceifeiros na Guarda – cantando alegremente, vestidos a rigor, com as suas foices e os chapéus de palha engalanados com flores do campo, nomeadamente papoilas – os serões da aldeia, em localidades da zona do Jarmelo, com todo o carácter comunitário e festivo que as actividades do mundo rural, tão harmoniosamente, ainda preservavam.

Nas desfolhadas, na matança do porco, na ceifa, na malha – com a dança sincronizada dos manguais batendo na eira o trigo ou o centeio – na comida partilhada, na própria actividade de amassar a farinha e cozer o pão no forno comunitário, aprendi que o trabalho e o ambiente festivo, que o jogo e o trabalho, que o mundo da vida laboral e a animação, o canto, a dança, o folguedo, a brincadeira, a alegria, não são mundos obrigatoriamente incompatíveis. Aprendi que o jogo e o festivo podem conviver com a seriedade do trabalho, que podem dançar em conjunto.

Diz-nos Cameira Serra (2001: 39-40) a este propósito: «As relações entre o jogo e o trabalho, nos meios rurais, até às décadas de sessenta e setenta, eram múltiplas e intensas. Havia, em todas as localidades, jogos que reproduziam mais ou menos fielmente as actividades laborais, ao mesmo tempo que existiam trabalhos que se realizavam em autêntico ambiente lúdico.»

Para além das circunstâncias específicas inerentes à sociedade industrial, múltiplos foram, ao longo da história, os esforços do poder civil e do poder religioso para moderar e regular – no âmbito da relação entre o jogo, o trabalho e o sagrado – os costumes dos povos, nomeadamente introduzindo a cisão e o afastamento entre actividades e comportamentos que, anteriormente, estavam bem mais próximos. Unidos mesmo.

Integra-se, nesta preocupação, o posicionamento assumido, em 1759, pelo então Arcebispo de Braga, que proíbe certos costumes populares ao considerar que (Oliveira, 1991, citado por Serra, 2001: 58): «[...] são ocasiões de ofensas de Deus e ruínas de almas os ajuntamentos das esfolhadas e fiadas, como também danças de quaisquer moços com moças».

Voltaremos mais tarde a estas questões, particularmente às relações entre o jogo e o sagrado. Por agora centremo-nos de novo em De Masi e nas suas reflexões sobre a sociedade pós-industrial.

De Masi (2000) desenvolveu o seu conhecido conceito de *ócio criativo* em torno de um conjunto de valores que considera serem o rosto da emergente sociedade pós-industrial.

Em primeiro lugar, considera que a sociedade industrial se fundava na razão como valor supremo, nos valores diurnos e apolíneos. Ora, um dos valores estruturantes da sociedade pós-industrial é a *emotividade*, consequentemente a abertura à imaginação, à fantasia e à criatividade.

Norbert Elias, nas análises que desenvolve ao papel do ócio e do desporto no processo civilizacional, considera igualmente que a emotividade foi precisamente uma das dimensões mais significativamente reguladas e reprimidas pela sociedade industrial. Assim, a sociedade pós-industrial nutre-se, de alguma forma, do abraço fraterno entre emotividade e racionalidade, enquanto que a sociedade industrial, diurna e antitética, vive da anulação, da desvalorização, da morte, de uma dessas polaridades, no caso a emotividade, como condição de afirmação e supremacia da outra polaridade, a razão.

Em segundo lugar, a sociedade será cada vez mais, considera De Masi, fundada no tempo livre, no lazer e no ócio. Apoiando-se num desenvolvimento ecologicamente sustentável, é cada vez maior a consciência de que o planeta onde vivemos é um sistema finito, com as suas múltiplas limitações. De Masi considera, à semelhança de Jeremy Rifkin, autor do livro *O Fim do Trabalho*, que a tendência do trabalho de tipo tradicional é no sentido da sua progressiva diminuição, arrastando consigo o aumento dos tempos livres. Na sociedade do futuro que De Masi idealiza o trabalho ganhará contornos diferentes pois não estará essencialmente centrado na produção de riqueza mas, acima de tudo, na produção da solidariedade.

Em terceiro lugar, fruto do desenvolvimento científico e tecnológico, o futuro dos homens não estará de forma alguma tão ligado a factores como o acaso ou a providência, mas em grande parte à capacidade de o homem *programar* o seu próprio *destino*. Neste aspecto específico, se Touraine acentua mais o factor *programação,* Domenico de Masi dá maior relevo ao factor *criatividade*, definindo mesmo a sociedade pós-industrial como a sociedade criativa.

Posições, aliás, não obrigatoriamente incompatíveis, bem pelo contrário, se imaginarmos os sistemas organizativos não como meras máquinas burocráticas, mas antes como sistemas abertos e flexíveis, cada vez mais *criativos* na sua capacidade de *programação*. O que exige conceber o trabalho não como uma obrigação opressora, por oposição ao ócio e ao prazer, mas como um prazer criativo, lúdico, assente na solidariedade, partilha e cooperação dos esforços criativos. Prazer criativo mais preocupado com a sustentabilidade, a atenção e os cuidados, do que com o princípio utilitarista do trabalho individual e destrutivamente competitivo.

Em quarto lugar, contrastando com a hipervalorização, pela sociedade industrial, das noções de *domínio* e *controlo*, De Masi, reconhecendo embora que o desenvolvimento humano se tem suportado num progressivo deslizar da imprevisibilidade para o controlo e a racionalidade, não deixa de acentuar que a imprevisibilidade do inconsciente, os sonhos, a emoção, a fantasia, são condições essenciais da grandeza e riqueza humanas. É uma vez mais neste equilíbrio, nunca definitivamente encontrado, entre previsível e imprevisível, acaso e programação, sonho e razão, consciente e inconsciente, que o autor imagina a sociedade do futuro.

Há que deixar espaço ao acaso e à fantasia, à imprevisibilidade e aos valores nocturnos, condição de superação da rigidez das barreiras burocráticas e de acesso à criatividade, aos novos vínculos e desafios que a própria imaginação impõe e exige. Domenico De Masi (2000: 365; 379) confronta-nos com a sua esquematização da criatividade em termos de síntese ou aproximação entre polaridades opostas, a saber, o consciente e o inconsciente, o racional e o irracional. Eixos que definem quatro áreas e respectivas *aproximações*, como se ilustra no esquema que se segue.

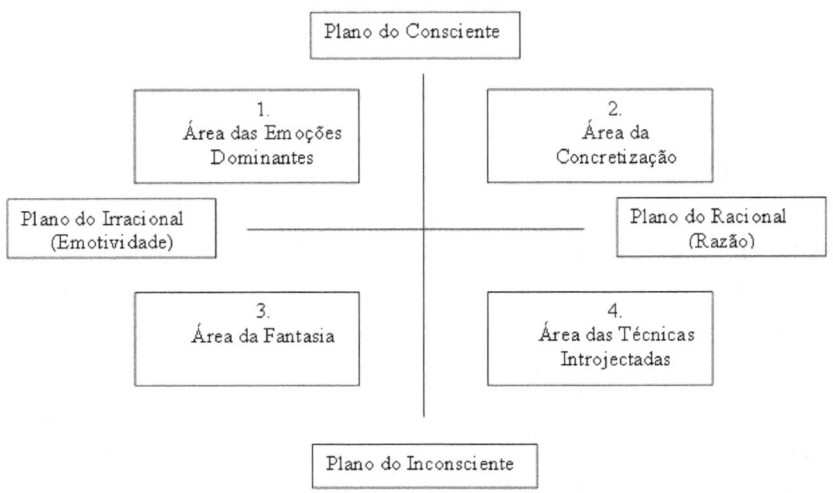

Finalmente, como corolário lógico dos princípios anteriormente referidos, o autor considera que a sociedade pós-industrial trará consigo a recuperação definitiva do gosto pelo belo e sua disseminação a todos. Se a sociedade industrial excluiu o belo, expulsando-o do mundo do trabalho, confrontamo-nos agora com a possibilidade da conciliação da eficiência e da beleza, que assim passarão a caminhar lado a lado de mãos dadas.

Não gostaríamos de terminar estas reflexões sobre a visão que alguns autores nos apresentam sobre o que será a sociedade do século XXI, sem tecer algumas considerações sobre a questão educativa. Como sabemos, o processo de industrialização cavou um fosso tremendo entre o trabalho e o lazer, acentuou a diferenciação entre essas duas esferas da vida. Consequentemente, a escola, a pedagogia, da época industrial, ensinou igualmente os seus alunos a separar trabalho e divertimento, trabalho e lazer.

As perspectivas para o século XXI apontam no sentido de que trabalho e lazer se aproximem, se mesclem e potenciem reciprocamente, que os tempos livres vão assumindo cada vez maior importância e protagonismo. O tempo livre, conjuntamente com a estética e a biotecnologia, diz-nos De Masi, serão o *sinal distintivo* do século XXI.

Assim, se a educação tem privilegiado a formação técnica, a preparação para o mundo do trabalho, premiando e valorizando o individualismo, o egoísmo, a competitividade, a exclusão e a hierarquia, capacitando para a acumulação e o investimento, a produção de riqueza ou a forma de conquistar mais poder, a educação do século XXI deverá antes, sem desvalorizar as competências técnicas, capacitar as próximas gerações para o saber, o convívio social, os jogos e o lazer, o amor e a amizade, a introspecção.

Deverá dar mais atenção a valores emergentes como o saber compartilhar, o relacionamento com o mundo e com os outros, a solidariedade e a hospitalidade, a cooperação. Deverá educar para novas formas de redistribuição da riqueza produzida, não amputando o homem, na sua multidimensionalidade, da formação filosófica, ética, estética. Uma educação em que a competência técnica não mais esteja desvinculada de valores. O que exige igualmente mudanças substanciais a nível dos métodos pedagógicos, que deverão assumir o rosto da reciprocidade interactiva, da comunicação e do diálogo, da solidariedade e da criatividade. O rosto do reconhecimento e valorização do outro, da alteridade.

De acordo com estas concepções, que aqui personalizamos no pensamento de Domenico De Masi e da sua obra sobre o *ócio criativo*, a sociedade pós-industrial é pensada como um modo de viver mais baseado na qualidade que na quantidade. Um modo de viver baseado na sabedoria, na filosofia de aprender a construir o sentido a dar às coisas e à vida, de saber enriquecê-las de significado. De saber enriquecer a própria vida, de saber engrandecer-se, fecundando-se no outro e na valorização das suas diferenças.

Não se trata de rejeitar a tecnologia, de virar as costas ao progresso tecnológico. Bem pelo contrário. Trata-se de ver nele não um fim em si mesmos mas antes uma das condições de, na esfera do viver humano onde a actividade criativa, jogo e aprendizagem, se confundem, o homem se descobrir como gerador de novos sentidos. De, livre e criativamente, descobrir outros sentidos para o seu próprio destino.

Trata-se, afinal, de transcender o olímpico Apolo, de superar o titânico Prometeu, de caminhar para além do antitético Regime Diurno, esse regime do imaginário em que assenta toda a construção da sociedade industrial, para irmos ao encontro de Hermes, o deus grego da comunicação, da inclusão, da mediação.

Na expectativa desse celebrar festivo que não exclui o agónico e o conflito como elementos construtivo e estruturadores. Antes exige e implica todos os homens e todos os deuses. Definitivamente, como nos ensinou Walter Otto, citado por López-Pedraza (1999: 150), «O mundo de Hermes não é de modo algum um mundo heróico [...]».

2. FUNÇÕES SOCIAIS DO JOGO

Benditos sejais, sonhos dourados da infância
(Hölderlin)

Tudo, na vida do homem, objectos naturais ou fabricados, formas abstractas, letras, números, pode receber uma significação simbólica, tudo são símbolos em potência.

O homem sempre pressentiu que o mundo em que vive seria absurdo se o significado das coisas que o rodeia se reduzisse à sua função imediata e pragmática, sendo permanentemente dominado pela necessidade de procurar, de construir, um significado mais profundo para as coisas. Sempre foi atraído pela ideia de que para além da realidade imediata existe outra realidade, sempre foi atraído pela ideia de que existem realidades de uma beleza superior, realidades que deixam transparecer verdades bem mais profundas. Sempre foi atraído pelo transcendente.

Por esta sua tendência natural a criar símbolos o homem transforma os objectos dando-lhes uma expressão lúdica, mítica, religiosa, artística, científica. O homem cria cultura e ao fazê-lo, constrói-se a si mesmo.

Para o homem moderno, para o homem de todos os tempos, as imagens e os símbolos são, em dimensões tão diversas como as da actividade lúdica e onírica, da imaginação activa, da intuição metafísica e da experiência extática, do pensamento filosófico, da criação artística, literária, poética e científica, aberturas permanentes que transformam o mundo restrito e fechado do quotidiano e conduzem o homem a universos carregados de significações espirituais. Carregados de promessas e de liberdade. O símbolo supõe sempre uma ruptura de planos, uma descontinuidade, uma transcendência. O símbolo é o elemento mediador, a ponte entre mundos distintos, promessa de renovadas *hierofanias*.

Para o homem moderno, para o homem de todos os tempos, o mundo não se esgota nas realidades *naturais*, no que nos é *dado*, no *só isso*. O mundo está *cheio de deuses*, como já os pré-socráticos intuíram. Tudo no mundo, uma pedra, um objecto neutro, um brinquedo, se pode transformar em símbolo, ganhar carga afectiva e imaginária, passar a fazer parte integrante da permanente descoberta e revelação do mundo.

Como poética e filosoficamente nos dizia Antero (1989: 928), «O transcendentalismo tem de ser restaurado de um feitio ou de outro. Só ele pode satisfazer, ou pelo menos iludir e entreter as desmedidas aspirações, as ambições e esperanças incorrigíveis do coração humano.»

Tem de ser restaurada a capacidade de imaginação do homem, tem de ser revalorizada, face ao descrédito que sofreu por parte de todo o tipo de determinismos e positivismos, de todo o tipo de ditaduras da lógica e da razão. Tem de ser restaurado até porque, mesmo que a razão o não saiba, as imagens e os arquétipos são a matriz, o alicerce, a actividade estruturante, do próprio pensamento.

2.1. Jogo e Imaginário Simbólico

Na ânsia de encontrar o seu reino,
os peregrinos vivem uma vida errante
(Upanishades)

Se por um lado é forçoso reconhecer o elevado contributo da psicanálise para o conjunto do saber contemporâneo, recuperando um alargado leque de categorias que durante séculos haviam sido ignoradas, a imaginação, os símbolos, os arquétipos, o papel do irracional no funcionamento da psique individual, é igualmente forçoso reconhecer que, dado o universo cultural em que Freud se movimentava, caracterizado pela hegemonia do pensamento racional-positivista, o símbolo em Freud não ultrapassa o sector restrito do *refoulé*, limitando-se a exprimir, de forma indirecta, figurada e mais ou menos indecifrável, os desejos e conflitos interiores. Encontra, assim, a génese do simbolismo, nas pulsões interiores e nos mecanismos redutores da censura e do recalcamento.

Remetendo a génese do simbólico para os mecanismos pulsionais da censura e do recalcamento, o determinismo pansexualista freudiano reduz o símbolo a algo sem *mistério*, a uma libido envergonhada que escapa à censura e engana a consciência.

Ora, como veremos através de outras abordagens, o símbolo é precisamente *mistério*. Como afirma Gilbert Durand (1969 : 36) «Les images ne valent pas par les racines libidineuses qu`elles cachent, mais par les fleurs poétiques et mythiques qu`elles révèlent.» É aqui que radica a grande limitação da epistemologia freudiana. Reduzindo o símbolo a um mero disfarce do que de mais obscuro e sombrio se oculta nas camadas mais profundas da psique humana, reduzindo o símbolo a uma máscara, a algo que *está por*, a uma libido mais ou menos desajustada e distorcida dada a pressão do princípio da realidade, Freud não está em condições de poder atribuir à imaginação simbólica um estatuto autónomo. As imagens e os símbolos são vistos como reflexos distorcidos, sintomas, substitutos semiológicos, que *designam*, que estão no lugar de uma sexualidade reprimida.

Jung (1964, 1991, 1993) ultrapassa o campo mais restrito e redutor do inconsciente pessoal, rompe com o determinismo pansexualista de Freud, mostra como a libido se transforma e sofre profundas metamorfoses sob a influência das motivações e imagens primordiais, assumindo uma posição claramente inovadora em relação às teses freudianas, ao defender que o pensamento repousa em estruturas e imagens primordiais, os arquétipos. Reconhece também que o símbolo é multívoco e que de forma alguma pode ser reduzido a uma única causa, que é multideterminado, não devendo ser reduzido a uma mera representação da pulsão, como entende a semiótica freudiana.

Um dos grandes méritos de Jung é, pois, ter restaurado a significação espiritual das imagens, recusando olhá-las apenas em termos das suas referências ao *concreto*. Interessa-se mais pelas imagens como estrutura multivalente, como sistema dinamizador de virtualidades que atravessa simultaneamente os planos cosmológico, antropológico e psicológico, do que por uma ou outra das suas significações ou emergências concretas.

O que é dizer que se interessa fundamentalmente pelas imagens como arquétipos, como *facultas praeformandi*, como actividade configuradora e estruturante, como núcleo dinâmico de natureza numinosa. Arquétipos que são promessa de abertura, de liberdade, de transcendência, de espiritualidade. Potencialidades funcionais, imutáveis e vazios de conteúdo, que se actualizam em imagens diferenciadas em função de factores psicológicos e histórico-sociais específicos.

Este parece ser, quanto a nós, um dos grandes contributos de Jung para o estudo dos símbolos, pois como Mircea Eliade (1979: 15) também reconhece, reduzir a imagem e o símbolo a uma das suas referências, a uma das suas múltiplas significações, «é aniquilá-la como instrumento de conhecimento».

A forma como Jung (1999: 45) concebe os arquétipos e o inconsciente colectivo, a importância que atribui às imagens e aos símbolos como dinamismo configurador, o reconhecimento da função sintética e criadora do inconsciente, leva-o a admitir que «o inconsciente revela às vezes uma inteligência e uma intencionalidade superiores à compreensão consciente.»

Se a actividade do inconsciente, tal como se manifesta no sonho, nos mitos e na actividade criativa, não é um mero sintoma da sexualidade reprimida, se a actividade dinâmica das imagens é *ordenação inteligente*, cuja função não é meramente, ou até primariamente, catártica, mas é simultaneamente retrospectiva, prospectiva, criadora e transmissora de conhecimento, parece forçoso admitir que pelo menos certas zonas do inconsciente, individual ou colectivo, são dominadas por um *logos* ou por uma actividade *intencional* supra ou transconsciente.

Longe estamos das concepções da imagem-miniatura, imagem-recordação, imagem-cópia do real, que transformam a imagem num signo degradado, impuro, *insuficiente*. Sem identidade ontológica própria a imagem deve ser substituída, dado o seu carácter *abusivamente figurativo*, pelos conceitos, por um pensamento mais formal, menos sujeito à *coisificação*.

Longe estamos das posições dos teóricos do *pensamento sem imagens* quando defendem a vitória do *signo* sobre o símbolo, a *domesticação* e escravização da imaginação simbólica pelo *pensamento directo*, o triunfo da percepção e do conceito. Longe estamos do cartesianismo racionalista daqueles que sustentam que o acesso ao verdadeiro pensamento, lógico e formal, só é possível através de uma emancipação em relação às imagens.

Se estas posições não são defensáveis do ponto de vista ontológico, não o são também do ponto de vista genético, a não ser numa cultura e através de uma pedagogia que promove permanentemente a falsificação e domesticação do imaginário em prol de uma permanente valorização do desenvolvimento do pensamento *positivo* onde a imagem, quando surge, é remetida para o papel de *auxiliar* ou *suporte* do desenvolvimento desse mesmo pensamento.

De qualquer forma, como refere Gilbert Durand, esta constante desvalorização da imagem e a recusa em lhe atribuir autonomia e dinamismo próprio, tratando-a sempre como um epifenómeno secundário da vida psíquica, resulta da incapacidade de entender a imagem como símbolo.

A natureza aberta, móvel e dinâmica que define o símbolo, que tão fortemente o distingue dos signos (carácter convencional e arbitrário dos signos) e das figurações, como a alegoria, onde a relação entre significante e significado é caracterizada pela sua natureza marcadamente consciente e voluntária, faz com que a gramática dos símbolos se deva exactamente fundamentar nessa flexibilidade mas também nas constâncias que é possível detectar.

Com efeito, se uma das características fundamentais do símbolo é a sua relatividade e espontaneidade, a sua permanente abertura, a investigação também detectou, no plano da mitologia, da religião, da consciência colectiva e do psiquismo individual, uma forte *constância* do símbolo. Mais uma vez a questão do uno, do igual, da imitação, e a questão do múltiplo, do diverso, do diferente.

Mircea Eliade, em *Imagens e Símbolos*, refere-se a esta questão da seguinte forma: «Ter imaginação é gozar de uma riqueza interior, de um fluxo ininterrupto e espontâneo de imagens» (Eliade, 1979: 19). Acentua, assim, o pólo espontaneidade, relação móvel e dinâmica, que caracteriza o símbolo. Para logo recordar que «espontaneidade não significa invenção arbitrária» (Eliade, 1979: 19), acrescentando que «Etimologicamente, *imaginação* é solidária com *imago, representação, imitação* e com *imitor, imitar, reproduzir*» (Eliade, 1979: 19). Desta forma, imagens e símbolos são simultaneamente imitação e deformação, cópia e criatividade, ordem e anarquia, caos e cosmos.

Nos casos em que a imagem mental (ou a imitação) deriva de uma acentuação dos mecanismos de acomodação, a semelhança entre o significante e o significado é levada ao seu extremo e a imagem surge como uma cópia mais ou menos fiel do modelo. Quando, pelo contrário, os mecanismos da assimilação subjectiva se sobrepõem, a imagem afasta-se cada vez mais do modelo e surge como uma deformação ou esquematização mais ou menos acentuada do real.

Neste último caso o vínculo entre significante e significado assenta numa assimilação deformante, numa actividade dinâmica e esquematizadora que permite criar uma *estrutura ilusória* (Chateau, 1961) e assim abrir caminho ao estabelecimento de relações móveis e abertas entre o significante (a imitação deformante de um esquema sensório-motor) e o significado (o esquema sensório-motor que serve de modelo). Gilbert Durand vai recuperar estes mecanismos psicológicos básicos, nomeadamente a dinâmica dos esquemas sensório-motores, conjuntamente com outros determinantes, como fundamento da taxinomia dos símbolos que desenvolve.

Mas esta dialéctica da espontaneidade e da *gramática* do símbolo, esta permanente tensão entre fidelidade a um modelo inicial e distanciamento em relação a esse mesmo modelo, não se reduz, de acordo com vários autores, aos mecanismos de acomodação e assimilação subjectivos e pessoais, não se reduz à assimilação do real aos desejos e interesses pessoais. Há todo um domínio do transpessoal, do colectivo, do universal, que ultrapassa a área restrita da história pessoal.

Para colocar esta questão retornemos a Mircea Eliade quando afirma que imaginação é espontaneidade criativa, para logo acrescentar que espontaneidade não é *invenção arbitrária* mas dinamismo que repousa também na imitação de modelos. Com efeito Eliade (1979: 19) expressa-se da seguinte maneira: «A imaginação imita modelos exemplares – as Imagens – reprodu-las, reactualiza-as, repete-as sem fim.»

Numa mesma linha de raciocínio Jung (1964, 1991) reconhece que todo o pensamento repousa em imagens primordiais, os arquétipos, esquemas ou potencialidades funcionais, elementos vazios em si, uma *facultas praeformandi*, matriz da forma como as coisas se poderão apresentar e que estruturam inconscientemente o pensamento. Os arquétipos são, pois, apreendidos a partir da forma como se manifestam em símbolos.

Se o arquétipo em si é imutável, pode no entanto manifestar-se de múltiplas maneiras, desenvolver-se e diferenciar-se de forma infinita. O que equivale a dizer que a universalidade dos arquétipos não implica a dos símbolos, já que factores vários, psicológicos, históricos, culturais, sociais, participam na actualização dos arquétipos em símbolos, em imagens.

Também Bachelard faz derivar a actividade simbólica do dinamismo organizador da actividade imagética. De acordo com este autor, a imaginação é uma potência dinâmica, que modifica ou *deforma* os dados fornecidos pela percepção (importância que atribui à assimilação subjectiva na produção simbólica) e que, dado este seu dinamismo, se torna no fundamento de toda a vida psíquica.

Esta concepção amplificadora da imagem parece, assim, pressupor toda uma epistemologia que reconheça a dignidade e o estatuto ontológico da imagem. O que significa que, quer numa perspectiva ontogenética, quer numa perspectiva filogenética, ou seja, quer no que respeita ao desenvolvimento e construção do indivíduo, quer no que respeita ao processo de hominização, a adaptação ao real não deriva apenas da linguagem e da técnica, com toda a importância que assumem os processos de sobrevivência, da invenção e descoberta das ferramentas e dos instrumentos de trabalho, mas também da imperiosa necessidade de transcender, fugir, escapar, a esse mesmo real. De o construir.

Confrontamo-nos, pois, com uma epistemologia que recusa entender o imaginário, o pensamento simbólico, como uma fase pré-científica ou infantil do desenvolvimento do indivíduo e da espécie, fase a ultrapassar, posteriormente, pela razão, pelo pensamento formal e abstracto.

De acordo com esta epistemologia a própria racionalidade aparece, ela mesma, suportada e enraizada numa lógica mais profunda, que rege as imagens e os conceitos e pré-determina, segundo Durand (1969), três tipos de lógicas conceptuais. Lógicas que o autor designa, respectivamente, por diairética, mística e cíclica, lógicas que agrupa nos chamados Regime Diurno e Regime Nocturno (Místico e Sintético).

Trata-se, neste sentido, de uma epistemologia que, face à diversidade das imagens, à heterogeneidade e diversidade das suas manifestações em símbolos histórico-culturalmente situados, procura apreender os grandes grupos de estruturas que reduzem essa diversidade a conjuntos isomorfos, a uma gramática das imagens que, de acordo com Gilbert Durand, podemos designar por esquemas, regimes, estruturas e arquétipos. É, afinal, a procura daquela unidade que se oculta por detrás da diversidade.

A análise do imaginário humano, na sua diversidade e múltiplas manifestações, permite detectar uma unidade básica, um isomorfismo contínuo das imagens, como no caso das multiformes máscaras da angústia face ao tempo, por detrás das quais (Gilbert Durand, 1969), descobrimos os *grandes arquétipos do medo*.

De acordo com o autor anteriormente referido as imagens que induzem a angústia face ao tempo podem assumir três grandes formas de expressão: a dos esquemas teriomorfos (animalidade, voracidade, agressividade, destruição), nictomorfos (trevas, noite, águas negras e hostis, angústia e depressão, feminilidade terrível) e catomorfos (queda, peso, mal, culpa).

O *Regime Diurno*, heróico e antitético, pode ser entendido como o regime da imagem em que a amplificação dos aspectos tenebrosos e terríficos de Cronos, do tempo devorador, permite precisar e valorizar as antíteses que utiliza contra as ameaças da noite, da queda e da animalidade. Como refere Durand (1969 : 135): «L´hyperbole négative n´est qu´un prétexte à l`antithèse.»

Face às valorizações negativas do tempo, o simbolismo simétrico da fuga face ao tempo, da vitória sobre o destino e morte, de cariz Diurno (ascensão contra a queda, luz contra a noite, puro conta impuro, bem contra o mal, espírito contra a matéria), não é a única solução.

Temos também a solução do *Regime Nocturno Místico*, que se erige sob o signo da inversão e do eufemismo, sob o signo da inversão e da antífrase, ou, se quisermos, sob o signo da redenção das imagens nocturnas que o Regime Diurno hiperboliza.

A terceira solução, no confronto com o tempo devorador, no confronto com a angústia da mudança, é a que passa pelo *Regime Nocturno Sintético*, esforço para encontrar alguma invariância no próprio seio da fluidez e do devir temporal, alguma constância no seio da mudança. Esforço que leva às mitologias do progresso, à simbologia do eterno retorno, aos ritmos cíclicos, à reconciliação de todas as antinomias inerentes ao tempo.

Esforço que, ao procurar o abraço entre o tempo e o infinito, ao aceitar e valorizar a fase trágica e a fase triunfante do esquema cíclico ou histórico, assume claramente uma estrutura dramática.

Ouçamos o que a este propósito nos diz ainda Gilbert Durand (1969 : 323):

> «Ces mythes, avec leur phase tragique et leur phase triomphante seront donc toujours dramatiques, c´est -à - dire, mettront alternativement en jeu les valorisations négatives et les valorisations positives des images. Les schèmes cycliques et progressistes impliquent donc presque toujours le contenu d´un mythe dramatique.»

No início deste capítulo começámos por afirmar que todos os objectos, naturais ou fabricados pelo homem, podem receber uma significação simbólica, que o homem é permanentemente atravessado pela necessidade de atribuir significados às coisas, significados que estão para além da função imediata dessas coisas.

As imagens e os símbolos são, assim, para o homem moderno e para o homem de todos os tempos, permanentes aberturas para mundos de significações que em muito ultrapassam o mundo restrito do quotidiano. Ao construir estas imagens e estes símbolos, o homem rompe com o mundo fechado do quotidiano e eleva-se a outros universos, a outros modos de ser. Eleva-se a mundos carregados de significações espirituais, de promessas, de esperanças.

Trata-se, pois, de transubstanciar uma realidade noutra, de revelar algo que parece inacessível aos outros meios do conhecimento, de acrescentar novos valores e novos sentidos a um objecto ou a uma acção, mas sem por isso negar ou desvalorizar os valores próprios e imediatos desses objectos ou acções. O objecto, mantendo-se o mesmo, torna-se outro; continuando a ser ele mesmo transforma-se num objecto *aberto*, promessa de permanentes epifanias.

A sacralidade, a arte, o lúdico, expressam-se sempre como realidades de um nível completamente diferente da realidade *natural* das coisas. Apreendemos o sagrado porque ele se manifesta, se revela, como algo de radicalmente distinto do mundo *profano* em que vivemos.

É nesses espaços abertos que o mundo profano é transcendido, é nesses recintos sagrados que é possível a comunicação com os deuses, com o desconhecido. É através desses espaços, dessas aberturas, dessas verdadeiras *portas dos céus*, que a comunicação com o alto, com o inefável, com o *totalmente alheio* (Rudolf Otto), é possível. O símbolo é esse espaço, essa porta, essa abertura, esse paradoxo. É o mediador entre dois mundos.

O símbolo, em Mircea Eliade, é hierofania, ruptura de nível, coincidência paradoxal do sagrado e do profano. Neste sentido tudo na vida, o cosmos na sua totalidade, pode ser pretexto de uma hierofania, de uma revelação de algo estranho e desconhecido. Tudo pode ser símbolo, tudo pode receber novas significações e sentidos. O cosmos é uma permanente abertura, um constante convite à construção da transcendência, ao diálogo entre os homens e os deuses, entre o conhecido e o desconhecido.

Talvez fosse esta tendência profunda do homem a criar símbolos, talvez fosse o facto de o homem estar inevitavelmente condenado a ser *homo symbolicus*, que levou os pré-socráticos, pela boca de Tales de Mileto, a afirmar que *tudo está cheio de deuses*.

O símbolo, como abertura a uma realidade desconhecida, apresenta-se sempre como mediação entre o homem e algo que de uma forma ou outra encerra sempre um mistério, encerra sempre um carácter de ocultação e desconhecimento. O símbolo é sempre uma tentativa de materializar uma presença que teima em se ocultar, é sempre um encontro com o *outro*, seja ele o *exótico*, o *estrangeiro*, o *primitivo*, o *inconsciente*, o *desconhecido*, ou, dada a impossibilidade de ser expresso através de categorias que nos sejam familiares, uma forma de *totalmente alheio*, de totalmente outro.

Ora, a experiência lúdica, o jogo, é precisamente este intenso viver entre a fantasia e os factos, entre os *objectos internos* e o mundo externo, entre a criatividade e a percepção objectiva baseada no *princípio da realidade*. O que leva Winnicott (2002: 137), nas pesquisas que desenvolve sobre o jogo, a afirmar que, o que ele estuda, é a *substância da ilusão*, acentuando o seu papel, o papel da ilusão, não só no desenvolvimento da personalidade da criança mas também na experiência cultural que é, segundo ele, «un derivado del juego.»

Situando o desenvolvimento do simbolismo, do lúdico, nesse estado intermédio entre realidade e fantasia, entre a incapacidade da criança para reconhecer e aceitar a realidade e a sua crescente capacidade para o fazer, entende Winnicott que a criança necessita de viver em contextos interactivos que lhe proporcionem *suficientes oportunidades de ilusão*, ou seja, suficientes oportunidades de, jogando, brincando, fazendo-de-conta, criar ilusões. Tornando-se, desta forma, criativa. Criativa não no sentido da fuga para mundos ilusórios, e de fantasia. Criativa porque, ao criar esses mundos, se torna cada vez mais capaz de aceitar e reconhecer a própria realidade. De a criar, de a inventar, de a construir, não apenas acomodar-se passivamente a ela.

Esta criatividade básica, esta capacidade de ludicamente ultrapassar uma dada realidade, de num mesmo acto, paradoxalmente, a afirmar e negar, criatividade que pode assumir contornos culturais distintos, um quadro, uma sinfonia, um poema, um romance, é, como afirma Winnicott (2002), um universal que corresponde à *condição de estar vivo*.

Esta capacidade de jogando, *instantaneamente*, criar mundos de sonho e fantasia, esta capacidade lúdica de rapidamente criar a ilusão, de transformar tudo aquilo em que se toca, remete-nos, de uma ou outra forma, para a questão das cosmogonias instantâneas e das cosmogonias da temporalidade regeneradora. Bachelard (1984: 137) expressa-se desta forma: «D`une manière générale, *toute cosmogonie instantanée* porte la marque d`un infantilisme. Toute cosmogonie instantanée va à l´envers des rêveries du travail.»

Ora, se os sonhos da vontade e do trabalho, da vontade terrestre, do fazer e refazer, dos combates do trabalho contra a matéria dura, contra a substância das coisas que a mão do homem, qual Vulcano na sua forja, laboriosa, impetuosa e ardentemente, procura mudar, são agentes de transformação e mudança, também a palavra é criadora, arma de luta e de combate. Também a palavra «forja y labra», também a palavra é activa e criadora. Como diz Unamuno,

«Con la palabra, como Dios, el hombre
su realidad de ideas forja y labra:
nunca la profanéis a huero ripio.»
(Unamuno, *La Palabra*)

Sem deixar de ser cosmogonia instantânea, símbolo, ilusão, Deus também cria o mundo, instantaneamente, com a palavra («No *princípio era o Verbo*»), ou, como nos diz ainda Unamuno

«[...] fue con la palabra
como creara el mundo en un principio.»
(Unamuno, *La Palabra*)

O jogo, a actividade lúdica, ilusão aérea embora, não deixa também de ser acção («No princípio era a acção», declara Goethe), esforçados músculos, corpo coberto de suor. O jogo, sem deixar de ser cosmogonia instantânea, ilusão, palavra, Verbo, é também acção, corpo, objectos, fazer coisas, transformação activa da realidade. Vejamos o que a este propósito afirma Winnicott (2002: 64):

«[...] el jugar tiene un lugar y un tiempo. No se encuentra
adentro [...] Tampoco está afuera [...] como

188

verdaderamente exterior, fuera del alcance del dominio mágico. Para dominar lo que está afuera es preciso *hacer* cosas, no sólo pensar o desear, y *hacer* cosas *lleva tiempo*. Jugar es hacer.»

Jogando, imaginando, igualmente seduzido e apaixonado pelo tempo e pelo infinito, pela realidade e pela ilusão, pelo *adentro* e pelo *afuera*, a criança cria e tece, amorosamente, alegremente, os laços que a prendem à vida. Nesse mesmo gesto, nesse mesmo acto criador que é o jogo, redescobre-se a si própria, permanentemente, como alma, como sentido, como identidade. Afinal, de forma similar, uma mãe não cria os seus filhos, sonhando-os, imaginando-os?

Jogando, a criança cria, cresce e engrandece-se, descobre-se como criadora de sentidos.

Não resistimos, neste contexto, a convocar a presença de Carl Jung (1993: 73) quando afirma que a questão que a todos os homens se coloca, embora de formas distintas, é a de saber como se pode ser criador, ao que o autor dá logo uma primeira resposta: «La naturaleza sólo conoce al principio *una sola* respuesta a tal pregunta: "Mediante el hijo"». Para de seguida afirmar, a propósito da imagem da maternidade, que «*"También yo fui madre" - mediante la idea que espontáneamente engendra su objeto*» (1993: 74).

Jogando a criança é criadora, inventa, forja e engendra os seus filhos espirituais, cria novos mundos face ao tempo da caducidade e da penúria, face à incapacidade para reconhecer e aceitar o peso da realidade. Mais tarde esses filhos espirituais que agora adoptam a forma de jogo, assumirão outros rostos, outros contornos culturais.

Jogar é cria novos sentidos, é acção criadora, *poiesis*, criação e construção, voo e liberdade. E, se como nos ensina Eduardo Lourenço (1987: XI) «toda a escrita é um exercício de imortalidade», pelo jogo a criança tece, igualmente, no tempo, na corporeidade, combativa e amorosamente, a sua imortalidade. Pelo jogo, recriando o mundo, criando novos mundos, a criança, *artifex* de si mesma, descobre e constrói uma individualidade, uma alma, um sentido para si própria e para o mundo. Jogar é *poiesis*, trabalho poético, o prazer de continuamente imaginar e viver outros mundos, outros sentidos.

Acção comprometida, jogada e sonhada com o outro, compromisso com o real não abdicando da ilusão, compromisso com a ilusão não abdicando do real. A actividade lúdica é, ela própria, no mundo intermédio em que vive, força e impotência, convergência de luz e sombra, inteligibilidade e mistério, presença e ocultação, céu e terra. Mas, sempre, iniciação à tragédia da vida, ao paradoxo, ao confronto com as polarizações diurnas e nocturnas da vida.

Iniciação à capacidade de se refugiar num mundo ideal, numa vida sem dor, num mundo sem catástrofe, mundo de utopia onde não entra a tragédia. Onde não entra, como diria Antero, o «cálice amargoso da desgraça». Mas sem romper com os laços que a prendem ao terrestre, à gravidade, ao tempo e à história, fortalecendo desta forma a capacidade de confronto com os ventos da tragédia quando estes forçam a sua presença.

No jogo, o apelo da ilusão e da fantasia, os *erros fortes* de que nos fala Leopardi, não são uma ocultação ou um encobrimento, um subterfúgio dissimulador, do enigmático e do sombrio, da morte e da agonia, são antes a plena assunção do sacrificial e a fecunda luta pela renovação do sentido da vida e do tempo. Esse incontornável desígnio de, diz-nos Unamuno (1958: 117, T. XIII), «hacerse alma»:

«[...] sí, el alma hay que hacérsela, no se nace con ella [...]»

O jogo inicia-nos na aprendizagem existencial de que, suprimido o tempo da tragédia, na segurança e tranquilidade de um qualquer mundo espiritual, a *fúnebre bacante,* a *loba faminta*, a *Morte*, a terrível *serpente*, o tempo histórico, a tragicidade da vida, sempre se atravessarão de novo nos passos dos caminhantes que deambulam por este mundo.

Jogar é personalizar, amar, criar proximidade, vínculos, laços, ter o outro e outros mundos perto do coração. Jogar, personificar, torna-se, assim, uma via para compreender, um caminho para um conhecimento activo e participativo, construtivo, implicado. Conhecimento que para além da razão, do impessoal, abstracto e longínquo, instaura todo um processo em que o amor emerge, em que a proximidade e o abraço, o sentimento, o *con-sentir* e o *com-padecer*, assumem o estatuto de uma verdadeira epistemologia do coração.

Todo o acto de personificação, como o jogo, ao imaginar as coisas de forma próxima, *sólida*, substancial, como pessoa, alma, presença, cria as condições para que possamos aceder a elas com o coração, abrindo desta forma a porta à possibilidade de se converterem em algo querido e estimado, em algo de sagrado. Desta forma, criar o mundo, dar-lhe sentido e vida, é criar a própria alma. É o abraço e a ternura entre o tempo e a eternidade, o mito e a história, o pessoal e o impessoal, o regional e o universal.

Como entendo bem Hölderlin quando afirma que

«[…] só poeticamente podemos habitar o mundo»

como entendo bem Winnicott (2002: 65) quando afirma que «lo universal es el juego, y corresponde a la salud.»

191

2.2. *Eutropelia* ou *Diabólica Fraus*

> *Somos os peões da misteriosa partida*
> *de xadrez jogada por Alá*
> (Omar Khayyam)

O jogo é um daqueles temas de estudo que sempre interessou os investigadores. Uma multiplicidade de abordagens tem produzido diferentes explicações sobre a importância e o significado de tão vasta e complexa realidade bio-cultural. Para as abordagens clássicas, claramente redutoras, o jogo é um fenómeno indissociável da condição humana e analisável em termos da sua finalidade e dos seus conteúdos.

O jogo é o *pré-exercício* de determinadas funções ou instintos, diz-nos Gross, *pré-exercício* que daria origem ao próprio simbolismo, posição que mereceu sérias críticas de Piaget (1962).

Por sua vez Stanley Hall desenvolveu a célebre e polémica *teoria da recapitulação*, postulando que a actividade lúdica da criança não é mais do que o resíduo das actividades e da mentalidade primitiva da espécie. Defende que os jogos evoluem através de fases constantes e bem definidas quanto ao conteúdo da actividade lúdica e que essa evolução repete as actividades que caracterizaram a filogénese.

Assumindo, à semelhança de Gross, uma posição redutora e finalista, Stanley Hall entende que a função do jogo infantil é libertar a espécie humana destes resíduos da mentalidade primitiva, empurrando-a na direcção de formas superiores de pensamento. O que reduz o jogo a algo de infantil e pueril. Machado e Álvarez (1882: 171) referem-se a estas abordagens da seguinte forma:

> «El movimiento científico moderno ha enseñado [...] que cada hombre recorre en su vida particular la vida entera

de la especie humana y que, así como ésta habitó la caverna y la caña antes de construir los suntuosos edificios donde hoy se alberga, el niño pasa por estados psicológicos muy poco complejos, antes de llegar a esas soberbias concepciones científicas que asombran a la humanidad [...]».

Embora normalmente associado ao *não-sério*, ao lazer, à distracção e ao divertimento, outras abordagens de natureza mais amplificadora têm procurado, ao longo do tempo, ultrapassar estes aspectos limitadores e enganosos que vêm de abordagens como as do pré-exercício ou da recapitulação. É o caso de Wunenburger (1977: 35) que, nas suas aproximações entre o jogo e o sagrado, equaciona o jogo, positiva e construtivamente, como um reinvestimento do real pela conduta simbólica. Sem se deixar enredar na ideia de que a activação de camadas psíquicas anteriores signifique algo de pueril ou infantil, afirma que

«Pourtant le jeu comme technique religieuse est bien celui qui émerge dans l´activité de l´enfant et ses composants multiples, voire même ses stades de développement se retrouvent fidèlement dans certaines pratiques religieuses, et toutes intimement réunies dans l´institution totale qu´est la fête. Ce que signifie, nom pas que l´homme religieux archaïque est resté enfant, mais que l´homme doit toujours un peu abandonner les structures rationnelles nécessaires à la vie profane et régresser au niveau de couches psychiques apparues successivement dans son développement intellectuel, et qui dominent le jeu dans son authenticité chez l´enfant.»

Buytendijk, que poderemos colocar numa situação de transição entre as teorias clássicas e as teorias modernas do jogo, partindo de uma abordagem fenomenológica e estrutural do jogo desenvolve uma nova concepção, cujo grande mérito (Piaget, 1962) é explicar o jogo infantil a partir da estrutura mental da criança. Esta abordagem, ao contrário das posições finalistas de Gross e Stanley Hall, explica o jogo pela *dinâmica infantil*, considerando-o a expressão típica do comportamento da criança. Abre, assim, caminho a uma série de teorias e posições que colocam a ênfase nos aspectos psicológicos (Anna Freud, Chateau, Erikson, Piaget, Vygotsky, Wallon), nos aspectos filosófico-culturais (Caillois e Huizinga) e nos aspectos pedagógicos do jogo (Claparède, Decroly, Freinet, Montessori).

A menorização a que o jogo, muito sistematicamente, é submetido, é algo que certamente tem a ver com o facto de o pensamento ocidental (Durand, 1969) ter, por tradição, desvalorizar ontologicamente a imaginação, reduzindo-a a um epifenómeno inferior da vida psíquica.

Posição que contribui para uma visão do jogo como algo de arcaico, primitivo, inferior, infantil, concebido por oposição à *seriedade* (ser uma *actividade não-séria* é, para alguns autores, uma das características formais do jogo), à superioridade, dos valores do mundo dos adultos.

Não surpreende, pois, no contexto deste imaginário Diurno que caracteriza o pensamento ocidental, que surjam autores, como refere François (1964), citado por Lima (1994: 25), desvalorizando claramente o jogo, o lazer, os tempos livres, quando afirmam, por exemplo, que « [...] un savant anglais à trouvé que trois dangers menacent notre époque: le danger atomique, la super population e le nombre croissant des loisirs.»

É a presença daquele pensamento antitético, Diurno, que concebe o jogo por oposição ao trabalho, a brincadeira por oposição à seriedade, a ilusão por oposição à realidade, a liberdade por oposição às restrições da regra, o supérfluo por oposição ao necessário, a improdutividade por oposição à produtividade, o infantil por oposição ao adulto.

Pensamento antitético que ignora que a afectividade e o desejo, o consciente e o inconsciente, o sonho e a realidade, o finito e o infinito, o conhecido e o desconhecido, se cruzam e conjugam permanentemente, que ignora, como nos ensina James Hillman, que imaginação é realidade. Que ignora que a realidade, como o símbolo, têm uma natureza paradoxal.

É essa natureza paradoxal do jogo que nos permite afirmar que «play is involved in the development of many cognitive, affective, and personality processes that are important for adaptive functioning in children» (Russ, 2004: IX), sem ao mesmo tempo ter que negar que o jogo é igualmente transgressão e fuga à razão (Wunenburger, 2003).

Talvez essa tenha sido a razão por que Winnicott escolheu como epígrafe introdutória do seu livro *Jogo e Realidade* a seguinte reflexão de Michel Leiris:

> «Esa capacidad poco común [...] de transformar
> en terreno de juego el peor de los desiertos.»

Neste sentido o jogo é uma forma particular de comportamento, um espaço paradoxal, uma zona de fronteira ou espaço potencial, entre a fantasia e a realidade, o subjectivo e o objectivo, o corpo e o mundo externo, o presente e o ausente, o princípio do prazer e o princípio da realidade. Entre a realidade externa e interna, entre o sonho e a realidade.

Daí que Gilbert Durand (1979) entenda que o carácter *conservador* e *inovador* dos jogos, bem como a estrutura binária de classificação encontrada por muitos investigadores, sejam aspectos tão marcantes.

Carácter conservador no sentido de os jogos serem a expressão de símbolos ou ritos dessacralizados, o que leva o autor a reconhecer que esses jogos iniciam a criança em todo um simbolismo arcaico que não passa por uma «iniciação forçada do adulto aos símbolos aceites pela sociedade», mas antes por essa possibilidade que «permite à imaginação e à sensibilidade simbólica da criança "jogar" em plena liberdade.» (Durand, 1979: 101).

Esta posição é magistralmente aprofundada por Huizinga (1951) ao investigar as relações entre o jogo e o sagrado e defender que, no caso do homem, o jogo ultrapassa o *biológico* e se manifesta nos planos da *festa*, do *culto* e do *sagrado*. Ao defender que o jogo se manifesta em todas as dimensões da cultura.

No caso da classificação do jogo, na sua expressão antropológica ou sociológica, encontramos por exemplo o caso de Caillois (1958), que refere, num primeiro eixo, duas séries aparentemente inconciliáveis, a série *agon* (agonismo, luta, combate, antagonismo e oposição) e a série *ilinx* (vertigem, turbilhão, desequilíbrio e perda de controlo), passando pelas posições intermédias da *alea* (sorte e azar) e da *mimicry* (ilusão, fantasia, simulacro), para num segundo eixo, que parece anunciar os padrões essenciais das instituições, opor o *ludus* (coacção, estruturação, educação, regra) à *paidia* (ausência de regras, menor estruturação, maior liberdade e flexibilidade).

Não reduzimos o jogo a uma progressiva preparação da criança para as actividades sérias da vida do adulto (pré-exercício), da mesma forma que não o reduzimos àquelas concepções que ao longo da história tentaram recuperar a sua inocência, gratuitidade, liberdade e criatividade, assimilando-o a uma actividade lúdica com funções e finalidades pedagógicas, tornando-o, assim, numa actividade ou conduta infantil, mais ou menos pueril e transitória, acorrentada a objectivos e desígnios educativos. Reconhecemos a importância destas funções e valores, no entanto a natureza do jogo não se esgota nelas.

Entendemos o jogo numa perspectiva ampla e alargada, de acordo com as hermenêuticas instaurativas e amplificadoras. Entendemo-lo como um modo de ser ante as coisas e a vida, modo de ser que nos permite precisamente transformar as coisas e a vida graças a uma participação activa na recreação/recriação do seu próprio ser.

Modo de ser que é precisamente essa capacidade, lúdica, de transformar e ultrapassar, *o pior dos desertos*. Ou, como afirma Wunenburger (2003 : 36),

> «Jouer avec l´objet c´est l´arracher à sa banalité, à son unilatéralité pour le rendre équivoque et inventorier le monde des possibilités qu´il renferme.»

O jogo e a experiência lúdica, a actividade onírica e a imaginação activa, a especulação metafísica, a experiência extática e os sentimentos religiosos, a criação artística, literária e científica, são aberturas permanentes que rompem com o mundo restrito e fechado do quotidiano e elevam o homem a um universo carregado de significações espirituais, de promessas, de liberdade.

A actividade lúdica tem as suas raízes, simultaneamente, no biológico e no sagrado, remetendo-nos, permanentemente, para uma variedade e riqueza de significações e reflexões sobre a condição humana e a natureza e desenvolvimento da nossa civilização. Como expressão de liberdade, criatividade, espiritualidade, o jogo atinge no homem a sua dimensão máxima, pois como sugere Bally (1973: 59) «[...] esta conducta será tanto más evolucionada cuanto más intensivo sea el cuidado de la cría y cuanto más tiempo dure la época de juventud.»

Ou seja, no caso do homem, esse *nidicole absolu* que ao nascimento está tão afastado da sua maturidade, o jogo é, verdadeiramente, liberdade. É a realidade bio-cultural do homem que nos ajuda a compreender que para além do jogo – homens e animais jogam – a espécie humana acedeu à festa, conceptualizada por Wunenburger (1977: 90) como «une combinaison de jeux rituels qui tous sont caractérisés par une rupture avec l'équilibre serein de la personnalité assujettie à l'action rationnelle et adaptée et par une libération profonde de l'imaginaire.» Com efeito, como nos indica Huizinga, o homem fez da cultura o seu jogo, o homem é um ser lúdico-festivo. O jogo é a festa da vida. Para além de *sapiens* e de *faber*, o homem é *ludens*, o homem é *festivus*.

Ao longo do tempo o homem tem deixado múltiplos vestígios que testemunham o seu interesse pela actividade lúdica. Na civilização Suméria (3500-2000 a.C.) encontramos já um jogo de tabuleiros, com regras claramente definidas, o chamado *Jogo de Ur*, que tudo indica era praticado, nos seus tempos livres, pelas classes mais abastadas.

A música e a dança, em menor medida o jogo, constituem-se também como elementos estruturantes no Antigo Testamento. E embora noutros povos do Próximo Oriente os jogos fossem mais frequentes e mais valorizados, as crianças de Israel não deixavam de cantar e dançar, de brincar com bolas de grude, assobios ou chocalhos. Como igualmente jogavam com os animais.

Os jogos com dados ou tabuleiros eram raros e o lazer era em grande parte ocupado com festas e actividades religiosas. As brincadeiras com bonecos, bonecas ou figuras de animais, não eram vulgares, pois de acordo com os documentos sagrados (Êxodo 20, 4), todo e qualquer imagem esculpida era proibida, já que poderia levar a comportamentos idólatras.

> «Não farás para ti imagem de escultura, nem alguma semelhança do que há em cima nos céus, nem em baixo na terra, nem nas águas debaixo da terra.»

Mesmo sem esse suporte de brinquedos, as crianças não deixavam de brincar alegre e apaixonadamente, embora o devessem fazer no respeito pelos valores e ideias religiosos. Sem comportamentos irreverentes, sacrílegos ou que de alguma forma fossem contra esses valores. Numa linguagem metafórica, Zacarias (8, 5) não deixa de recorrer às ideias de jogo e brincadeira para se referir às bênçãos futuras prometidas por Deus a Israel:

> «E as ruas da cidade se encherão de meninos e meninas, que nelas brincarão»

O interesse pelo jogo e pelos brinquedos, quer para adultos quer para crianças, é bem patente na civilização egípcia (3500-700 a.C.), já que sabemos que, entre outros, desenvolveram um jogo semelhante ao actual jogo das damas e, embora de forma rudimentar, utilizaram a tecnologia da altura para a produção de brinquedos.

Na civilização Grega (600-300 a.C.) as crianças possuíam múltiplos brinquedos, nomeadamente de barro, tendo sido desenvolvidos múltiplos tipos de actividades para essas idades (jogos com bolas, com cordas, de arremesso, de faz-de-conta).

O *ioiô*, da mesma forma que brinquedos como o arco, o pião, a bola, ou objectos mais simples como as pedrinhas, os ossinhos, as nozes, com os quais as crianças se divertiam, remetem-nos igualmente para a Antiguidade grega e egípcia. Os jogos com ossinhos, nomeadamente o astrágalo do carneiro, são talvez os mais abundantemente mencionados e os mais antigos. Os ossinhos eram usados em várias civilizações sob as mais diversas formas, que iam dos jogos de destreza à sua utilização como dados em jogos de sorte e azar ou mesmo como objectos divinatórios (astragalomancia).

Originalmente os ossinhos, tal como as pedrinhas ou as nozes, eram usados em jogos de destreza, como no caso da *pentelitha*, jogo em que as crianças ou os adultos atiravam algumas pedras ao ar que depois tentavam agarrar com as costas da mão de forma a não caírem no chão. Os ossinhos foram igualmente usados como uma espécie de dados (*astragaloi*), caso em que eram atribuídas letra ou valores numéricos diferentes às várias faces dos ossinhos. Este tipo de jogo, praticado com objectos diferentes, perdurou até aos nossos tempos. Lembro-me ainda de, na minha infância, brincar dessa forma com pequenas pedrinhas. Os primeiros vestígios dos *astragaloi* parecem datar de há cerca de 40.000 anos.

Escavações realizadas no Egipto descobriram artefactos de alguma forma relacionados com jogos de sorte e azar, pelo menos a partir de 3.500 anos antes de Cristo. Também na civilização micénica, à semelhança do que ocorreu com a civilização Suméria, foram encontrados tabuleiros de jogos muito semelhantes aos que ainda hoje usamos no jogo das damas.

A própria Ilíada, o que demonstra o interesse dado aos jogos das crianças, relata a forma como estas brincavam na praia fazendo jogos de construção com a areia, à semelhança do que ainda hoje acontece.

Com efeito, Homero diz-nos que Aquiles e os seus homens, durante a guerra de Tróia, faziam lembrar a criança que «na areia, à beira-mar, quando faz construções para se entreter, as derruba com os pés e as mãos, folgando» (Homero, Ilíada, citado por Manson, 2002, pág. 15).

A Ilíada relata-nos também a forma como os gregos, durante o cerco à cidade de Tróia, se divertiam com os jogos de dados. Num relato que envolve Ajax e Heitor, Homero refere-se ao pião. A Ilíada (Canto XXIII, 82-88) refere-se igualmente aos *astragaloi*, particularmente naquele relato em que Pátroclo confidencia a Aquiles a sua desmedida paixão pelos ossinhos. Eis o episódio:

> «E outra coisa te direi e pedirei, na esperança de que obedeças:
> não ponhas os meus ossos longe dos teus, ó Aquiles,
> mas juntos, já que fomos criados em vosso palácio,
> quando Menécio me trouxe, criança ainda, de Opunte,
> para a vossa terra, por causa de um homicídio funesto,
> naquele dia em que matei o filho de Anfidamante,
> na minha estultícia, sem querer, irado no jogo dos dados.»

Aristófanes (447-385 A.C.), em *As Nuvens*, refere igualmente a importância dos jogos na educação das crianças. Vejamos este pequeno relato:

> «ESTREPSÍADES: No te preocupes, enséñale. Es ingenioso de nacimiento. Cuando era un niño así de pequeño, en casa modelaba en arcilla casitas, tallaba barcos, construía carritos de madera de higuera y hacía ranas de cáscaras de granada, no te imaginas cómo.» (pág. 36).

O comércio de brinquedos tem, pois, uma longa história, se considerarmos que relatos como este confirmam que já existiam modeladores que fabricavam brinquedos em terracota pelo menos no século V antes de Cristo.

Quer na Grécia quer em Roma as crianças brincavam já com bolas, bonecos, arcos, piões, ioiôs ou berlindes. As crianças de idades mais baixas, mesmo os recém-nascidos, tinham já os seus brinquedos, como era o caso, em Roma, dos «*crepundia*», brinquedos que ao serem abanados tilintavam e emitiam sons. Algo semelhante aos nossos guizos, rocas ou outros brinquedos sonoros.

Platão (428-348 a.C.), por sua vez, conhecida a importância que dava à educação dos futuros cidadãos da sua república ideal, fornece-nos uma lista dos principais brinquedos com que a criança devia brincar. De forma bem perspicaz vê o jogo como a expressão da personalidade da criança, um revelador do seu carácter e da construção do sentido do que é justo e do que é injusto.

No entanto, será com Aristóteles (384-322 a.C.) – talvez o primeiro grande teórico do jogo – e a sua teoria da *eutropelia*, que o jogo passa a ter um estatuto diferente colocando-se, quer no plano individual quer no plano social, a questão da função e do valor do jogo, nomeadamente a questão de saber se os jogos podem ser objecto de *virtude*, ou seja, se são lícitos e têm ou não um papel educativo e social importante.

Procurava-se, afinal, harmonizar a *tendência instintiva ao jogo* com os imperativos educativos e sociais, o que na altura significava, em grande parte, imperativos morais e mítico-religiosos.

Nos seus primórdios a Igreja tem uma posição bem distinta. Para os Padres da Igreja, nomeadamente São João Crisóstomo (344-407) e Santo Ambrósio de Milão (340-397), o jogo, o riso e a brincadeira, o divertimento, deviam ser evitados, já que careciam de dignidade e seriedade.

Clemente de Alexandria (150-250), teólogo e apologista, para alguns um dos mais eruditos Padres da Igreja, aborda já a questão dos jogos e das festas, manifestando uma posição consentânea com o que viria a ser a posição dos primeiros pensadores da Igreja sobre esta matéria. Ao fazê-lo, como que antecipa também a forma como no século XX, através de Pio XII, a Igreja se pronuncia sobre esta questão, ao afirmar que *cultivo* do corpo sim, *culto* do corpo não.

Nos primórdios do século III, Tertuliano (160-220), um dos primeiros Padres Latinos, que escreve nessa língua os textos que até nós chegaram, reprovava veementemente o facto de os cristãos participarem nas festas do solstício de inverno, nomeadamente nas *Saturnalias* e nas *Kalendae*, na base do argumento de que essas festas tinham, acima de tudo, um carácter social e não tanto religioso. No que respeita a esta segunda dimensão, o que em grande parte coincide com o pensamento quer do Antigo quer do Novo Testamento, entendia que esses jogos não eram mais do que cultos aos ídolos.

Essencialmente preocupado com as questões da idolatria Tertuliano refere-se a essas festas como escandalosas, recorrendo à expressão *lusus* para genericamente as caracterizar. Não esqueçamos que na Antiguidade Clássica, nas suas *Metamorfoses*, Ovídio (43 a.C.-18 d.C.), para exprimir a paixão da criança pelo jogo, utiliza a expressão *cupido lusus*. Mitologicamente a expressão parece estar associada aos jogos (*lusus*) de Baco, pois Lusus terá sido filho ou companheiro do deus. No canto III dos Lusíadas, na estrofe vinte e dois, Luís de Camões refere-se também a Lusus, embora em termos etimológicos a relação entre Lusus e Lusitânia pareça estar actualmente bastante desacreditada. O equívoco poderá estar ligado, segundo alguns, a um erro de tradução da expressão *lusus*, interpretada como nome próprio (Lusus o filho de Baco), ou como nome comum (que significa jogo).

Para além de Santo Ambrósio de Milão – também conhecido por *Língua de Mel* – e de São João Crisóstomo, combatem igualmente estas festas, entre outros, Santo Agostinho (354-430) e, mais tarde, Santo Isidoro de Sevilha (560-636), teólogo, doutor da Igreja e um dos grandes compiladores medievais. Agostinho chega mesmo a afirmar que a brincadeira e o riso estão entre o que há de mais ínfimo e desprezível no homem.

Coincidindo com o período final de desagregação do império romana, época de enorme crise económica, política e espiritual, a Regra de São Basílio, redigida no ano de 365 em Cesareia, codifica e apresenta os principais argumentos contra o divertimento e o riso. Estas normas viriam a constituir-se como um dos factores que mais significativamente influenciou outras ordens religiosas.

Num tempo em que a seriedade quase se reduz às coisas de Deus e da Igreja, em que «*Extra ecclesiam nulla salus*», em que fora da Igreja não há salvação, que valor poderia ser atribuído ao jogo?

> «Ai de vós, os que agora rides, porque vos lamentareis e chorareis.»
> (Lucas 6, 25)

Nas exortações que os Pais da Igreja dirigiam ao povo de Antioquia e de Constantinopla, o riso, o divertimento e o jogo, eram entendidos como uma espécie de engano do diabo, como uma *diabólica fraus*. No fundo, a crítica dos Pais da Igreja dirigia-se áquilo que consideravam ser o isolamento dionisíaco do corpo face ao espírito, ou seja, o corpo transformado em instrumento de idolatria.

A este respeito são interessantes as posições do Boca de Ouro (*Golden Mouth*), o epíteto com que, dados os seus extraordinários dotes oratórios, ficou conhecido Crisóstomo. Criticando essas festas e exortando o povo de Antioquia a não participar nelas, fala-nos dos *coros nocturnos* e das *comedias risibles* que homens mascarados faziam. Da *Sexta Homilia* sobre o Evangelho de São Mateus, que no ano 390 dirigiu ao povo de Antioquia, suportando-nos em Rahner (1967: 98), retiramos o seguinte extracto:

> «This world is not a theatre, in which we can laugh; and we are not assembled together in order to burst into peals of laughter, but to weep for our sins. But some of you still want to say: "I would prefer God to give me the chance to go on laughing and joking." Is there anything more childish than thinking in this way? It is not God who gives us the chance to play, but the devil.»

Na sua obra *Cervus,* também São Paciano (360-390), bispo de Barcelona e um dos Pais da Igreja, centra a sua atenção no que considera ser o paganismo das celebrações típicas do solstício de inverno, condenando muitos dos comportamentos dos que, na sua diocese, participam nas mascaradas que se realizam na passagem de ano ou nos dois ou três meses que se seguiam.

Festividades em que a exuberância do canto e da dança, a inversão transitória da ordem social, o simulacro da eleição de reis e imperadores, homens e mulheres que se mascaram do género oposto ou mesmo de animais, os banquetes e sacrifícios, a farsa, o burlesco, o cómico e o satírico, assumem um papel central. É contra estas festas, contra estes jogos e representações, que os Padres da Igreja lançam as suas críticas e condenações.

Seguindo esta mesma tradição condenatória, São Máximo de Turim (380-465), bispo e teólogo, refere particularmente os disfarces *femeniles* e de *animales*, bem como outros disfarces com «aire fantástico y monstruoso».

Já São Tomás de Aquino (1225-1274), apoiando-se fundamentalmente em Aristóteles, no conceito grego de *eutropelia* e em Santo Agostinho (354-430), mais do que nos Pais da Igreja, apresenta uma posição bem distinta, interrogando-se sobre as virtualidades do jogo, do riso e do divertimento. Interrogando-se sobre as virtualidades das coisas consideradas *não sérias*. Suportando-se em Agostinho, que igualmente foi beber à *paideia* grega, argumenta que o jogo ajuda a relaxar e distender o espírito.

No que respeita a Ambrósio e a Crisóstomo, discute criticamente a severidade das suas posições. Na *Summa Theologia*, questiona-se mesmo sobre a possibilidade de haver alguma *virtude* no jogo. Responde afirmativamente concluindo que a procura do *prazer apropriado*, que o jogo pode proporcionar, ajuda a *aliviar* a fadiga e a tensão do espírito. Espírito que, tal como o corpo, precisa de repouso e descanso.

Não admira, pois, que as grandes reflexões e codificações que posteriormente se fizeram sobre o jogo, como as de Alfonso X (1221-1284) em Espanha, que via no jogo um dom de Deus, se baseassem na teoria da *eutropelia* de Aristóteles. O que significa que, sendo a questão central a de harmonizar o apelo instintivo ao jogo com o pensamento teológico e religioso sobre o mesmo, tudo pareça centrar-se no problema social da sua licitude, da sua aceitação ou proibição. Com efeito, é na teoria da *eutropelia* que igualmente se baseia, como referimos anteriormente, o pensamento de Santo Agostinho e de São Tomás de Aquino.

Vejamos o que, a propósito do jogo, na sua *Summa Theologia* (pág. 421), nos diz Tomás de Aquino:

> «El hombre necesita de cuando en cuando del reposo
> corporal, porque sus fuerzas son limitadas e incapaces

para un trabajo ilimitado. Y el alma exige también someterse proporcionalmente a esa misma ley, pues sus energías son igualmente limitadas y, cuando se exceden en el modo de obrar, sienten fatiga. Además, el alma, en sus operaciones, va unida al cuerpo, usando de los órganos sensibles, para realizar sus actos; y cuando sale al mundo de lo sensible, se produce cierto cansancio de la parte animal [...] debemos buscar un placer apropiado que alivie la fatiga espiritual procurando un rebajamiento en la tensión del espíritu.»

Daí que, até pelo menos ao final do século XVI (ainda hoje, embora em bases diferentes), as grandes discussões sobre o jogo se tenham centrado na questão da *licitude* ou *ilicitude* do jogo, na necessidade de responder à *moderação*, de procurar *bons fins*, de respeitar a *gravidade do espírito* e a *dignidade da pessoa*. É nesta posição aristotélico-tomista que se fundam as bases do ideal cristão em relação ao jogo e ao divertimento, bases estas que, de acordo com Theodor Haecker (citado por Rahner, 1967), se constituem como o *background* verdadeiramente humano da civilização ocidental.

É na base de todo este imaginário social que igualmente poderemos compreender aquele ideal cavaleiresco que está por detrás dos jogos competitivos equestres como os torneios medievais, que, marcados embora pela *soberba,* como sugere Huizinga, se mantêm dentro dos limites da *eutropelia*, sendo até, de formas diversas, incorporados pelas autoridades e estruturas simbólico-religiosas reinantes durante o período medieval.

O que não acontecia com os jogos de sorte e azar, tão do agrado das camadas populares, que claramente ultrapassavam esses limites, já que entravam em contradição nomeadamente com a norma religiosa, com a *gravidade do espírito* e a *dignidade da pessoa*.

Alfonso X, o Sábio, no seu *Libro de Tafulerías*, relata o carácter nocivo dos jogos de sorte e azar, tão divulgados entre os soldados. No *Libro de los Juegos,* que versa igualmente sobre temas lúdicos, faz-se a descrição de diversos jogos, como o xadrez, os jogos de dados e outros jogos de sorte e azar, que na altura eram muito apreciados pela nobreza. Nalguns casos tenta-se descortinar a sua proveniência e descrições antigas, que no caso do xadrez parece ter origem no mundo muçulmano. Terá chegado à Europa, primeiro a Espanha e depois a Portugal, através de *Al Andaluz* e das cruzadas.

Esse tipo de jogos, que aos olhos dos teólogos católicos transgrediam com a vida social e religiosa, são fortemente proibidos no decurso do século XIV. Em 1329 D. Alfonso (Alcantud, 1993: 78) estipulava que «cualquier que en su casa tuviera tablero para jugar dados o naipes, caiga en pena de cinco mil maravedís», tal como en 1387 D. Juan I ordena que «ningunos de los de nuestros Reynos sean osados de jugar dados ni naipes en público ni escondido.»

2.3. Ordenações e Constituições Sinodais Portuguesas

Que ninhuñ clerigo [...] dancase publicamente;
nem andasse com touros em corro garrochandoos [...]
nê também andasse em torneos ou em jogos publicos;
nem jogasse tavollas, cartas, dados nem outro jogo de sorte
(Constituições e Estatutos do Bispado da Guarda)

É igualmente no século XIV que os jogos de cartas chegam à Europa, vindos provavelmente da Alemanha e da Itália, embora a sua origem seja árabe e date do século VI. Estes jogos são igualmente mencionados no *Alcorão*. Os jogos de cartas, tal como aconteceu com os dados em relação aos *astragaloi*, também trazem consigo a sua vertente divinatória, no caso as cartas do Tarô.

Em Portugal, os jogos de cartas foram igualmente introduzidos no século XIV, embora só no século XVI (Silva, 1942) se encontrem os primeiros registos que proíbem o seu uso. No que respeita aos jogos de sorte e azar, nomeadamente no caso dos jogos de dados, encontram-se registos anteriores. No reinado de D. Dinis (1279-1325), foram traduzidos para português os tratados de Alfonso X, avô do rei português. No reinado de D. Afonso IV (1325-1357) os jogos de dados estavam já muito disseminados pela população e, ao que parece (Oliveira Marques, 1987: 482), eram «[...] mais populares entre os humildes do que entre os poderosos. Jogavam-se nas *tavolagens* [...]».

A nobreza preferia os torneios e as caçadas, enquanto que o povo era mais dado aos jogos de sorte e azar, dos quais os mais divulgados eram os jogos de dados. De acordo com os registos da época essa situação provocava, por vezes, grandes desacatos, o que exigiu, ao longo dos tempos, sistemáticas intervenções no sentido da regulação desses jogos. A primeira lei proibitiva que se conhece, no que a estes jogos respeita, data de 1304, durante o reinado de D.

Dinis, como nos relatam as posteriores Ordenações Afonsinas de 1446. No Livro V, Título XXXX, parágrafo 1º, lê-se: «Dom Donis, &c. Estabelleceo e pôse por Ley pera todo sempre, que todo aquelle, que armasse, ou fizesse jugar alguum jogo falso, ou em jogo metesse alguũs dados falsos, ou chumbados, que moira porem. ElRey ho mandou. Pero de Moôforte a fez. Era de mil e trezentos e quatro annos.»

Nas Constituições do Arcebispado de Lisboa, decretadas por D. João Esteves d´Azambuja (1402-1414), de acordo com Borges de Figueiredo e Alexandre de Sousa (1887: 95), no Título 35, relativo à proibição dos jogos em certos dias da semana, no sentido de regular comportamentos lúdicos, pouco consentâneos, na opinião das autoridades religiosas, com a fé católica, determina-se que «[...] *nom jugassem os dados desde vésperas de Natall ataa oyto dias andados de janeiro.*»

No início do reinado de D. Afonso V (1448-1477) vigoravam ainda, no que aos jogos dizia respeito, as normas do tempo de D. Dinis. Com as Ordenações Afonsinas, promulgadas em 1446, essas leis, consideradas *muito ásperas*, são alteradas, mas a atitude de considerar os jogos de sorte e azar ilegais, proibindo-os, mantém-se. Nesta compilação jurídica, no Livro V, Título XXXXI, denominado *Que nom joguem a dados dinheiros, nem aja bi tavollagem*, colocando-se o rei «*a serviço de DEOS*», e porque os homens «*dizem muitas e muy mas palavras*», «*induzidos pello joguo dos dados*», tendo em conta que daí decorrem muitos danos, decreta que ninguém, ele próprio ou pessoa de qualquer estado ou condição, «*nom tenha tavollagem em praça, nem em escondido*». As razões de tais medidas justificam-se, nas Ordenações Afonsinas (Livro V, Título XXXXI, parágrafo 2), da seguinte forma:

«E porque muitos homeês, nom esguardando o bem de Deos, nem a prol da terra honde som, dizem muitas e muy

mas palavras doestando DEOS, e sua Madre, e os santos
[...] e confirando nós como a este peccado, e a outros
muitos som os homeês induzidos pello joguo dos dados
[...] grandes dampnos [...] e ao serviço de DEOS os tornar
[...] e a prol de nosso Senhorio.»

É nesta base que as Ordenações referem de seguida que

«[...] hordenamos e estabellecemos por Ley, que nós, nem
outrem de nosso Senhorio, de qualquer estado e
condiçom que seja, nom tenha tavollagem em praça, nem
em escondido.»

O documento enumera uma série de punições que viam da
perda do dinheiro que fosse encontrado no local onde decorria o jogo,
a multas em cinco libras, à prisão durante dez dias ou a *dez açoutes*
dados publicamente. No parágrafo 8 deste Título, recorda-se o já
estabelecido por de D. Fernando (1367-1383), altura em que a todos
os que jogassem dados a dinheiro se ordenava «*que percam as roupas
que tiverem vestidas*» e permaneçam presos durante quinze dias. No
parágrafo 10 do mesmo Título, que reproduzimos parcialmente,
refere-se que já no tempo de D. João I (1385-1433) o que expressa
claramente a adesão das camadas populares e este tipo de jogos, se
havia ordenado que

«[...] nom seja nenhuǔ tam ousado, que jogue a dados,
em pubrico nem em escondido, galinhas, nem fragoôs,
nem pattos, nem leitoões, nem carneiros[...] nem outras
carnes algumas [...] outro fy, nem lampreas [...] nem
outros pescados [...] nom joguem preços per penhores a
vinho, nem agua[...] ſalvo se for vinho para beber logo [...]
»

Numa altura em que vigoram ainda as Ordenações Afonsinas, as Constituições e Estatutos do Bispado da Guarda, impressas em Salamanca no ano de 1500, estabelecem que, por serem momentos em que muitas desonestidades e blasfémias ocorrem, nenhum clérigo deverá jogar às cartas, a dados ou a quaisquer outros jogos ilícitos. Como não podem igualmente ter ou dar *tavolagem*, comer ou beber em tabernas, lutar ou participar em jogos com touros.

As Ordenações Manuelinas, nova codificação promulgada por D. Manuel (1495-1521) em 1521, no Livro V, Título XLVIII, também se referem aos jogos de dados, bem como aos de cartas, proibindo-os severamente, interditando as pessoas de trazerem as cartas consigo, de as terem em casa, de as trazerem de fora, de as fazerem ou venderem, de as falsificarem. Quanto às punições refere igualmente a prisão, as multas e os açoites públicos.

No parágrafo 1 do Título antes referido ordena-se que quem vender, fizer cartas ou as trouxer de fora, será preso e pagará uma multa. No caso de ser de condição inferior pagará vinte cruzados e será «*açoutado publicamente com baraço e preguam*», se for de condição superior pagará quarenta cruzados e será «*degradado huǔ anno pera Nosia Cidade de Cepta*». Por sua vez, fazer dados ou falsificar cartas, como expressa o parágrafo 4, acarreta ser acoitado publicamente ou degradado durante 10 anos para a ilha de São Tomé, conforme a condição social do transgressor. Punições idênticas prevê o parágrafo 5 para aqueles que fizerem *tavolagem*.

> «E mandamos que pessoa alguûa de qualquer condiçam e qualidade que seja, nom leve dinheiro de tavolagem por joguarem em sua casa»

Esta atitude moralizante em relação ao jogo, nomeadamente no que aos jogos de dados e de cartas respeita, se de alguma forma vem já de longe, nomeadamente dos Pais da Igreja e particularmente de Crisóstomo, onde o jogo é apresentado como uma invenção diabólica, surge também em Gil Vicente e no seu Auto da Feira (1527), onde assistimos a um diálogo entre o Diabo e o Serafim, diálogo em que as cartas de jogar aparecem como uma das formas de *comércio* do Diabo (Gil Vicente, 1983: 154).

> «Serafim – Venderás muito perigo,
>   que tens nas trevas escuras.
> Diabo – Eu vendo perfumaduras,
>   que, pondo-as no embigo,
>   se salvam as criaturas.
>   Às vezes vendo virotes,
>   e trago d´Andaluzia
>   naipes com que os sacerdotes
>   arreneguem cada dia,
>   e joguem até os pelotes.»

Tendo por base a compilação jurídica das Ordenações Manuelinas, as constituições dos Bispados e Arcebispados Portugueses não ignoram a problemática do jogo, o que revela a importância que esta temática sempre teve quer para as autoridades seculares quer para as autoridades religiosas.

As Constituições são unânimes em proibir, aos clérigos, os jogos de dados e de cartas, definindo muito especificamente as sanções em que ocorrem, no caso de prevaricação. Tal como acontece com as Ordenações, distinguem também entre jogos lícitos e ilícitos, podendo os clérigos jogar os primeiros, embora em circunstâncias e contextos bem definidos.

As Constituições do Bispado de Évora, impressas em Lisboa no ano de 1534, por German Galharde, referem muito claramente que os sacerdotes não podem jogar dados, cartas ou outros jogos, proibindo-os igualmente de terem *tavolas* de jogo. As Constituições do Arcebispado de Braga, impressas pelo mesmo German Galharde em

1538, nas constituições nona e décima, dirigidas ao povo, ordenam que nas igrejas e nos adros «*nam façam audiêcias Jeculares*», «*nê feiras*», «*nem mercados*», «*nem comã nem bebam nem bailê*», «*nem façam jogos nem representações*», «*nã comã nem agarrochem touros*», pois esses jogos e representações provocam escândalos e desacatos no coração daqueles «*que nam estã mui firmes na nossa santa fe catholica*». Refere-se ainda, na constituição décima, que quem fizer o contrário será punido em quinhentos reis.

Para evitar os excessos do povo e dos próprios sacerdotes, também as Constituições Sinodaes do Bispado Dangra, impressas por João Blávio de Colonia, em 1560, proíbem os jogos de dados e de cartas. Ao clérigo (fólio 43) ordena-se «[...] *que não jogue cartas, dados, mancaes, nem outro jogo algǔ* [...]», sob pena de serem condenados ao pagamento de oitocentos reis. A preocupação com estes comportamentos, desonestos e vergonhosos, faz com que, mais à frente, no fólio 51, se volte ao assunto, instituindo-se «[...] *que os Clerigos não joguem dados nem cartas nem outros jogos semelhantes. E que elles não tenham távola de joguo.*» É que, refere ainda o fólio 5, para além de esses jogos serem, uma perda de tempo, os sacerdotes perdem neles as suas «[...] *fazêdas & rêdas que se devê empregar em outras obras*», a que acresce o facto de no decurso e seguimento de tais jogos se registarem muitas « [...] *blasfemias & perjuros & graves ofensas de nosso Señor.*»

Em relação ao povo a preocupação é impedir que esses comportamentos ocorram nos adros e no interior das próprias igrejas. No fólio 57 das Constituições do Bispado Dangra ordena-se o seguinte:

> «Por que na Constituição precedente falamos dos que Je acolhem ás ygrejas, pera atalhar aos excessos que nellas podê cometer, statuymos & ordenamos que daquy em diante os que se acolherem ás ygrejas de nosso Bispado, estejam nellas honesta & recolhidamente, & não joguem

jogo algû [...] nem se ponhão nas portas das taes ygrejas ou adros a zombar ou tanger violas.»

No entanto, quer estas quer outras Constituições, prevêem que, em circunstâncias específicas, os sacerdotes, por razões de recreação, possam jogar quer os jogos por direito considerados ilegais quer os jogos considerados lícitos e honestos. No que toca a jogar à bola, à pela ou à choca, os sacerdotes são proibidos de jogar em público, situação considerada incompatível com o seu estatuto de homens afeiçoados às coisas de Deus e da Igreja. Quanto aos jogos de sorte e azar, a situação depende dos montantes que se joga e do contexto social em que o jogo ocorre.

As Constituições Sinodaes do Bispado Dangra, no fólio 51, dizem-nos que os sacerdotes não podem jogar, em público ou em privado, jogos de fortuna, «*como algŭs atee agora faziam*», sob pena de serem punidos com o pagamento de mil reis, multa que passaria para o dobro em caso de reincidência. Neste mesmo fólio esclarece-se que

«Tolleramos porem que possam juguar em suas casas & lugares honestos para vinho & fruta ate preço de meo tostão. & se juguarem ho enxadrez, ou outro jogo de industria & não de fortuna o permitimos, com tal que não passe de hŭm tostão.»

Por sua vez, as Constituições Synodaes do Bispado de Miranda, que englobava a zona de Bragança, publicadas em Lisboa por Francisco Correa, em 1565, de que Emanuel da Veiga, frade e inquisidor, havia sido um dos antigos possuidores, afirmam que «*polos grandes pecados que se cometem em jogos*», pelos juramentos, blasfémias e pelejas que tais jogos provocam, os sacerdotes não podem jogar cartas, dados, ou outros jogos a dinheiro, como não podem ter *tavolas* de jogo. Para de seguida, na constituição terceira, referirem as circunstâncias em que os eclesiásticos se podem dedicar a estas actividades.

«Porem pera sua recreação lhes permitimos que possam jugar jogos honestos pera fruta, ou outra cousa, ate contia de trinta reis [...] com tanto que feja em lugares honestos, & nam seja com leigos, nem em rua, nem em praça, nem em ygreja, nem outro lugar publico, nem jogo em que possam ser notados, como sam choca, ou bolla, ou pela em publico.»

As Constituições do Bispado de Coimbra, ordenadas pelo bispo Dom Affonso de Castel, impressas em 1591, na constituição XIIII, intitulada *Dos que jogão cartas ou dados*, referem, no que aos clérigos respeita, que

«Não lhe proibimos os jogos lícitos ou permitidos por direyto & leys do Reyno para sua recreação, os quaes todavia não jugarão na rua, nem em lugares públicos onde concorram muytos seculares a jugar & ver o jogo, ainda que seja a bola ou mancaes.»

Assim, os clérigos poderão jogar em suas casas, em espaços fechados onde não haja leigos, jogos lícitos, jogos que jogarão com outros sacerdotes «*ou ainda leygos bem acustumados*». Proíbe-se, desta forma, que os eclesiásticos joguem publicamente, «*principalmente despindose em calsas & gibão*», como desrespeitosamente, afirmam as próprias Constituições, alguns clérigos fazem.

Para terminar esta breve incursão pelo que algumas Constituições de Bispados ou Arcebispados nos dizem, sobre os comportamentos que leigos e sacerdotes, no que ao jogo respeita, devem acatar, vejamos o que nos dizem as Constituições Synodaes do

Bispado de Leiria, ordenadas por D. Pedro de Castilho e impressas em Coimbra por Manuel d'Araújo, no ano de 1601.

No Título Catorze, Constituição VII, estabelece-se que os clérigos não joguem cartas, dados, ou outros jogos proibidos, estando igualmente impedidos de darem *tavolagem* em suas casas. Podem, no entanto, para sua recreação, jogar jogos lícitos e honestos, desde que não seja publicamente ou a dinheiro. O desrespeito por estas normas é punido com o pagamento de quinhentos reis, multa que, a persistir a infracção, poderá passar para o dobro. Aqueles que, mesmo assim, não arrepiarem caminho, «*seram presos & castigados com mais rigor.*»

No Título Trinta e Quatro, Constituição Única, intitulado *Que ninguem de tabolagem em sua casa ou jogue ante Missa*, procura-se regular o comportamento lúdico do povo aos domingos e dias de guarda, afirmando-se:

> «E outro si, defendemos, sob pena de duzentos rês pera os meirinho, que nenhũa pessoa em os Domingos & festas de guarda, jogue jogo algum, ate serem acabados os officios divinos. & a mesma pena pagará, quem em sua casa ou quintaã consintir jogo no dito tempo.»

As Ordenações Filipinas, nova compilação jurídica que reforma o código Manuelino, concluídas no reinado de Filipe I (1581-1598) mas só definitivamente promulgadas em 1603, já no reinado de Filipe II (1598-1619), reestruturam os procedimentos a seguir em relação aos jogos de cartas e de dados. Esta reestruturação é registada no Livro V, Título LXXXII, denominado *Dos que jogão dados ou cartas, ou as fazem ou vendem, ou dão tabolagem, e de outros jogos defesos*.

Tabolagem é a expressão usada para designar as casas de jogo, expressão que parece derivar de *tabola*, peças redondas de osso, marfim ou madeira que eram usadas nos jogos de sorte ou azar, como o gamão ou as damas. Recorde-se o que anteriormente referimos a propósito dos ossinhos, dos *astragaloi*.

Estas Ordenações especificam igualmente o tipo de punições que deverão sofrer os que se dedicam a estes jogos. Punições essas que são definidas em função da infracção cometida e da condição social do infractor. Concretizando, quem fizer cartas, as trouxer de fora do Reino ou as vender, se for de «*maior condição*», será punido com quarenta cruzados e um ano de degredo em África. Será preso e pagará vinte cruzados, «*se fôr peão*». Noutras infracções a pena poderá ir até dez anos de degredo no Brasil.

As Ordenações abrem no entanto algumas excepções, pois reconhecem que as pessoas precisam de se distrair, de se divertirem. No parágrafo 1 do Livro V, Título LXXXII, depois de se especificarem algumas das punições a aplicar às pessoas que desrespeitem as normas definidas, afirma-se

> «[...] salvo se jogarem os jogos que em taboleiros se jogão com tabolas, os quaes lhe não vedamos, porque as pessoas tenhão com que se desenfadem.»

No caso das Ordenações Filipinas esta atitude punitiva, anti-lúdica, centrada na questão da *licitude* ou ilicitude do jogo, na necessidade de responder à *moderação*, de procurar *bons fins*, de respeitar a *gravidade do espírito* e a *dignidade da pessoa*, de acordo com o princípio aristotélico da *eutropelia*, alarga-se a outro tipo de jogos, nomeadamente os jogos com bola. Vejamos o que dizem a este propósito os parágrafos dez e onze do Título anteriormente referido.

> Parágrafo 10 – «E qualquer pessoa, que ao Domingo, ou dia de festa, que a Igreja manda guardar, antes da Missa do dia, jogar a bola, pagará de Cadèa quinhentos réis para quem o accusar. E na mesma pena incorrerá qualquer Official machanico, ou homem de trabalho, que na Côrte,

ou na cidade de Lisbôa, jogar a bola pela semana em qualquer dia, que não seja de guarda.»

Parágrafo 11 – «E aos scravo, que forem achados em qualquer parte de nossos Reinos, culpados em cada hum dos casos acima ditos, ou jogando outro qualquer jogo na Côrte, ou na cidade de Lisboa, ser-lhes-hão dados vinte açoutes ao pé do Pelourinho, salvo se seu senhor quizer pagar por o seu escravo quinhentos réis para quem o prender, e que o não açoutem.»

Assiste-se, pois, pelo menos a partir de D. João II (1455-1495), à publicação de todo um conjunto de normas que encerram em si algo de contraditório. Por uma lado, uma atitude repressiva em relação aos jogos de sorte e azar, na lógica da *eutropelia,* por outro lado, o seu enquadramento e legalização, dadas as implicações económicas que estão envolvidas. Durante os séculos XVII e XVIII a situação mantém-se, continuando estes jogos a ser proibidos.

A importância que estes jogos assumem, durante estes dois séculos, é de tal forma grande, que mesmo jogos considerados legais passam a ser um pretexto para apostas que envolvem valores cada vez mais elevados. Rebelo da Silva (1871: 524-525) diz-nos a este propósito: «*Os jogos lícitos como a bola, o xadrez, as damas, a péla, que antes se apostavam a vintém cada partida, em 1682 levavam grossas somas e por casos saíam ruinosos.*»

Mais próximo de nós, em pleno século XIX, renova-se a sua proibição através do Código Penal de 1886. Já no século XX, na base do D. L. nº 41562 de 1958, os jogos são proibidos mas apenas quando ocorrem fora das zonas legalmente autorizadas para a sua prática.

2.4. O Jogo e as Hesitações da Pedagogia

A minha pátria é onde me sinto bem
(Ubi bene, ibi patria)

Para além dos mais conhecidos jogos, festas, torneios ou competições dos adultos, também as crianças tinham os seus jogos e os seus brinquedos, jogos e brinquedos onde já é bem visível a diferenciação social.

Muito na base da ideia de que os brinquedos *acalmam* as crianças encontramos, ao longo de todo o período medieval, múltiplas miniaturas de utensílios domésticos, bonecos, guizos, miniaturas de barcos, carroças, moinhos, andarilhos, cavalos, como o célebre cavalo de pau, ou então o *diábolo,* hoje tão do agrado das nossas crianças e jovens.

Vestígios diversos, objectos de uso quotidiano, brinquedos, a literatura (Homero, Aristófanes, Platão, Aristóteles, Plutarco, Virgílio), a pintura (dos Livros de Horas às pinturas de Brueghel, Dürer, Bosch e muitos outros), mostram como o interesse pelo jogo se expressou ao longo dos tempos. Platão reconhece já que pelo menos até aos seis anos a criança precisa de se divertir. Aristóteles confronta-nos com o valor formativo dos jogos das crianças, chegando mesmo a falar na necessidade de nortear e dirigir essas actividades de forma a dar-lhes um maior valor educativo.

Também no plano dos esforços para tentar compreender o jogo, a sua importância e valor, o seu papel na educação e desenvolvimento da criança, encontramos múltiplos testemunhos, uma diversidade e heterogeneidade de posições sobre o seu significado pedagógico.

A discreta entrada dos jogos e dos brinquedos na pedagogia deve-se, de alguma forma, a Erasmo de Roterdão (1469-1536) e a Jean-Louis Vives (1492-1540), que nos seus tratados sobre educação, várias vezes reeditados e considerados um dos fundamentos da pedagogia moderna, falam da importância dos jogos e dos brinquedos, fazendo alusão a um significativo número de jogos, nomeadamente de destreza.

Jean-Louis Vives, que entende, à semelhança de Erasmo, que a educação e o estudo devem ser um *divertimento* e não um castigo, considera que o jogo é uma ferramenta essencial a uma melhor compreensão das capacidades dos alunos, afirmando: «Exercitar-se-ão nos jogos, que também permitem a expressão dos talentos e dos dons naturais, sobretudo entre as crianças em que nada existe de fictício e tudo se processa de maneira espontânea, porque toda a competição faz nascer e manifestar aptidões.» (*Tradentis Disciplinis*, Livro II, Capítulo IV, citado por Hoz, 1956). Não deixa, no entanto, de se colocar numa posição moralizante em relação aos jogos, afirmando, nos seus *Diálogos,* que as crianças que brincam aos ossinhos – mais uma vez a presença dos *astragaloi* de que já falámos – estão *perdidas* e tornar-se-ão *más*.

Conhecer melhor as capacidades da criança, os seus interesses e motivações, saber colocar-se nos seus pontos de vista e não apenas no do adulto sabedor e experimentado, é algo em que Erasmo também insiste, expressando-o desta forma: «Diz-se que não há nada como o jogo para descobrir o carácter das crianças. Aquela que se sente inclinada a aldrabar, mentir, bater, que é dada à violência, à cólera, ao orgulho, manifesta claramente, no jogo, estes vícios da sua natureza» (citado por Manson, 2002, pág. 55).

Considerando que uma das tarefas essenciais do professor é saber fazer-se amar pelos seus alunos, saber conquistá-los e seduzi-los, recomenda o *exercitatio*, ou seja, a repetição frequente dos exercícios físicos, acentuando também, algo ainda hoje fortemente marcado no imaginário de muitos professores, as relações entre competição e motivação, algo que o jogo permitiria amplificar.

Expressa-o da seguinte forma a propósito da utilização didáctica dos jogos, (citado por Manson, 2002, pág. 53), a dimensão do jogo que mais interessa a Erasmo no que respeita à aprendizagem da leitura:

> «Um jogo destes é ainda mais frutuoso se for organizada uma competição entre duas ou três crianças do mesmo nível, pois a esperança da vitória e o receio da desonra tornam os concorrentes mais atentos e animados»

A festa pré-moderna, que Bruegel tão magnificamente representou nos seus quadros, é, acima de tudo, uma celebração campesina. Toda esta festividade campesina, com as suas celebrações carnavalescas, juntamente com as manifestações de cariz agónico e guerreiro dos torneios — no contexto do sistema cavaleiresco da luta nobre como ideal e sentido supremo de vida que terá atingido a sua expressão máxima no Bushido japonês — a que acresce o gosto pela caça, são a marca essencial do «*ludus*» medieval.

Com a Idade Moderna, assistimos a uma inflexão de natureza apolínea, a uma crescente *cerimonialização*, regulação ou repressão, destas manifestações lúdicas. Os torneios sofrem uma rígida regulamentação. O seu antigo carácter agónico e guerreiro assume a forma de jogos equestres em que o adversário já não é um adversário real. É simbolicamente substituído por um manequim ou um simples anel que a lança do cavaleiro deve atravessar.

As manifestações de natureza mais popular, com toda a dimensão dionisíaca que as caracteriza, são recorrentemente alvo dos esforços de proibição ou profunda transformação por parte das autoridades religiosas. No que respeita aos jogos de sorte e azar, nomeadamente os jogos de naipes, no contexto de uma sociedade crescentemente virada para o comércio e a mercantilização, assistimos a novas formas de regulamentação e proibição, que embora venham já do século XIV, adquirem inequivocamente um maior alcance no século XVI.

Com Rabelais (1483-1553), o autor de *Gargântua* e de *Pantagruel*, os jogos entram definitivamente na literatura. No entanto Rabelais está longe de se interessar pela pedagogia. É, no entanto, o autor francês que mais informações nos deixa sobre as ideias que os seus contemporâneos tinham sobre a educação e o desenvolvimento da criança.

A sua obra chama a atenção para o universalismo da festa popular, para a indissociabilidade da festa e do jogo, colocando-se de alguma forma numa posição que opõe o *grotesco e o lúdico* à *cultura séria*, que opõe o jogo e a frivolidade (a infância afinal) à seriedade da educação, à seriedade dos valores do adulto.

Com efeito, Rabelais, à semelhança de Montaigne, como veremos de seguida, fala-nos com algum desdém dos jogos e dos brinquedos. Estes são vistos como objectos essencialmente *frívolos*, um *luxo inútil*, perigosos até, pois desviam e distraem a criança em desenvolvimento dos seus estudos, das aprendizagens sérias a que diligentemente se deve dedicar.

No entanto os brinquedos não deixam de entrar na educação da criança nos primeiros quatro ou cinco anos de vida, mas são logo retirados e substituídos pela seriedade da educação que os seus pais e mestres lhes querem dar.

Pequeno ainda, Gargântua, como todas as crianças, recebe brinquedos onde estão incluídos os brinquedos sonoros, rocas e guizos, o que muito o diverte, como nos diz Rabelais. Mais tarde, por volta dos dois a três anos, recebe uma diversidade de brinquedos onde estão essencialmente incluídos uma diversidade de armas e um grande cavalo de madeira. Com estes brinquedos, a criança entra no mundo do faz-de-conta e diverte-se inventando histórias e aventuras, construindo os seus próprios cavalos fictícios, entrando num inesgotável espaço de ilusão e de fantasia.

Nesta fase do desenvolvimento de Gargântua, com brinquedos que estimulam a ficção, Rabelais diz-nos que outras aquisições são igualmente realizadas, valorizando essencialmente o facto de esses jogos promoverem a aprendizagem da equitação e do equilíbrio.

No entanto, toda esta panóplia de jogos e brinquedos, de actividades lúdicas em que Gargântua se envolve, com tanto prazer e divertimento, termina abruptamente quando, por volta dos cinco anos, os pais de Gargântua decidem educá-lo *seriamente*, passando essa educação a ser ministrada por mestres competentes.

Para Rabelais, que ignora o papel pedagógico dos jogos e dos brinquedos, a *seriedade da educação* exige o corte e a ruptura com o *mundo dos jogos* e dos brinquedos.

Montaigne (1533-1592), nos seus *Essais*, que são publicados quase no final do século XVI, apresenta-nos uma concepção do jogo que encerra, no mínimo, alguma ambiguidade. Por um lado reconhece, indiscutivelmente, no seguimento do que defendia o seu mestre Erasmo de Roterdão, que os jogos infantis são indispensáveis ao desenvolvimento da criança.

Por outro lado, não se inibe de afirmar, à semelhança de Rabelais, que os brinquedos são um luxo inútil que desvia do estudo e que só se tornam úteis quando promovem o desenvolvimento das crianças, ou seja, quando pedagogicamente são úteis à sua educação.

Chega mesmo a criticar os pais que oferecem brinquedos aos seus filhos, enquanto pequenos, e depois descuidam a sua educação resistindo a fazer as despesas necessárias a essa mesma educação. É como que os jogos, «os jogos infantis não são jogos», afirma Montaigne, só tenham um real interesse quando podem ser utilizados pedagogicamente.

Neste sentido Montaigne valoriza claramente os jogos, elegendo-os mesmo como um dos pilares da sua pedagogia. Diz-nos a este propósito nos seus *Essais*: «Os próprios jogos e o exercício constituirão boa parte do estudo» (citado por Manson, 2002, pág. 67), enfatizando o papel da actividade física, da alegria, do divertimento, dos recreios, na educação da criança. Verdadeiramente sério para a criança o jogo deve ser pedagogicamente orientado e, neste sentido, é um instrumento essencial ao dispor de todo o educador.

As reflexões que Montaigne faz sobre o jogo e sua importância na educação da criança estão em grande parte sintetizadas naquela frase dos *Essais*, talvez a mais citada do autor a propósito do seu interesse pelo jogo, em que no capítulo *De l'institution des enfants* afirma: «Il faut noter que les jeux des enfants ne sont pas jeux, et les faut juger en eux comme leurs plus sérieux actions.» (citado por Daeschner, 1984, pág. 110), autêntica justificação de uma pedagogia pelo jogo.

Durante os séculos XVI e XVII as reflexões sobre o papel do jogo na sociedade continuam a centrar-se na teoria aristotélica da *eutropelia*, no pensamento tomista e na moral católica, no bem público e na ordem social, no contexto das monarquias católicas. O que significa dizer, particularmente no caso dos jogos de sorte e azar, que se trata de toda uma discussão sobre a moral pública e a orientação das consciências. O que não invalida que, como referimos antes, nesta altura se assista já a uma contradição entre a questão económica e a questão moral.

Bastaria para o efeito recordar que é precisamente nos séculos XVI e XVII que os vendedores de brinquedos, os mercadores ambulantes que vendiam os brinquedos mais populares nas cidades por altura das feiras e mercados, ganham maior expressão e saem definitivamente das sombras em que se mantinham. São de alguma forma os precursores, se ignorarmos aquele pequeno artesanato de que já há vestígios na Antiguidade Clássica, da actual indústria dos brinquedos.

Os jogos, os passatempos e o entretenimento, para os tratadistas deste tempo, são necessários ao descanso da alma e à recreação do espírito. Mas o prazer e o deleite que deriva dessas actividades pode ser bom ou mau, construtivo ou destrutivo, chegando-se mesmo a classificar os jogos, na base do maniqueísmo desta visão, em jogos espirituais, humanos e diabólicos. Se por um lado se reconhece que *é mau não jogar*, impossibilitando o corpo e a alma de poderem deleitar-se jogando, por outro lado o jogo, sobretudo quando em excesso, *é mau*, uma porta aberta à degradação e aviltamento moral.

É neste contexto que se considera que a prudência e o decoro, virtudes renascentistas, devem regular e guiar a moral do jogo. Assim, tendo por base esta atitude moralizante em relação ao jogo, a variedade e a novidade, condições essenciais do deleite, a recreação e o entretenimento saudáveis, são recomendados em função das condições sociais, idade e género de cada pessoa. A título de exemplo, para o género feminino recomenda-se a boa leitura, os lavores, a não participação em jogos e actividades que envolvam o uso de palavras jocosas ou movimentos indecorosos. O *decorum*, o recato e a compostura, deviam guiar a moral do jogo das *donzelas* e das *matronas* exemplares.

Com a Contra Reforma e a Companhia de Jesus, que se opõem frontalmente a toda uma educação fundada no culto do ideal cavaleiresco, privilegiando o intelecto, a educação da virtude, as letras, acentua-se a atitude repressiva e moralizante em relação ao jogo e à actividade física. Não surpreende, pois, que esta atitude se alargue à educação e jogos das crianças, como ocorre com o que se considera ser a primeira obra que específica e exaustivamente descreve os jogos das crianças, obra publicada em Paris no ano de 1657 e intitulada *Les jeux et plaisirs de l'enfance*.

Já em pleno século XVII, numa altura em que às concepções que viam a criança de forma positiva e realçavam a sua *inocência* se contrapunham as concepções negativas que a viam como o *pecado original* ou a encarnação do mal, numa altura em que se falava em *compaixão pelas crianças* e em *pedagogia suave*, numa altura em que o lugar do brinquedo na vida e na educação da criança continuava a ser muito modesto, Coménio (1592-1670), considerado o pai da pedagogia moderna, surge como um verdadeiro *Galileu da educação*, valorizando desde logo o papel dos jogos e dos brinquedos na educação da criança, ultrapassando claramente uma posição meramente moralizante em relação ao jogo.

Opondo-se radicalmente ao pensamento teológico (ele próprio era teólogo) da altura, de que o Cardeal de Bérulle era o paradigma ao sustentar que «depois da morte a infância é o estado mais vil e abjecto da natureza humana» (citado por Manson, 2002, pág. 155), Coménio afirma, inequivocamente, que a criança é o bem mais precioso da humanidade.

Tendo em grande consideração o mundo da criança, dos seus jogos e dos seus brinquedos, funda o que hoje poderíamos chamar uma pedagogia centrada na criança, nos seus interesses, expectativas e motivações, uma pedagogia valorizadora da comunicação e do diálogo, das interacções, da participação activa da criança na construção das suas aprendizagens, e, acima de tudo, uma pedagogia da cooperação e da partilha, da ajuda mútua, que a todos procura valorizar e incluir.

Posições que desenvolve ao longo de uma vastíssima obra da qual gostaríamos de realçar a *Didáctica Magna, A Escola da Infância, O Mundo Sensível* e a *Porta Aberta das Línguas*. Este último livro, que tem um capítulo intitulado *Dos Jogos e Brinquedos ou Actividades Recreativas*, faz uma alusão às várias idades da vida, afirmando a propósito das primeiras idades: «Do berço, passamos ao parque e à andadeira, onde a criança de dois anos forma e molda o seu corpo, aprendendo a andar, começando a falar, divertindo-se com rocas ou relas, bonecos ou bonecas, e outras actividades infantis.»

Grande defensor do papel dos pais na educação dos seus filhos, recomenda-lhes que lhes proporcionem oportunidades para os jogos e os exercícios físicos, actividades que considera muito benéficas para a saúde da criança.

No entanto, como pedagogo que era, vai mais além e insiste em que essas actividades devem dar prazer e alegria, que pais e filhos se devem divertir com elas. Em relação às primeiras idades chega mesmo a afirmar que esses jogos conjuntos, embalar, brincar com as mãos das crianças, cantar, agitar guizos e rocas, estimulam o espírito da criança e promovem o seu saudável desenvolvimento. Atribui uma grande importância aos jogos e aos brinquedos salientando que os jogos promovem a aprendizagem e têm um valor formativo na educação da criança, devendo a escola ser considerada como um lugar universal de jogos, como um *universalis ludus*.

No que respeita à importância atribuída ao jogo no desenvolvimento e educação da criança, ainda durante o século XVII, devemos igualmente tecer algumas considerações sobre o pensamento de autores como La Fontaine, Descartes, Bacon e John Locke.

La Fontaine (1621-1695), embora não tenha produzido grandes reflexões sobre o jogo, deixou no entanto nalgumas das suas fábulas um ligeiro testemunho do que os seus contemporâneos pensavam sobre o assunto. Num primeiro poema (citado por Manson, 2002, pág. 145), que certamente desencadearia não poucas reflexões da parte de algum psicanalista actual, La Fontaine escreve,

> «O que passa pela fantasia de uma criança
> Logo tem de ser realizado
> Se não a quisermos ouvir sempre chorar.»

para num segundo poema, a propósito da relação afectiva das crianças com os seus brinquedos afirmar:

> «Foi isso há muito, na infância

Do mundo; e, na infância, a gente
Dá valor, dá importância
Aos seus bonecos, somente.»

Descartes (1595-1650) e Bacon (1561-1626), por sua vez, valorizam igualmente o papel educativo dos jogos, posição que posteriormente (século XVIII) virá a ser aprofundada, nomeadamente na base do trabalho desenvolvido por Jean-Jacques Rousseau.

A importância de Descartes e Bacon para a história dos jogos educativos é realçada por Rabecq-Maillard (1969) quando afirma que estes dois autores « [...] *insisten en la necesidad de hacer provisión de hechos y conocimientos reales antes de ejercer las habilidades de la retórica o las sutilidades de la lógica»,* para concluir que contribuíram activamente para *«a puesta en marcha de una pedagogía nueva, basada en la dulzura y el placer»* (pág. 22).

John Locke (1632-1704), que desenvolve o seu trabalho já na transição do século, teve conhecimento da obra de Coménio e, à semelhança deste, apresenta uma atitude claramente valorativa em relação ao jogo, o que não o impede de, tal como a generalidade dos pensadores do século XVII, o considerar igualmente uma *actividade inútil*.

Ou seja, se por um lado considera o jogo como uma actividade natural, normal e necessária da criança, por outro lado considera-a inútil, devendo o educador, logo que possível, desviar os desejos e a criatividade natural da criança, do jogo para o *trabalho útil*, para que prefira o trabalho ao jogo.

Assim, para Locke, o jogo é uma actividade que pode ser substituída por outra, de preferência mais útil, pois apesar da importância que atribui ao jogo, de considerar que contribui para *formar o espírito da criança*, este não deixa de fazer parte desse conjunto de *coisas pouco dignas de consideração*.

Na linha de um forte utilitarismo, o jogo e os brinquedos ganham importância na medida em que podem ser alvo de uma utilização pedagógica, na medida em que o próprio estudo, como afirma Locke, se pode tornar num jogo, num passatempo para a criança.

Esta utilização pedagógica do jogo está bem patente na opinião de Locke a propósito do número de brinquedos com que a criança deve brincar, defendendo que o deve fazer com um de cada vez. Só quando a criança entrega aos adultos o brinquedo com que está a brincar, estes lhe devem dar outro.

Esta atitude justifica-se, segundo Locke, por razões económicas, de moralidade e de pedagogia, de forma a evitar que a criança se torne possessiva, caprichosa ou negligente. O sentimento de posse e de poder deve igualmente ser combatido ensinando a criança a partilhar os seus brinquedos com outras crianças. John Locke esboça também uma primeira classificação dos brinquedos, organizando-os em três grandes grupos.

Num primeiro grupo considera aquele tipo de brinquedos que a criança recupera do seu meio envolvente (pedrinhas, areia da praia, papel, objectos do quotidiano dos adultos), já que tudo em que toca transforma em brinquedo.

Num segundo grupo estão os brinquedos que as próprias crianças fazem e inventam, por vezes com a ajuda dos adultos ou de crianças mais velhas. Locke entende que os adultos devem incentivar e ajudar as crianças a construírem os seus próprios brinquedos, o que para além da destreza, da imaginação e da criatividade, promove também uma ligação mais forte entre a criança e os seus pais. Da mesma forma que desenvolve um maior interesse, cuidado, estima e preocupação, por esses brinquedos. Enfatiza de tal forma este ponto que acaba por considerar que a construção de brinquedos pelas próprias crianças pode funcionar como a base essencial de um projecto educativo e pedagógico.

Finalmente, num terceiro grupo, considera aquele tipo de brinquedos que, porque as crianças os não conseguem construir, os pais poderão comprar. Estão nesta situação alguns daqueles brinquedos que desenvolvem a *destreza* da criança (piões, volantes, bolas), área a que o filósofo inglês dá grande atenção, recomendando grandemente a *cultura física*, a prática de *jogos físicos* e de *jogos de destreza*.

Trilhando os percursos já abertos, nomeadamente por Coménio e Locke, no século XVII, os pedagogos do *Século das Luzes* continuam a reflectir sobre o lugar a atribuir aos jogos e aos brinquedos na educação da criança.

O século XVIII caracteriza-se, relativamente às leis que no século anterior proibiram o jogo ilícito, por um espírito menos tolerante no que toca aos jogos de sorte e azar, acentuando-se a necessidade de, com a emergência da lotaria, melhor regular essas actividades.

Face a estes novos jogos, que desde cedo os Estados tendem a considerar monopólio seu, as razões de Estado, ou seja, toda uma argumentação assente na prossecução de um benefício público, de um bem público, prevalecem em relação às considerações morais ou teológicas.

Neste sentido, o pensamento ilustrado procura eliminar, reprimir, proibir, aqueles jogos e actividades festivas que parecem contrariar a felicidade e o progresso, o desenvolvimento do humanismo, esforço que nem sempre coincide com o interesse e gosto popular.

No entanto, os pensadores das Luzes, quer no que respeita ao que se regulamenta e torna lícito, quer no que respeita ao que se proíbe, convergem no que concerne ao facto de os jogos e diversões deverem respeitar o *decorum* público e religioso, a felicidade, o progresso e o humanismo. Atitude que por vezes esbarra com interesses e práticas culturais que, de longa data, estão fortemente enraizadas nas populações.

Os ilustrados pronunciam-se muito claramente contra as touradas, contra as corridas ou largadas de touros – neste aspecto específico em concordância com proibições papais que igualmente procuram acabar com estas práticas bárbaras e antigas – chegando mesmo a propor a sua definitiva abolição. Na argumentação que desenvolvem vão mesmo buscar os temas dos anfiteatros romanos e dos cultos sacrificiais fenícios e cartagineses a Moloch.

Mas as resistências contra estas tentativas de proibição são enormes, nomeadamente em França e mais acentuadamente na península ibérica. Os argumentos do benefício e utilidade pública, a que mais tarde se juntam os interesses turísticos, acabam por funcionar como uma forma subtil de ceder às pressões populares.

O jogo, como instrumento pedagógico para a educação do cidadão, é igualmente uma ideia muito cara ao pensamento ilustrado, que acreditava na redenção do género humano através da educação. Na base de uma formação integral do indivíduo procura conceptualizar-se um sistema educativo *útil e agradável*, potenciador da instrução pública e da prosperidade social, preocupado com a felicidade colectiva e individual, com a formação moral e religiosa, mas também com a utilidade económica, com a formação de mão-de-obra qualificada.

Se as origens do pensamento pedagógico moderno, em torno do jogo como facilitador da aprendizagem, se podem encontrar no século XVIII e no pensamento ilustrado, os seus precursores mais próximos situam-se no século XVII, com Descartes e Bacon, no que respeita à importância atribuída aos factos e conhecimentos, com Locke, no que toca ao agrado e ao prazer que deve envolver toda a aprendizagem.

Dada a importância que o pensamento pedagógico do século XVIII atribui ao carácter *útil e agradável* que toda a educação deve ter, o jogo, nesta perspectiva, para além do *deleite* que proporciona, deve igualmente encontrar a sua justificação na *utilidade* que tem para a aprendizagem, ou seja, deve ser útil para a educação, mas também para a política e a economia. O Estado, nesta lógica, deverá ser o garante da utilidade dos jogos.

Em termos gerais poderemos afirmar que Jean-Jacques Rousseau (1712-1778) apresenta ainda uma posição de alguma reserva em relação aos jogos. Reconhecendo embora a vertente hedonista e o papel educativo dos jogos, não deixa no entanto de afirmar que eles afastam a criança da verdadeira aprendizagem.

É este, afinal, o paradoxo com que se confrontam Rousseau e as Luzes ao considerarem que a educação deverá ser uma actividade agradável e divertida, que há que *ensinar deleitando, instruir jogando*.

No Século das Luzes, altura em que poucos admitiam ainda que os jogos pudessem ser úteis, serão essencialmente, para Rousseau, um instrumento pedagógico. Importantes na medida em que são *instrutivos*.

No entanto, o próprio Rousseau manterá, ao longo da sua vida, uma atitude de alguma desconfiança em relação aos brinquedos. Na *Nova Heloísa*, onde refere apenas dois brinquedos, assume mesmo uma visão que podemos considerar negativa em relação aos brinquedos, embora acabe por admitir, à semelhança de outros pensadores do século, que os brinquedos têm o seu lugar na educação.

De qualquer forma, longe de Rousseau a ideia de que os brinquedos desempenham um papel organizador e estruturador no desenvolvimento, na construção da personalidade da criança. O autor do *Emílio* e da *Nova Heloísa* está mais preocupado em deles retirar alguma utilidade, em torná-los úteis pedagogicamente e, acima de tudo, em tirar partido deles em termos de uma moral coerente com os princípios e valores da época.

No seguimento de Locke, jogo e reflexões morais andam ainda de mãos dadas, não se alimentasse, afinal, o *pensamento ilustrado*, neste aspecto muito marcado pelo *Emílio* de Rousseau, desse sonho de, através da educação, procurar a redenção do género humano.

Compreende-se, assim, que todo o século XVIII tenha vivido, no que respeita à atitude perante o jogo, nesse conflito entre a *proibição* e o *ensinar deleitando*, entre *reprimir o jogo ilícito* (nomeadamente os jogos de sorte e azar) e a procura de uma sistema educativo *útil e agradável*, entre o *prazer e a liberdade* inerentes aos jogos e a *orientação normativa* em relação a eles no plano social.

A actividade física (o baloiço, o volante, o arco, nadar, correr, saltar, todo o tipo de jogos de destreza) é algo que Rousseau valoriza igualmente, considerando que fazem parte integrante do sistema educativo, mas na condição de preservarem as características lúdicas, de assumirem a dimensão de jogo, de *ensinarem deleitando*, de serem *agradáveis*. No *Emílio* diz-nos o seguinte:

> «De resto, deverá sempre pensar-se que tudo isto não é, nem deve ser, mais que jogo, direcção fácil e voluntária dos movimentos que a natureza lhes pede, arte de variar as suas distracções para as tornar agradáveis, sem que nunca a mínima coacção as transforme em trabalhos; porque então com que coisa se poderão divertir que não me seja possível utilizá-la como objecto de instrução para elas?»

Mas mesmo nos jogos de destreza, importantes por si, o que mais chama a atenção de Rousseau é a possibilidade da sua utilização pedagógica. Lançar o pião e vê-lo rodar sobre o seu eixo é um pretexto para ensinar cosmografia Brincar com balões permite descobrir a elasticidade e leveza do ar, da mesma forma que outros jogos poderão ser úteis para aprender a tirar medidas, conhecer e avaliar distâncias e, em geral, aprender uma diversidade de conceitos fundamentais.

Ao longo da sua obra Rousseau tece também algumas reflexões sobre a relação entre jogo e género, algo bem visível no facto de a educação de Emílio e de Sofia serem bem diferentes no que respeita a este tipo de actividades. É como que uma *lei da natureza* os jogos organizarem-se consoante o género, tendo os rapazes e as raparigas *gostos próprios*.

Sem negar que partilham em muitos aspectos *gostos comuns*, reafirma uma distribuição dos jogos de acordo com o género da criança. Os rapazes procuram mais os jogos de destreza que envolvem mais movimento e ruído (piões, tambores, carruagens ou carroças). As raparigas parecem preferir as bonecas, os espelhos, as roupas. Retiramos de *Emílio* a seguinte passagem:

> «Observai uma rapariga que passa o dia em volta da sua boneca, a mudar-lhe constantemente de roupa, vestindo-a e despindo-a, centenas de vezes, procurando constantemente novas combinações de ornamentos, bem ou mal combinados, pouco importa; os dedos têm falta de jeito, o gosto ainda não está formado, mas já se vê a sua tendência nesta eterna ocupação [...]».

Ainda a propósito do período das Luzes gostaríamos de referir mais três nomes, M. de Vallange, Diderot e Kant.

De M. de Vallange, que no início do século XVIII terá levado ao extremo o princípio fundamental de toda a Ilustração (educar deleitando), reteremos apenas uma ideia central, a de transformar os seus métodos em jogos. O seu projecto é mudar a educação do seu tempo anulando os constrangimentos que sobre ela pesavam (repetições, monotonia, castigos corporais), tornando o estudo atraente, criando condições para a criança aprender com prazer. Mais uma vez, afinal, *ensinar deleitando*. Por isso, Vallange afirmava que tudo o que pudesse agradar à criança era objecto das suas investigações.

Para Diderot (1713-1784), que tanta sensibilidade manifestou na observação dos comportamentos da criança, a ponto de afirmar, quase com um olhar moderno, que as amas ajudavam as crianças a desenvolver a noção da *duração dos seres ausentes*. Afirma ainda que através dos jogos podemos conhecer melhor a criança e proporcionar-lhe uma educação mais adequada, entendendo que os brinquedos devem ser olhados com toda a seriedade. Reconhece, no seguimento do que Coménio já defendia no século anterior, que os adultos devem brincar com as crianças.

Finalmente, de Kant (1724-1804), que afirma a *tendência natural* da criança para jogar e a *universalidade dos jogos*, que diferencia claramente entre *jogo* e *instrução* considerando a escola um lugar de *cultura obrigatória* que não deve degenerar em espaço de jogo, importa acentuar duas linhas de pensamento. A primeira, que vai buscar a Rousseau, centra-se na utilidade pedagógica do jogo. A segunda, que vai buscar a Locke, centra-se na questão da construção dos brinquedos, defendendo o autor que, preferentemente, estes devem ser fabricados pela própria criança.

As teses ilustradas do *ensinar deleitando*, a que se juntam no século XIX o pensamento romântico, e, na vertente científica, o evolucionismo, conduzirão, finalmente, ao estudo do jogo como parte integrante da psicologia da aprendizagem, mantendo-se no entanto o pendor moralizante e utilitário das abordagens lúdicas. Assim, a pedagogia moderna incorporou o lema do *aprender jogando*, a ideia de que a criança aprende com os seus brinquedos e *jogos educativos*, assumindo o jogo, desta forma, uma função educativa importante e peculiar.

Reconhece-se, assim, que o jogo é a principal actividade durante, pelo menos, uma etapa do desenvolvimento e da existência humana. A da infância. A infância é o lugar próprio do jogo, mas, mesmo assim, na condição de o jogo assumir contornos formativos, úteis, educativos. Os jogos e divertimentos infantis não são propriamente, de acordo com estas abordagens, um valor em si. Adquirem esse valor na medida em que, virtualmente, são uma espécie de trabalho cuja capitalização deriva do facto de estarem subordinados, de conduzirem, a uma actividade séria. O jogo é transformado numa técnica educativa importante. O tempo dedicado ao jogo, não fosse este seu carácter utilitário, seria mero tempo perdido.

Não admira, pois, dada esta valorização crescente da função educativa do jogo, que o que no século XVIII eram os rudimentos de uma produção especializada, se transforme, ao longo de todo o século XIX, numa indústria especializada dos brinquedos.

Esta instrumentalização do jogo, reduzido a mera ferramenta pedagógica, acentua-se durante o século XX, considerando alguns autores que, através do jogo, do desporto, da televisão e de outros meios, deleitando-se, as crianças vão sendo, imperceptivelmente, formatadas, desenhadas de acordo com os modelos sociais e culturais a reproduzir. O tempo do jogo e divertimento da infância só não será tempo perdido, antes tempo e investimento rentável, se no final deste ciclo lúdico de vida, o da infância (se é que ainda o é, dada esta crescente intencionalização educativa das actividades lúdicas da criança), o produto final, o futuro adulto, se revelar acomodado e ajustado ao mundo envolvente, entrando ordeiramente na cadeia produtiva.

Echeverría (1980: 16), numa linha de pensamento próxima da de Fourier, diz-nos a este propósito que o jogo é

> «[...] la técnica adecuada para modelar y manufacturar materias primas en procesos de prefabricación (pre-escolar), para los cuales existen empresas muy acreditadas: familias, jardines de infancia, organizaciones deportivas y de recreo, etc.»

Os estudos de Piaget, as investigações da moderna epistemologia genética, ao trazerem para o centro do debate o valor e importância do simbolismo lúdico para o desenvolvimento cognitivo e a formação da personalidade da criança, como que confirmam as teses ilustradas de que a criança deve aprender deleitando-se.

A epistemologia genética, conjuntamente com as teses psicanalíticas, que igualmente atribuem um papel central à actividade lúdica da criança, criam todo um conjunto de condições que levam à revalorização dos jogos de palavras, dos duplos sentidos, do humor e do sorriso. À valorização das virtudes lúdicas e terapêuticas do teatro, à valorização terapêutica e pedagógica do *jeu de rôle* e das metodologias activas. Mais uma vez, portanto, os jogos como estratégia psicológica, pedagógica, terapêutica, como algo com um fim e uma utilidade.

O jogo pelo jogo, livre, espontâneo, não acorrentado a uma qualquer finalidade, pelo genuíno prazer do divertimento, é relegado para uma posição secundária, marginal, periférica.

Num plano social mais alargado, o século XIX é marcado pela emergência dos novos jogos de casino, onde a roleta supera rapidamente os próprios naipes. Os casinos surgem neste século, ligados à ociosidade aristocrático-burguesa, aos balneários e às termas. Os jogos que aí se praticam, nomeadamente a roleta, cujas origens parecem remontar às rodas medievais da fortuna e simbolizam as várias idades e o futuro da vida, marcam muito fortemente o ambiente e imaginário finissecular, repercutindo-se na própria produção literária, de que *O Jogador* de Dostoievski talvez seja o expoente máximo.

No entanto, as primeiras concessões de jogo vêm do início do século XIX. Napoleão estabelece em 1806, para as estâncias termais, um regime de excepção para o jogo, promulgando uma lei que permite, embora apenas para o período de funcionamento termal, os jogos de sorte e azar. Tal permissão faz com que de imediato abram casinos em quase todas as estâncias termais de França. Na Alemanha abre o mítico casino de Baden-Baden. Mais tarde, em meados do século, o casino de Monte Carlo. As referências mais fortes da origem do jogo-termalismo.

O casino do Mónaco surge associado ao clima, à nova moda dos balneários e dos banhos de mar, ao tempo de ócio da aristocracia e das classes sociais mais poderosas. Em San Sebastián, estância para onde se transferia a corte espanhola durante o Verão, abre igualmente um casino, embora nunca tenha atingido a dimensão internacional e a relevância de Baden-Baden ou do Mónaco.

Esta fulgurante expansão dos casinos e de todos os interesses que lhes estão associados, suportando-se nas características específicas dos jogos de sorte e azar, ou seja, na imprevisibilidade e no acaso absoluto, incorpora toda uma estrutura do imaginário que integra o oracular e o divinatório, como já referimos anteriormente a propósito das conexões entre os jogos de dados e os *astragaloi*. Alcantud (1993: 207) diz-nos a este propósito,

> «En todo caso, el concepto de *fortuna*, conseguida ahora sin el esfuerzo heroico que precisaba en el signo XVI, volvió a tomar auge contagiando a todos los sectores de la población, que recomenzaron el interés por la futurología, y en concreto por las "ruedas de la fortuna", poco a poco devenidas horóscopos; una sociedad sin los criterios morales y filosóficos del cristianismo clásico que fijaba el futuro en el más allá, tendía a la búsqueda oracular de su devenir.»

De qualquer forma, o universo simbólico em que os jogos de casino se desenvolvem, caracteriza-se pela preponderância do apolíneo em relação ao dionisíaco, ou seja, pela ordem, pelo rigor e rigidez das regulamentações, pela selectividade das admissões, pela frieza e porte hierático dos *croupiers*, a luminosidade, perfeição, beleza, sumptuosidade, dos espaços. Em suma, pela acentuação da dimensão de *cerimónia* que rodeia os jogos de casino.

No caso específico de Portugal o jogo de sorte e azar é regulamentado e aprovado, pela primeira vez, em 1927. Considerado desde essa altura uma actividade turística, é anunciado nesse mesmo ano o concurso para a adjudicação de jogos de sorte e azar nas zonas do Estoril, Funchal, Sintra e Cúria. No entanto, desde o final do século XIX até ao ano de 1927, a questão do jogo passa por uma multiplicidade de vicissitudes que revelam as grandes resistências que sempre se colocaram à legalização destes jogos, pois, como um dos grandes *flagelos sociais*, eram associados com a embriaguez, a prostituição, a ociosidade ou a vadiagem.

O que não impede que os jogos de sorte e azar, mesmo a roleta, não estejam muito disseminados na população portuguesa. O impacto social destes jogos é de tal forma relevante que, aquando da implantação da República, o Governo Provisório da República Portuguesa promulga, a 3 de Novembro de 1910, a Lei do Divórcio, estabelecendo no parágrafo 9º do Capítulo 2, que «O vício inveterado do jogo de fortuna ou azar» é, entre outras razões (adultério, sevícias ou injúrias graves, doença contagiosa ou aberração sexual), uma das causas do divórcio litigioso. Em 1876, nas suas *Praias de Portugal*, Ramalho Ortigão (1966: 92) diz-nos, referindo-se nomeadamente à Póvoa do Varzim, a Espinho e à Figueira da Foz:

> «Em todos os cafés há um compartimento suplementar em que se joga o monte ou a roleta [...] a concorrência em volta do pano verde é das mais curiosamente variadas. Homens de todas as condições sociais, proprietários, funcionários públicos, capitalistas, professores, literatos, militares com os seus uniformes, sacerdotes com as suas coroas. [...] Isto é uma calamidade [...]»

No que respeita à educação, os grandes pedagogos do final do século XIX e primeira metade do século XX – de entre os quais importa salientar Froebel, Montessori, Decroly Claparède e Freinet, na esteira do trabalho anteriormente desenvolvido por muitos outros autores, dos quais temos vindo a referir os mais relevantes – apresentam em comum o facto de todos valorizarem o papel dos jogos e dos brinquedos na educação da criança.

Froebel (1782-1852), a quem devemos a criação dos primeiros jardins-de-infância, reconhece inequivocamente a importância da actividade lúdica no desenvolvimento motor, cognitivo e afectivo da criança, tendo contribuído activamente (o jogo como dimensão central do seu método pedagógico, construção de jogos e materiais, elaboração de manuais para professores, preocupação com o quadro organizacional e comunicativo em que decorre o processo educativo) para o desenvolvimento de uma educação verdadeiramente significativa e compreensiva da criança.

Maria Montessori (1870-1952), que nos legou um património pedagógico fundamental, notabilizou-se pela importância que deu ao jogo da criança, nomeadamente na dimensão do desenvolvimento sensorial (jogos sensoriais, integração multi-sensorial), tendo contribuído muito fortemente para o desenvolvimento e construção de materiais pedagógicos ainda hoje utilizados.

Decroly (1871-1932) dedicou igualmente uma grande atenção ao jogo da criança e à construção de materiais pedagógicos, tendo centrado a sua atenção na relação entre os processos sensório-motores e a actividade cognitiva. Dimensões que estão sempre presentes nos jogos, materiais e actividades, proporcionadas às crianças, nos espaços educativos que se organizam na base do pensamento deste autor.

Claparède (1873-1940) e Freinet (1896-1966), mais acentuadamente este último, embora reconheçam a importância do jogo na educação, têm dificuldade em integrar a actividade lúdica nos seus modelos de escola. Dado, nomeadamente, o papel que nesses modelos é atribuído ao trabalho como factor educativo central.

Claparède reconhece a importância do jogo e procura mesmo integrá-lo nos seus procedimentos pedagógicos, fazendo como que a ponte entre o jogo e o trabalho. Dá particular importância à intensidade, à entrega total e sem limites, com que a criança se dedica a esse tipo de actividade. Algo de essencial em todo o processo e aprendizagem.

O paradoxo entre jogo e trabalho, com que Claparède se confronta, está bem expresso na sua obra *Psychologie de l'enfant et pédagogie expérimentale*, publicada em 1911, quando afirma que a criança só deverá exercer uma actividade quando para isso sentir uma *besoin naturel* ou essa necessidade for *habilement crée* de forma a que *captive l'enfant*. Para tal poder ocorrer essa actividade deverá ter *le caractère de jeu*.

De seguida acrescenta que uma educação verdadeiramente motivadora e significativa deverá respeitar as leis do *développement naturel de l'enfant*, ser atraente e interessar o aluno, o que só será possível, acrescenta ainda reforçando o seu pensamento anterior, se essa actividade assumir, naturalmente, *la forme de jeu*.

Nesse sentido, o problema com que Claparède se confronta, parece ser o de trazer, para o espaço do trabalho e do esforço educativo, as dimensões formais do jogo.

Estes princípios básicos do pensamento de Claparède (Gall, 1960) marcaram substancialmente o que viria a chamar-se *Escola Moderna*, esse movimento pedagógico tão importante e que ainda hoje continua a ser uma referência incontornável. Movimento que tanto valoriza a participação activa da criança na construção das suas aprendizagens, cabendo ao professor a tarefa central de criar as condições e oportunidades, físicas, interpessoais e sociais, para a criança poder exercer, de forma cada vez mais autónoma, as suas actividades como aprendiz.

Devemos no entanto reconhecer que, se Claparède parece ter uma atitude mais valorativa do jogo, já os movimentos pedagógicos que dele derivam, o movimento da Escola Moderna em particular, parecem ter mais dificuldade em integrar a dimensão lúdica nos processos de aprendizagem, ao considerarem o jogo, não um elemento essencial, antes auxiliar e secundário, de todo o trabalho educativo.

Celestin Freinet (1896-1966), outra das referências centrais do movimento da *Escola Moderna*, expressa, ao longo de toda a sua obra, uma atitude bastante mais reservada em relação ao jogo, já que na gestão desse instável equilíbrio entre jogo e trabalho, Freinet sempre pendeu para o lado do trabalho.

Daí a sua dificuldade em integrar o jogo, a actividade lúdica, na sua concepção de educação e de escola, pois para Freinet a educação e a aprendizagem devem fundamentalmente ser asseguradas pelo trabalho (educação pelo trabalho) e não tanto pelo jogo.

Não queremos com isto dizer que Freinet não se tenha interessado pelo jogo e sua utilização pedagógica, pois escreveu mesmo um livro intitulado *A Educação pelo Jogo*, onde nos fala de *trabalho-jogo* e de *jogo-trabalho*.

No entanto, preso a esta dicotomia, acaba por assumir uma atitude que inequivocamente valoriza mais o trabalho-jogo relegando para segundo plano o jogo-trabalho. Justifica tal atitude com o facto de o melhor jogo, o jogo que melhor serve os interesses da criança e da sua educação, ser aquele em que a criança se sente, feliz e satisfeita, trabalhando. Ou seja, trabalhando com satisfação.

Ora, o paradoxo da relação entre o jogo e o trabalho está exactamente aqui, pois se Freinet o tenta resolver valorizando essencialmente a dimensão trabalho (trabalhar com satisfação), já

Claparède nos diz, como vimos anteriormente, que tal só é possível se as actividades de aprendizagem forem atraentes, captarem a atenção da criança, interessarem ao aluno e mobilizarem o desejo de as exercer. O que apenas parece possível se mantiverem *le caractère de jeu*, se assumirem *la forme de jeu*.

2.5. Função Libertadora do Jogo

Faltam-nos asas,
mas temos sempre força bastante para cair
(Claudel)

Alguns autores, enfatizando embora aspectos específicos e muito particulares do jogo, parecem concordar na ideia de que a sua importância deriva do facto de o jogo ser precisamente uma actividade sem nenhuma finalidade específica, uma actividade que se esgota nela própria sem estar acorrentada a esta ou àquela finalidade ou objectivo, caindo, assim, no que usualmente se designa de *sistemas de finalidade geral*. Sistemas que, não tendo objectivos específicos, apresentam uma especificidade tão baixa, vaga e difusa, que quase configura um não objectivo, uma completa ausência de finalidade.

Ora, numa perspectiva de desenvolvimento e adaptação, a falta de especificidade e finalidade destes sistemas, como é o caso do jogo, é essencial à adaptação e manutenção da flexibilidade sistémica. É fundamental ao desenvolvimento da capacidade de os sistemas responderem, homeostaticamente, a alterações e perturbações do meio envolvente cuja natureza e magnitude, muitas vezes, dada a complexidade do universo, não é possível prever.

Importa aqui recordar que, se usualmente o termo adaptação é utilizado para referir os processos através dos quais os organismos vivos se mantêm e persistem face a perturbações ou vicissitudes envolvimentais, sejam elas culturais e sociais, físicas ou bióticas, também podemos considerar que o próprio processo de adaptação define, condiciona e limita, distingue e diferencia, uns seres vivos dos outros.

Não surpreende, pois, a dificuldade de aplicar a teoria do jogo, como teoria da tomada de decisões, à evolução, já que para além dos jogos de *informação completa*, como o xadrez, as damas ou mesmo o jogo japonês do *gô*, jogos em que, em qualquer momento, se conhece a totalidade dos possíveis ou hipotéticos lances ou movimentos, os jogos mais complexos, como o *poker* ou o *bridge*, envolvem dificuldades adicionais. Dificuldades que de alguma forma mantêm os jogadores como que às escuras, dada a imprevisibilidade das decisões do outro.

O jogo, como expressão de abertura e liberdade, nomeadamente nesse animal *altricial*, nesse *nidícola absoluto* que é o homem, é uma dessas manifestações dos *sistemas de finalidade geral*, com a sua natureza aberta, dinâmica e flexível, criativa e inovadora, no que toca aos processos evolutivos e adaptativas.

Assim, não surpreende que a generalidade das concepções do jogo se suporte na oposição entre os reinos da liberdade e da necessidade, na contraposição jogo-trabalho. No entanto, temos igualmente que reconhecer que qualquer actividade, mesmo que aparentemente inútil e improdutiva, *não séria*, se possa converter e metamorfosear, como é o caso do próprio jogo, em trabalho *sério*. Se possa transfigurar em actividade capitalizável, em mecanismo produtivo que, à semelhança de muitos outros, determina a economia e a sociedade. Tanto é possível conceber o jogo como trabalho como o trabalho como jogo.

No seguimento das teorias ilustradas do *ensinar deleitando*, já em pleno século XIX, Fourier, um socialista utópico, desenvolve toda uma concepção do *trabalho lúdico*, imaginando, na base da educação das crianças, formas de trabalho progressivamente gratificantes, a partir das formas mais coercivas actualmente conhecidas. Ou seja, o jogo é entendido como uma espécie de ferramenta ou instrumento que, através de uma *pedagogia lúdica*, transformaria essa tendência livre e natural do homem em actividade produtiva, útil à sociedade e gratificante para o indivíduo.

O que, como síntese entre o jogo e o trabalho, não está longe da visão marxista de uma sociedade plenamente humana, assente na formação integral do homem onde o trabalho seria substituído, ou assumiria, o estatuto de livre criação. De jogo autenticamente criador como condição essencial da auto-realização do homem livre e total. Nesse sentido, o trabalho, como criação lúdica e livre, apresentaria os contornos de uma criação estética.

Eis como Moltmann (1981: 162) comenta o pensamento do jovem Marx sobre a possibilidade de o trabalho, numa sociedade comunista, se poder transformar numa espécie de jogo criativo:

«Cesarán la distribución del trabajo y la aplicación de cada hombre a determinadas y delimitadas profesiones para ser reemplazadas por actividades múltiples, que se asemejan a la creación artística. También el futuro de la revolución marxista es la *vita aesthetica*. Si es que alguna vez pintó Marx – y es curiosamente notable las pocas veces que lo hizo – el reino de la libertad, lo hizo siempre utilizando las categorías estéticas del juego, del artista y de las actividades figurativas de los hombres libres en sus ratos de ocio.»

Algo que, num contexto completamente distinto, os românticos já haviam equacionado, ao enfatizarem tão fortes conexões entre a liberdade, o jogo e o sonho, o que levou Schiller, como já referimos anteriormente, a afirmar que «O homem só é plenamente homem quando joga».

Com efeito, Schiller, fortemente influenciado pelo pensamento de Kant sobre a estética, formula, nas suas *Cartas sobre a Educação Estética do Homem*, obra publicada em 1795, toda uma teoria sobre a reconstrução da civilização assente na força libertadora da função estética. Imagina um novo princípio da realidade, que define como *estético*, vinculado não ao reino da necessidade e da coerção, mas a esse impulso essencialmente lúdico, de jogo, que identifica com a beleza e a liberdade, com a expressão livre e criativa da vida.

Pensamento distinto encontramos no Karl Marx que, em *O Capital*, refuta as teses de Fourier do ensinar deleitando e, consequentemente, a concepção de um *trabalho lúdico*, de uma síntese entre jogo e trabalho, em que assentaria uma sociedade plenamente humana. Sociedade onde o trabalho assumiria os contornos de criação e auto-realização.

Marx defende veementemente que, ao contrário do que sustentava Fourier, o trabalho jamais se poderia transformar em jogo. Ao distinguir, colocar mesmo em campos opostos, o jogo e o trabalho, o reino da liberdade e o reino da necessidade, acaba por reconhecer que sendo o trabalho o campo das obrigações, da automatização e do compulsório, a humanização do homem, a sua plena e integral auto-realização, se deve procurar não no campo do trabalho mas nos espaços de jogo e liberdade.

Já Herbert Marcuse, mais próximo das posições de Fourier e de Schiller, particularmente em *Eros e Civilização* e *O Fim da Utopia*, equaciona e discute a possibilidade de uma civilização não repressiva, de um outro princípio da realidade que, para além do princípio de desempenho (trabalho), se constituiria na base de categorias estéticas, lúdicas e eróticas. O que de alguma forma pressupõe a transformação do trabalho, do esforço laborioso, em actividade lúdica, em jogo, em espaço de imaginação e fantasia, em espaço de liberdade e auto-realização.

Situação que acarretaria a eliminação da oposição entre necessidade e liberdade, a transformação do processo de produção em processo de criação e auto-realização, a possibilidade de encontrar e realizar o *reino da liberdade* dentro do *reino da necessidade*. De encontrar, portanto, a liberdade no trabalho e não para além do trabalho.

Até porque, como Herbert Marcuse reconhece, o processo de industrialização, mesmo quando traz mais tempo livre ao homem, não se traduz, automaticamente, em mais liberdade e ocasiões de auto-realização, em experiências de maior autonomia ou imaginação criativa.

Não serão precisamente as categorias da liberdade e da incerteza, do prazer, da alegria e do estético, do simbólico e da não-literalidade, da liberdade de inventar, da flexibilidade, da possibilidade de criar mundos possíveis e desejáveis, de criar espaços de ilusão e criatividade, não será precisamente o facto de a generalidade de os autores entender o jogo, essencialmente, como um espaço de abertura e transgressão, que o torna num lugar privilegiado de especulação e reflexão filosófica?

Confrontado com as limitações de uma explicação determinista do mundo, com as limitações das abordagens ditas mais científicas e experimentais, cujo maior interesse reside em apreender a causalidade e o determinismo e, consequentemente, em criar modelos prospectivos, o pensamento filosófico, abrindo-se de uma outra forma ao jogo da vida e do mundo, parece sustentar as suas teorias numa idealização do azar e do aleatório. Da presença de relações ou conexões flexíveis e abertas, de não-causalidade, mais secretas, inconscientes e enigmáticas, relações que pela sua natureza nos manteriam a salvo da rigidez e inflexibilidade dos automatismos e das relações de necessidade inerentes aos determinismos. Neste sentido, a abertura e flexibilidade, a incerteza, a imprevisibilidade, a liberdade, seriam a condição do próprio humanismo.

Foi com o processo de industrialização que o jogo se tornou em problema teórico, amplificando, face às condições do processo de produção que caracterizaram a revolução industrial (tempo e intensificação dos ritmos de trabalho, mecanização e automatização, cadeias de produção, repetição exaustiva dos mesmos gestos, trabalho infantil) o sentimento de perda de liberdade. Activando sentimentos de melancolia em relação ao mundo perdido, o da infância, mundo da alegria e do jogo, da espontaneidade e do divertimento, do ócio e dos tempos livres. Assim, importa agora referir que esses primeiros esforços de teorização sobre a função social do jogo se inspiram, vêm desde o início, associados aos ideais da Revolução Francesa.

Esforço teórico que, ao inspira-se, em geral, nos valores da libertação e emancipação do homem, logo se torna presente em contextos sociais específicos, como ocorreu com o Maio de 68 em França com o célebre número dos *Partisans, Desporto, Cultura e Repressão*.

Schiller, em cuja obra continuam a inspirar-se muitas das considerações histórico-filosóficas sobre o jogo, nomeadamente nas suas reflexões sobre a educação estética do homem, foi inicialmente um fervoroso entusiasta da Revolução Francesa. Entusiasmo que logo se desvaneceu quando confrontado com o rumo do próprio movimento revolucionário, particularmente no que toca aos acontecimentos violentos e sangrentos ligados a nomes como Marat ou Robespierre. Nomes ligados ao reinado do Terror e, consequentemente, à violação das expectativas e esperanças messiânicas de liberdade, igualdade e fraternidade, que a Revolução Francesa simbolizava.

Desiludido, convicto talvez, de que toda a causa, por mais nobre e elevada, se mancha e corrompe, vendo que a liberdade, na sua infância ou ainda não nascida, já envelhece, consciente da inevitabilidade do retorno do trágico, à semelhança de outros intelectuais do seu tempo, vive e compromete-se com a revolução no plano ideal. Vira-se, assim, para a arte, o estético, o lúdico, a auto-realização criativa, como formas genuínas de libertação e emancipação do homem.

Em Schiller a estética e o impulso lúdico substituem a libertação política. É com a beleza, na base do impulso lúdico, que se caminha para a libertação, diz-nos Schiller. A plenitude da revolução da liberdade, diz-nos ainda, está no esplendor do belo, no canto, na arte, na atitude genuinamente lúdica em relação à vida e ao mundo. É neste sentido, revolucionário e emancipatório, de luta pela libertação e emancipação do homem, seja no plano individual seja no plano social, que deve ser entendida aquela tão conhecida frase de Schiller que mais uma vez recordamos: «O homem só é plenamente homem quando joga».

Para o grande romântico alemão o impulso lúdico era, verdadeiramente, um impulso estético, de transgressão, superação e libertação do homem. Consciente de que os esforços de libertação podem degenerar em tirania, consciente de que, como nos diz Domenach (1968: 124)

> «O princípio da Revolução é demasiado verdadeiro para poder ser realizado imediatamente»

eis que em Schiller, a revolução, como postulado prático, como acção que se inscreve na história do homem na luta contra a tirania e a opressão, dá lugar ao estético e ao impulso lúdico. É, de alguma forma, a beleza a substituir-se aos mitos messiânicos da acção, a arte e o lúdico que, contra a tragédia e o destino, se erguem como as grandes forças libertadoras do homem.

Uma análise crítica das funções sociais do jogo deve ter em consideração quer as categorias estéticas de uma dada sociedade quer as condições de produção que a caracterizam. Não pode esquecer ou ignorar que o lema do império romano era *panem et circenses*, dar pão e espectáculos circenses ao povo, para este estar satisfeito e feliz.

Não pode esquecer que mesmo os regimes opressivos têm de deixar algumas portas abertas, algumas válvulas de escape. Espaços de jogo e liberdade, alternativas ao trabalho e condições de retorno, em melhores condições físicas e psicológicas, aos ritmos de trabalho e produção que de forma crescente são exigidos. São as conhecidas funções de alívio, de suspensão e distensão, de compensação e estabilização, de que nos falam tantos autores.

Não pode ignorar que as ditaduras modernas, como aconteceu em países como Portugal, Espanha, Itália, Alemanha, sempre promoveram as práticas físicas e desportivas, nomeadamente na juventude, como forma de estabilização da moral laboral e da obediência e submissão ao poder político.

Não pode ignorar que mesmo o desporto socialista de massas, na República Democrática Alemã, na Rússia ou na China, funcionou como uma válvula de escape. Não pode ignorar que a organização e gestão dos tempos livres, paradoxalmente, não deixa de ser uma forma de instrumentalização, garantindo-se, por esta via, que a liberdade permanece sob controlo. Numa mesma linha de pensamento, G. Lukács refere a função de suspensão na esfera da arte, reconhecendo que com o acto estético e criativo o homem descansa, liberta-se, das acções coercivas e impostas.

Mas não pode igualmente ignorar que, através do jogo, jogando, o homem se liberta da opressão a que o sistema o submete, fazendo desta forma a experiência libertadora de que não tem obrigatoriamente que ser assim, a experiência libertadora de que são possíveis outras formas, mais livres e criativas, de contacto humano, de organização das interacções entre pessoas.

Para além daquelas funções sociopsicológicas que anteriormente referimos, de suspensão, compensação ou estabilização do mundo do trabalho e do poder político, o jogo, como experiência de liberdade e felicidade, desempenha igualmente um efeito libertador, funções *antecipadoras* e *experienciais* de um mundo organizado de forma distinta, *antecipadoras* e *experienciais* de um outro estilo de vida.

Ou seja, o jogo não é apenas o *pré-exercício* de determinadas funções ou instintos, o exercício preparatório de tarefas ou funções a que a criança, como futuro adulto, se deve acomodar, como deriva da concepção redutora, mecanicista e finalista, de Karl Gross. Pois envolve igualmente esse efeito libertador e emancipatório de que alguns autores nos falam quando afirmam que o jogo, à semelhança das actividades artísticas em geral, como acto e vivência concreta de liberdade e criatividade, permite criar, no presente, essas *anti* ou *contra-circunstâncias* que apontam para alternativas futuras de maior liberdade e felicidade. Moltmann (1981: 124, 125) diz-nos a este propósito:

> «El juego se torna desesperanzador y pierde su gracia cuando sólo sirve para olvidar durante algún tiempo lo que es imposible cambiar. Se descubre la alegría de la libertad anticipando en el juego otras maneras y formas de ser, que abren camino en la inmutabilidad de lo que ya es. [...] Se juega entonces no con posibilidades irreales, sino con posibilidades reales; no con el pasado para librarse de él durante algún tiempo, sino más bien con el futuro para conocerlo.»

Ao assumir esta posição Moltmann chama-nos a atenção para o facto de, em termos de libertação humana, de transformação do mundo na direcção de uma sociedade mais livre, os esforços e as prioridades se centrarem quase exclusivamente na necessidade de encontrar novas formas, formas mais humanas, de organização do trabalho e das relações de produção. O que sendo, inequivocamente, decisivo, não justifica a subalternização a que tem sido votada a possibilidade de essas transformações se equacionarem igualmente a partir do jogo e da organização dos tempos livres.

Jogos e tempos livres olhados na perspectiva da emancipação humana e não como jogos alienantes, como tempos livres instrumentalizados, submetidos aos interesses dos mais poderosos. O autor interroga-se mesmo sobre o que aconteceria se a libertação do homem ocorresse a partir do jogo, do engrandecimento dos tempos livres, da produção da autonomia, da imaginação e da criatividade. A partir da vivência efectiva dos espaços livres de jogo.

O jogo pertence, indubitavelmente, ao reino da liberdade. Como poderia deixar de ter uma função libertadora?

No contexto do pensamento ocidental, que tradicionalmente se suporta numa desvalorização da imaginação e da fantasia, as temáticas do jogo, do lúdico, da brincadeira, não são propriamente temas dignos de serem pensados. A presença do imaginário simbólico, onde a afectividade e o desejo, o consciente e o inconsciente, o sonho e a realidade, a necessidade e a liberdade, o lúdico, o acaso, o finito e o infinito, o conhecido e o desconhecido, se conjugam, foi durante muito tempo ignorada, desvalorizada e mesmo vilipendiada.

Pascal chama à imaginação a *inimiga da razão*, Malebranche referia-a como *a doida da casa*. Para Alain não é mais do que a *infância da consciência* e Brunschvicg considera-a *pecado contra o espírito*. Num mundo onde Bergson reduz a imagem à memória, onde Sartre ainda pensa a imagem como *imagem-recordação*, como uma simples reprodução mnésica da percepção, como poderia o jogo alcançar uma identidade ontológica plena?

Tanto na filosofia clássica, exceptuando talvez os présocráticos e particularmente Heraclito, como no cristianismo ou na modernidade, o jogo é quase sempre abordado de forma depreciativa e reducionista. Uma actividade infantil, um momento de descanso e repouso que rapidamente pode levar ao vício. Bastaria pensar na tese aristotélica da *eutropelia* e sua clara vinculação a uma perspectiva teológico-religiosa, moralista, do jogo.

Para Leibnitz, se o jogo abre as portas ao engenho e à possibilidade de inventar, por outro lado não deixa de ser o mundo da incerteza e da falta de exigência e rigor, dessa exigência e rigor que caracterizam o mundo da razão. Pascal, por sua vez, vincula o jogo à necessidade de movimento e diversão no homem, uma espécie de fuga ao tédio, um meio de o homem se enganar a si mesmo esquecendo, nomeadamente, a sua natureza mortal. Algo coerente, portanto, com a sua ideia de que a imaginação é a *inimiga da razão*.

No contexto da filosofia moderna é com Kant, autor em que Schiller se fundamenta para desenvolver as suas teses sobre o estético e o lúdico, que o jogo assume um novo estatuto, convertendo-se num tema a ser abordado em filosofia. Nas suas reflexões Kant vê o jogo como aprendizagem e experiência de liberdade face à natureza. Como expressão de autonomia e vontade. Como princípio que anima e atravessa todo o ser proporcionando-lhe a descoberta de que ele, o homem, é a sua própria lei, o construtor dos seus limites.

Mas é com Schiller, a cuja obra, no que ao jogo respeita, já anteriormente nos referimos, que o jogo assume uma outra dignidade, passando a ser encarado como paradigma, como modelo de representação do mundo, como fundamento epistemológico, ético e estético, da interpretação da vida social e da história do homem. Esta nova visão do jogo, como modelo de representação do mundo, onde o agónico, a luta e a rivalidade, o paradoxal e a união de contrários, a necessidade e o acaso, a imprevisibilidade dos vários lances, são pensados como a base de todo o edifício social, como actividade central no processo de construção social e cultural, encontra posteriormente eco em nomes como Friedrich Nietzsche ou Michel Foucault.

Vinculada a diversas orientações filosóficas, dominada pela aspiração romântica ao infinito mas recusando uma visão metafísica da vida, opondo-se ao idealismo e ao espiritualismo, a concepção nietzschiana do mundo, reivindicando a *natureza terrestre do homem*, assenta na incondicional aceitação da vida tal como ela é, assenta num veemente *sim* à vida.

Este sentido terrestre do homem, esta aceitação da vida tal como ela é, com as suas peculiaridades, com as suas características originais e irracionais, não leva de forma alguma ao pessimismo e à resignação, conduz antes à exaltação da vida e à superação do homem. Paradoxalmente é este valor supremo do sentido terrestre do homem que leva ao infinito e à superação, que devolve ao homem o sentido da excepcionalidade e da grandeza.

Condição terrestre que, com todas as suas limitações, é igualmente um mundo infinito, na medida em que não podemos ignorar ou rejeitar as infinitas possibilidades, infinitas experiências, infinitas interpretações, que permanentemente encerra e nos oferece. Dionísio é, para Nietzsche, o símbolo divinizado dessa incondicional aceitação da vida, dessa infinita exaltação da vida.

«O homem é algo a ser superado», diz-nos o autor, assumindo assim esta relação plenamente criadora do homem para com a terra, para com a vida, invocando que a suprema possibilidade, do homem, é a sua condição estética, de criar, de ser criador, de superar superando-se a si próprio. Grandeza, excepcionalidade, superação, infinita exaltação da vida, que lado a lado caminha com o risco, o perigo, a própria morte, com todo o tipo de riscos que são inevitáveis na condição humana. Riscos que fazem parte da própria vida. Riscos que com a *morte de Deus* se agigantam, riscos que afinal, à luz duma visão lúdica e dionisíaca do mundo, agigantam o próprio homem.

Um dos ensinamentos de Nietzsche, ou de Zaratustra, se quisermos, sobre a grandeza humana, é o *amor fati*, esse vigoroso não querer nada distinto do que é, essa aceitação total da vida quer nas suas dimensões luminosas quer nas suas dimensões nocturnas, gozosas ou dolorosas, essa liberdade de espírito de aceitar e aclamar todas as possibilidades, de reconhecer uma riqueza e diversidade de possibilidades, da aceitar a inocência do próprio devir.

Em Nietzsche o mundo apresenta-se despojado de racionalidade, como um caos do qual a necessidade não está ausente, caos como ausência de ordem, estrutura, beleza, dessa ordem, estrutura, beleza, que caracterizam os racionalismos e esteticismos humanos. Mundo que ignora a estabilidade, mundo dominado pelo acaso, pelo jogo de uma multiplicidade de forças desmedidas, que não está dirigido a nenhum termo ou meta final e definitiva.

Mundo onde as coisas, como o próprio Nietzsche afirma, parecem preferir «bailar sobre os pés do azar». Mundo, no entanto, que encerra em si, uma *necessidade*, ou, na linguagem de Nietzsche, uma *vontade*, a vontade de afirmar-se e reafirmar-se, a vontade de ternamente retornar a si mesmo como eterna criação e destruição.

Mundo que, tal como o jogo, tem o seu fim em si mesmo, não tendo outra finalidade para além do que o próprio Nietzsche designa de *felicidade do círculo*, ou seja, esse devir cósmico que é a sua própria vontade de reafirmação. Neste sentido, o que Nietzsche chama de *eterno retorno*, não é mais do que o *sim* que o mundo dá a si próprio, a sua auto-aceitação e auto-exaltação, a vontade cósmica de reafirmação, a vontade de ser ele mesmo. Esse espírito dionisíaco, lúdico, de exaltação da vida, na complementaridade dos seus ciclos diurnos e nocturnos. Essa afirmação dionisíaca de, sem esperanças supraterrestres, apostar na fidelidade da terra, na alegria, no riso, no canto, na dança. O que Nietzsche (1972: 43) expressa da seguinte forma:

> «Só posso acreditar num Deus que soubesse dançar. E quando encontrei o meu Diabo achei-o grave, meticuloso, profundo, solene: era o espírito da Gravidade. É ele que faz cair todas as coisas.»

Central na concepção nietzschiana da vida e do mundo é a sua tese de que o corpo, não o *eu*, é o *grande sistema de razão*, de que o verdadeiro *eu* do homem, a sua autêntica subjectividade, é o *si-mesmo*, essa estrutura supra-racional, irracional se quisermos, que é simultaneamente corpo e razão. Ou, nas palavras de Nietzsche (1972: 36),

«Para além dos teus pensamentos e dos teus sentimentos, meu irmão, há um senhor poderoso, um desconhecido sábio, que se chama Si. Ele habita o teu corpo, ele é o teu corpo.»

É esta unidade e multiplicidade de ideias, o sentido terrestre do homem, a exaltação dionisíaca da vida, a inocência do devir, o eterno retorno, o *amor fati*, o corpo como o grande sistema de razão, esta sua visão de um mundo desprovido de racionalidade, que suporta a intuição nietzschiana de que a existência do mundo só se justifica como fenómeno estético. A intuição nietzschiana de renunciar a toda a fundamentação do mundo na base de metas ou finalidades externas e estranhas a si mesmo.

O mundo, na inocência do seu devir, é já, em si mesmo, pleno de sentido, como uma obra de arte. Esta visão nietzschiana do mundo suporta, ou melhor, encerra já em si mesma, a ideia de *jogo do mundo*, a sua intuição do mundo como jogo, do mundo como um jogo sem fim, de um jogo sem fins para além de si mesmo. Como pensador Nietzsche procurou nunca se afastar desse jogo da vida e do mundo, esforçando-se por apreender, esteticamente, nos seus diferentes cambiantes, esse jogo dionisíaco do mundo no seu eterno devir.

Afinal, jogar é afirmar e exaltar o acaso, o *agónico* e o *aiónico*, aceitar com *fair play*, na ingenuidade do seu devir, todo o lance de dados. Jogar é ser capaz de dizer *sim* a todo o lance de dados qualquer que seja o seu resultado, tenha esse resultado um sentido positivo e alegre ou o sentido trágico da existência. Em Nietzsche, a visão lúdico-dionisíaca do mundo e a concepção estético-cosmológica de jogo, são os dois lados de uma mesma moeda.

A sua noção de jogo, a sua noção de mundo, são a ardente reafirmação das vertentes dionisíaca e trágica da vida. Um esforço de superação do eterno agonismo de Dionísio e Apolo, um definitivo romper com a cultura apolínea do *pincipium individuationis* e do racionalismo moderno.

Os múltiplos e profundos significados do *jogo do mundo* (a rivalidade e o agonismo, o acaso e a incerteza, o *aion*, a inocência do devir cósmico, o eterno retorno, a vontade de poder) reencontra-os Nietzsche no *mundo do jogo*, nesse caminho de exaltação do sentimento cósmico que é a alegria do jogo da criança, onde a inocência e a espontaneidade, onde o devir inocente, não é negado mas afirmado.

A ideia do mundo como jogo, tal como Nietzsche a concebe, parece estar fortemente vinculada ao pensamento de Heraclito, filósofo pré-socrático por quem Nietzsche nutria uma grande admiração e que, na interpretação deste, anunciou a *inocência do devir*, ao considerar o acaso e a indeterminação como princípios da existência, como princípios da génese e devir do mundo. Retenha-se, a título de exemplo (Pradeau, 2002), o Fragmento «Le monde est comme le plus beau des tas répandus au hasard», que na edição de Diels e Kranz aparece com o número 124 (DK B124) e na de Marcovich com o número 107 (M 107).

Valorização do acaso e da indeterminação que não impede, Heraclito, de ser o filósofo do *Logos* e do *Sentido*, Nietzsche, de reconhecer o papel da *Necessidade* no devir cósmico.

Mas, o Fragmento de Heraclito que aqui nos interessa particularmente, já que é aquele que melhor nos ajuda a compreender a forma como Nietzsche, através de Heraclito, construiu o seu pensamento sobre o jogo, é o Fragmento DK 52/M 93 «*Aiōn paìs paízōn, pesseyōn hē basileiē*», ou, em português,

«O tempo é uma criança que joga, brincando com pedrinhas; o reino da criança.»

Neste Fragmento, o tempo, o mundo no seu eterno devir, surge-nos, metaforicamente, como um jogo infantil, como o reino da criança, criança entendida essencialmente como um ser que joga.

Procuremos, partindo do significado original de cada uma dessas palavras, aprofundar o sentido do fragmento de Heraclito. A expressão «*Aiōn*», que só com o platonismo passou a significar a eternidade, o tempo eterno, no seu sentido abstracto e filosófico, nos primórdios da língua grega designava o tempo da vida humana, o tempo concreto. Aquele quinhão de tempo e de vida que as *Moiras* atribuem a cada ser humano.

É este o sentido que nos tempos homéricos se dava ao termo *Aiōn*. O tempo concreto, efémero, o curso da vida, a vida na sua força e duração com tudo o que comporta de incerteza e indeterminação. *Aiōn* o acontecimento da vida, a forma de o mundo acontecer, com as suas transformações e mudanças, os seus ciclos de vida e de morte, de florescimento e decadência.

A segunda expressão do fragmento, *país paizōn*, significa literalmente *criança criançando*, forma acriançada de ser, onde o verbo *paízō* como que verbaliza o modo de ser da criança, a sua forma típica e usual de agir. Ora, a criança, *país*, não é essencialmente um ser que joga? O jogo não é a sua forma natural de expressão? Um ser que, como criança, se expressa *criançando*, ou seja, jogando. Assim, *paízō*, designando o modo de ser da criança, adquiriu o sentido de jogar, de brincar.

Esse modo típico de expressão infantil, essas criancices, sem regras previamente determinadas, de dedicação intensa e total, prazenteira, a uma actividade que encontra a sua finalidade em si mesma, que, por si mesma, determina a sua continuidade ou repetição. Essa actividade infantil, livre e espontânea, que não está de antemão, antecipadamente, vinculada ou presa, a nenhuma finalidade ou regra. Neste sentido, o jogo infantil do *paízein*, não tem nenhuma finalidade determinada, exterior a si mesma. Autodetermina-se à medida que ocorre, à medida que vai acontecendo, como que num movimento de escuta e obediência a si mesmo.

É na base desta dimensão *paízein* do jogo infantil, na base do *país paizōn*, do *criançando*, dessa forma típica de comportamento infantil, de jogo, que de antemão não está preso a nenhuma finalidade ou regra, que apenas obedece aos seus próprios ditames e impulsos, que Nietzsche vê grandes afinidades com a actividade artística e criativa.

Se no jogo a criança mergulha, intensa e totalmente, num mundo que ela própria cria e inventa, entregando-se inteiramente ao próprio devir do jogo, também o artista, tal como a criança, se entrega, intensa e totalmente, à sua produção, ao devir da obra em jogo, olvidando tudo mais.

A expressão que de seguida encontramos no fragmento que temos vindo a analisar, (DK 52/M 93), aquele em que o jogo assume verdadeiramente um sentido cósmico, remete-nos para o verbo *pesseyōn*, que igualmente significa jogar ou brincar. Aqui, no entanto, o verbo encaminha-nos para um *criançar* mais específico, para uma brincadeira ou jogo infantil singular. Um brincar com algo, com alguma coisa, um brincar que implica uma ligação ou vínculo a qualquer coisa. No caso a que alude o fragmento parece tratar-se do jogo do *pesseyeín*, jogo em que, num tabuleiro ou no chão – é bem conhecida a antiguidade destes jogos, onde num tabuleiro se jogava com dados feitos de ossinhos – as crianças brincavam com pedrinhas, *pessós*, de acordo com regras muito particulares que infelizmente não chegaram ao nosso conhecimento.

Estes *vínculos* a algo, no caso do *pesseyeín* os materiais e as regras que o jogo implica, constituem-se como a condição de validade do próprio jogo, como a condição da sua possibilidade. Ignorar essas regras, desvincular-se do seu cumprimento, seria a negação e destruição do próprio jogo.

Assim, brincar, no sentido de *pesseýō*, significa *vincular* cada um dos lances concretos de jogo, cada uma das movimentações das pedrinhas, a uma determinada possibilidade de ordenação das pedrinhas no tabuleiro. A uma determinada normatividade, a uma dada estrutura interna do jogo. A regras, a um *logos*, a princípios sem os quais o próprio jogo não seria possível.

Esta segunda dimensão ou sentido do jogo, *pesseyōn*, não nos deveria surpreender, pois na própria língua portuguesa as expressões brincar e brincadeira contêm, na sua etimologia, elementos do verbo vincular *(vinc. = brinc.)*. Com efeito, brincar e o substantivo brinco, do latim vínculo, encerram a ideia de ligar ou prender alguma coisa a outra, de estar ligado ou enraizado, de algo que está ligado por vínculos a alguma coisa.

Confrontados com as expressões *paízein* e *pesseýein*, em que a primeira procura acentuar a característica de obediência livre, intensa, total e espontânea, a uma actividade que encontra a sua finalidade em si mesma, e em que a segunda, *pesseýein*, acentua o traço de forte vinculação, de cada lance particular do jogo, a uma dada possibilidade de ordenação do todo, a uma lógica ou coerência interna do jogo que transcende e regula cada um dos movimentos discretos do jogador, poderemos agora compreender melhor o que Heraclito nos quereria transmitir quando alude ao reino da criança? O que é para Heraclito, o que é na leitura de Nietzsche, o «*paidós hē basileiē*», ou seja, o que é o reino da criança?

Deste fragmento do pensamento de Heraclito parece poder afirmar-se que o reino da criança ocorre no mundo *aiōnico*, num modo de ser em que os traços essenciais do *paízein* e do *pesseýein* convergem e estão presentes, num modo de ser em que liberdade e espontaneidade, esquecimento e perda, imersão num mundo próprio, convivem lado a lado com a vinculação a normas e a regras, com a obediência a uma estrutura, a uma normatividade, a um todo, que nos transcende e ultrapassa.

No mundo *aiōnico* o reino da criança, o reino do jogo, é aquele único modo de ser em que *paízein* e *pesseýein* se constituem como um mesmo jogo. Em que esquecimento e lembrança, prazer e sofrimento, desejo e realidade, liberdade e fatalismo, senhor e escravo, convergem num único modo de ser, o da criança.

Mas, este modo de ser da criança, este seu estilo lúdico de vida, este seu reino, que é o jogo, não corresponde exactamente ao modo de ser da vida e do mundo? Não corresponde exactamente à estrutura lúdica do próprio mundo? Para Nietzsche, como para Heraclito, o reino da criança, reino onde como senhor e como servo obedece e manda no jogo de «*paízein*», reino onde como senhor e como servo obedece e manda no jogo de «*pesseýein*», é, afinal, na inocência do devir cósmico, do tempo «*aiōnico*», o reino da *vontade de poder* em *eterno retorno*, o reino da exaltação desse sentimento cósmico que é a alegria do jogo da criança.

Metaforicamente falando, a vida é como um jogo, um jogo divino, no qual os deuses, fruto do acaso do lançamento dos dados com que brincam, distribuem aos homens a sua porção de vida, com as suas contingências e vicissitudes. A vida humana, esse jogo de homens e deuses, para aqueles que a governam, os deuses, não é mais do que um jogo.

Também na obra de Michel Foucault encontramos, recorrentemente, a imagem do jogo como mundo, a imagem de que a história, como saber e como vida, é jogo. Posição que levanta algumas objecções a todos aqueles historiadores que pensam o processo histórico como um todo coerente e racional onde o acaso não teria lugar. Também Foucault, à semelhança de Nietzsche, procura revalorizar o papel do corpo, o papel da corporeidade na história.

Pensar a história como jogo ajuda a colocar no centro do acontecer histórico as peripécias dos corpos, a olhar os próprios corpos como documentos onde tudo se inscreve, como o lugar onde se insinua o próprio império do olhar e ser olhado. Em *Microfísica do*

Poder (Foucault, 1984: 22) o autor vê o corpo como «a superfície de inscrição dos acontecimentos, lugar de dissolução do Eu, volume em perpétua pulverização.»

A história, para Foucault, tem todos esses ingredientes que o levam a pensá-la como jogo, a seriedade e a ironia, a proximidade e o afastamento, a tradição e a ruptura com modelos identitários. O combate, a luta, a rivalidade, o poder e a submissão, o «jogo causal de dominações» (Foucault, 1984: 17), desejos e seduções. A vertigem, esse desejo que deriva da perda de referências que prendem os nosso corpos a identidades, normas, lugares, valores. A história encerra os ingredientes da brincadeira e da máscara, do acaso, da sorte e do azar. O que é dizer que a história, como o jogo, é *agon, alea, mimicry* e *ilinx*, que a história, como o jogo, é conflito, acaso, simulacro e vertigem.

Tornando-se o jogo num modelo de representação do mundo, numa forma de conceber o funcionamento da sociedade, a história surge aos nossos olhos como o resultado, sempre imprevisível, de jogos múltiplos. Ver o mundo como jogo é entendê-lo a partir de uma *praxis*, de uma pragmática, que coloca as práticas humanas, práticas em conflito, no centro da interpretação histórica. Práticas que se traduzem na demarcação de espaços de poder e influência, de esferas e campos de actuação, de domínio de objectos e relações, de acordos e exclusões, de todos esses jogos que fundam uma ordem social.

É o próprio Foucault (1984: 25) que nos diz que

«[...] o grande jogo da história será de quem se apoderar das regras, de quem tomar o lugar daqueles que as utilizam, de quem se disfarçar para pervertê-las, utilizá-las ao inverso e voltá-las contra aqueles que as tinham imposto.»

A história, como o jogo, faz-se de estratégias e tácticas, de confrontos e coligações, do estabelecimento de regras e da possibilidade de serem ludibriadas, de novas jogadas, de novos lances. A sociedade pode ser entendida como um conjunto complexo de funções, relações, interacções, interdependências. Como um campo de jogo, aberto e imprevisível, onde algum grau de incerteza sempre rodeia o resultado final, onde não está presente uma racionalidade absoluta, antes racionalidades parciais.

O próprio trabalho de interpretação histórica teria, para Foucault, algo de lúdico, de jogo de sentidos, de dar ao processo histórico novas significações, novas máscaras, novos rostos, de jogar ou brincar com outras possibilidades ou alternativas, pois interpretar não é mais do que apropriar-se de «um sistema de regras, é fazê-lo entrar em um outro jogo e submetê-las a novas regras.» (Foucault, 1984: 26).

Não esqueçamos igualmente que as primeiras referências aos jogos greco-romanos que encontramos na literatura cristã, as palavras que São Paulo dirige aos Coríntios aludindo aos jogos Ístmicos aí celebrados em honra de Posídon (I, Coríntios, 9, 24)

> «Não sabeis vós que os que correm no estádio, todos, na
> verdade, correm, mas um só leva o prémio? Correi, de tal
> maneira que o alcanceis»

encerram em si todo esse imaginário que vê no jogo um modelo de representação do mundo, que transfere a ideia de combate e competição nos recintos desportivos para o plano do combate e da vida moral.

À semelhança de outros moralistas, gregos, romanos ou mesmo judeus, como Fílon de Alexandria (20 a.C.- 50 d.C.), filósofo judeu-helenista, São Paulo nas suas Epístolas recorre a símbolos que retira dos jogos atléticos (luta, combate, exercício, prémio, coroa) para apontar os seus próprios ideários, para testemunhar dos valores, das esperanças, da fé, dos bons combates, que todo o cristão deve travar.

As coroas de glória por que correm os cristãos são outras, outros são os combates por que correm. São as coroas de glória da esperança, da justiça, da fé e da piedade. Coroas de vencedor bem superiores, para o cristianismo, às que podem oferecer os combates humanos nos recintos desportivos.

> «[...] para que, de maneira alguma, não corresse ou não tivesse corrido em vão.»
> (Gálatas, 2, 2)

> «[...] não julgo que o haja alcançado; [...] esquecendo-me das coisas que atrás ficam, e avançando para as que estão diante de mim. Prossigo para o alvo, pelo prémio da soberana vocação de Deus em Cristo Jesus.»
> (Filipenses, 3, 13-14)

> «Porque, qual é a nossa esperança, ou gozo, ou coroa de glória?»
> (I Tessalonicenses, 2, 19)

> «[...] a coroa da justiça [...]»
> (II Timóteo, 4, 8)

> «Mas rejeita as fábulas profanas e de velhas, e exercita-te a ti mesmo em piedade. Porque o exercício corporal para pouco aproveita, mas a piedade para tudo é proveitosa [...]»
> (I Timóteo, 4, 7-8)

> «Combati o bom combate, acabei a carreira, guardei a fé.»
> (II Timóteo, 4, 7)

Olhando igualmente o jogo, à semelhança de Heraclito, Nietzsche ou Foucault, como modelo explicativo do funcionamento social, Echeverría (1980) critica a teoria unitária do jogo subjacente à análise marxista, ou seja, ao marxismo entendido como teoria do jogo, contrapondo à unicidade do Estado ou à ideia de Deus (como reguladores supremos ou espectadores ideais do jogo), a materialidade do corpo e a fragmentação das posições de domínio no campo de jogo.

Inicia as suas reflexões com o que designa de jogo felino, esse jogo de domínio total e absoluto que leva à morte do outro, passando posteriormente pelos jogos eróticos de Sade e pela dialéctica do senhor e do escravo de Hegel, para finalmente se centrar no marxismo interpretado como teoria do jogo.

Se o jogo felino se traduz na morte do antagonista, já os lances eróticos de Sade, como a dialéctica do senhor e do escravo, envolvem teorias mais subtis do jogo, onde o outro, como condição de que prossiga o jogo, apenas é morto imaginariamente. No primeiro caso o libertino, como Senhor absoluto do jogo, reduz o outro a mero objecto. Só a sua satisfação pessoal conta. O domínio é total e absoluto sobre os objectos que estão em jogo. O jogador que domina a partida não se preocupa com as consequências das suas jogadas. Mesmo que elas levem, de uma ou outra forma, à destruição dos seus objectos de prazer. O perigo deste jogo é que também ele, o Senhor absoluto do jogo, pode ser objecto de diversão ou destruição para outros Senhores.

Mais elaborada, a teoria hegeliana do jogo, já não envolve a ideia de um combate de vida ou de morte. Na dialéctica do senhor e do escravo, aquele já não é um tirano exterminador. O vencido converte-se em servo mas conserva a vida. Na dialéctica do senhor e do escravo ambas as autoconsciências, não apenas uma delas, se devem manter vivas. A relação é de dominador para dominado, todos se mantêm vivos como jogadores, todos devem participar no jogo, mesmo que a muitos desses jogadores, os servos, nunca lhes seja dada a oportunidade de poderem ganhar.

O jogo está aí, nesse *ritual*, em que um, o dominado, através de gestos simbólicos, de actos de submissão, de sinais corporais vários, se declara como morto, mas que, através do trabalho, recupera a sua condição de autoconsciência.

Interpretada como teoria do jogo, também a concepção marxista do mundo suscita algumas reflexões a Echeverría. Entender o jogo como um *esquema organizado de lugares*, é perguntar como se distribuem as peças, que lances, que estratégias, que regras, marcam mais significativamente esse jogo da circulação de mercadorias na sociedade capitalista e na sociedade comunista. Quem ganha e quem perde com esses jogos? Que jogo singular é esse em que um jogador especial, chamado capitalista, é capaz de aumentar desmesuradamente o seu capital, só pelo facto de o pôr em jogo? É esse um jogo justo e equitativo? Quem define as regras desse jogo? Esse jogo tem um Senhor que dita as suas regras? Quem as altera? Para benefício de todos ou de apenas alguns desses jogadores? É o Estado o árbitro desse jogo, o responsável de que esse jogo seja justo, de que haja *fair-play*? Ou são os *mercados*?

É evidente que neste jogo, como nos diz Echeverría (1980: 102)

> «[…] los jugadores no son personas individuales sino personificaciones de intereses económicos, marionetas de juegos que sobre determinan el comportamiento, que vendría definido en principio por el puro lugar en el campo.»

No xadrez deste tabuleiro de jogo, jogo de domínio, tudo se dispõe à volta do poder. Neste campo de jogo intervêm forças, jogadores, que disputam interesses contraditórios. Interesses que progressivamente vão ocupando posições centrando a sua luta em torno de uma *contradição fundamental*.

Trata-se, afinal, de ocupar uma posição no terreno de jogo, de ocupar uma dada posição e tentar mantê-la ou melhorá-la, de exercer os lugares menos perigosos e que mais vantagens possam trazer, de estar bem colocado na corrida (presidencial, para este ou aquele cargo ou função), de, no campo de jogo, no jogo da política, ocupar um *lugar dominante*. O do poder, do domínio do jogo. Domínio total do jogo, que com a globalização passou a ter novos jogadores, novos centros, novas *casas*, seja nos planos nacionais, autárquico, partidário, ou outros.

Neste complexo jogo de alteração e transformação das posições de jogo, em que cada jogada se efectua de acordo com um plano previamente traçado, de acordo com uma estratégia que permita melhorar a posição em campo, tudo se centra na forma de alcançar o objectivo final. Tudo se centra na forma de chegar ao lugar do poder, de chegar ao almejado *golo*, de ganhar. Tudo roda à volta de manter ou vir a ocupar o lugar do poder.

Mas, neste jogo desigual, desde sempre, desde o seu início, alguns jogadores começaram a aperceber-se, a dar-se conta, que outros jogadores, mesmo no respeito pelas próprias regras do jogo, mesmo sem as infringir, tinham muitas mais possibilidades de ocupar os melhores lugares, de aceder às melhores posições, de muito mais rapidamente ganharem dinheiro, terem lucros e privilégios. De terem, de se darem a si próprios, prémios de jogo mais chorudos e generosos.

De qualquer forma, como diz Echeverría, quem poderá criticar esses jogadores, se eles se limitam a actuar, a jogar, de acordo com as regras do jogo? Afinal, quem duvida ainda que o Senhor do jogo, Deus, o Estado, os mercados, os especuladores financeiros, promovem condignamente os que jogam bem? Promovem condignamente os que, porque desempenham bem os seus papéis no jogo, de alguma forma asseguram que o seu Senhor, os seus Senhores, mantêm o lugar dominante que ocupam. Lugar que a si mesmo se atribuem, assegurando com esses mesmos lances, com essas mesmas jogadas, que os que foram relegados para uma má posição, assim continuarão.

Desta forma, para que o jogo continue, o lugar dominante, o lugar de Deus, esconde-se e manifesta-se em todo o lado. O centro, o poder, pode estar, simultaneamente, sob diversas máscaras, em múltiplos lugares, em múltiplas casas, em qualquer lugar do jogo. Tal como no jogo da roleta, onde o lugar dominante poderá, em cada jogo, estar em qualquer casa, em qualquer lugar do jogo. Assim o jogador saiba, previamente, atribuir essa casa a si mesmo. Só que, se no caso da roleta o Senhor do jogo parece ter o nome de Acaso, Sorte ou Azar, no jogo da vida, no jogo social, no jogo político, esse Senhor assume outros nomes, outros rostos.

E quanto à possibilidade de mudança, quanto à possibilidade de que apareçam outras formas de jogo, novos espaços de jogo a serem ocupados de uma outra forma pelos jogadores? Seja qual for o rosto dessa mudança, a história parece sugerir que a luta por um novo jogo, sempre está ligada à luta pelo poder dominante, ou, no dizer de Echeverría (1980: 108),

> «[…] la superación del juego, en cualquier caso, tiene como primera y más importante baza la ocupación del lugar dominante, y por lo tanto la extensión de la influencia del mismo sobre todo el terreno, pues solo desde allí puede llevarse a cabo la superación que se predica.»

Algo bem conhecido de há milhares de anos. Igualmente interessantes são as múltiplas aproximações que têm sido feitas entre as estratégias militares e o conhecido jogo do *Gô*. Em termos gerais, as interpretações das estratégias de guerra em termos do jogo do *Gô* chamam a atenção para as similaridades entre este jogo e as estratégias de guerra tal como equacionadas por Sun-Tse nos finais do século VI a.c. De realçar também o facto de o livro onde este teórico chinês da arte da guerra desenvolveu as suas concepções sobre estratégia militar ser igualmente utilizado como manual do jogo do *Gô*. Centremo-nos então nalgumas dessas muitas similaridades.

O *Gô* joga-se num tabuleiro de 19 por 19 casas, com um número indeterminado de fichas, colocando cada um dos jogadores, alternadamente, as suas fichas no tabuleiro. Uma vez colocadas as fichas não podem ser movidas para outras casas, no entanto podem ser comidas caso sejam cercadas e isoladas das restantes fichas, das restantes forças do exército. O valor das fichas é muito variável ao longo do jogo em função da configuração geral das fichas no tabuleiro, ou seja, em função das posições que ocupam os dois exércitos.

O objectivo do jogo é controlar a maior extensão possível de territórios (construir um império), para o que é necessário definir, de acordo com as regras, todo um plano estratégico nesse sentido, sabendo-se que vence o que controla uma maior extensão de territórios, a que se somam as fichas conquistadas (capturadas) ao adversário, retirando as fichas que por ele foram comidas. São normalmente partidas longas, com muitos lances, que usualmente terminam por mútuo acordo, quando os contendores entendem que não podem alargar as suas zonas de influência.

Num mesmo sentido que o *Gô*, Sun-Tse pensa a arte da guerra a partir da avaliação das forças próprias e das forças do adversário. Opõe-se frontalmente às estratégias inerentes ao jogo felino ao afirmar que «Geralmente na guerra a melhor política é capturar o Estado intacto; arruiná-lo é inferior a isso.» (III, 1). Acrescenta mais à frente que «Não devemos pressionar um inimigo que não tem escapatória» (VII, 32). Sun-Tse privilegia, pelo menos no plano das ideias, que a guerra não deve tanto ocorrer no confronto directo entre exércitos, mas antes no confronto entre estratégias.

Uma guerra de estratégias, de cálculos, portanto, entendendo que o objectivo último seria dominar as forças contrárias, sem as destruir, desgastando o menos possível as forças próprias. À semelhança do jogo do *Gô* a solução deveria passar por um acordo mútuo, por um entendimento assente nas circunstâncias do terreno. Assente na configuração das forças no terreno, no cálculo sobre a posição das fichas no tabuleiro, evitando-se, ao máximo, o derramamento de sangue. Uma espécie de *revolução dos cravos*, pois estar «de acordo com o céu e a terra», tender mais para a produção e conservação das coisas do que para a sua destruição, conhecer as forças próprias e as forças do adversário, agir de acordo com essas circunstâncias, é, para Sun-Tse (VI, 30), a base da vitória.

> «Assim, aquele que consegue obter a vitória modificando a sua táctica em função da situação do inimigo, pode dizer-se que é divino.»

Avaliação objectiva das posições em confronto, definição clara dos objectivos a atingir, elaboração de planos e estratégias a adoptar, no «*Gô*», como na guerra, seriam as condições da vitória. Mas, a guerra, como um qualquer jogo, como o jogo do *Gô*, não é um acontecimento irreal pensado em condições ideais. Não é um acontecimento pensado em termos de condições ideais de partida na base das quais cada qual elaboraria projectos e estratégias com vista a alcançar objectivos pré-definidos. Não assenta no pressuposto de que todas as variáveis do jogo são determináveis e controláveis.

Como encontrar, como chegar, a esse ponto mítico de equilíbrio, a essa harmonia, quando o traço principal de qualquer campo de jogo é a sua permanente e renovada mudança e transformação, quando o traço principal de qualquer jogo é a imprevisibilidade das transformações e mudanças, quando o aleatório e a incerteza, fazem sentir a sua presença? Qualquer dos adversários procura manter secreta a sua estratégia. Qualquer deles pode ter interesse em manter abertas várias possibilidades e alternativas não se condicionando a uma única estratégia que rigidamente se manteria ao longo de todo o jogo. Poderia, assim, ajustar mais facilmente as suas acções à imprevisibilidade dos comportamentos do outro.

Depois, há que reconhecer, para além da objectividade possível, a carga de subjectividade envolvida no «*conhece-te a ti mesmo*», nas avaliações e nos cálculos realizados. Há que reconhecer a falibilidade dos cálculos, a multiplicidade e controvérsia dos factores, alguns completamente fora do nosso controlo, que estão subjacentes às tomadas de decisão inerentes a esses cálculos e avaliações. Por mais profissionais e sabedores que sejam os jogadores que os fazem.

Assim, como definir a *estratégia óptima*, noção tão do agrado da teoria matemática dos jogos, face a uma dada posição ou configuração das posições no campo de jogo? Será essa estratégia óptima, no jogo ou na política, determinável? Jogo é incerteza e desacordo sobre a valorização a dar a uma dada posição, jogo é incerteza e desacordo sobre a estratégia a seguir, sobre o lance a fazer, sobre se devemos passar, lançar, rematar, driblar ou fintar, avançar ou recuar. Jogo não é apenas luz. E se jogo é regra, táctica, estratégia, ordem, luz, harmonia até,

> «Não duvido que o mundo no seu eixo
> Gire suspenso e volva em harmonia [...]»
> (Antero de Quental, *Mea Culpa*)

não deixa também de ser sombra, acaso, labirinto. Ele vive no limiar, na fronteira, na frágil e flutuante estabilidade do que se revela e do que se oculta, tornando-se, assim, no arquétipo da própria liberdade e criatividade. Ou, como nos diz Heraclito num dos seus fragmentos (DK B93/ M 14),

> «Le maître à qui appartient l´oracle de Delphes ne dit ni ne cache rien: il donne des signes.»

No jogo, como na vida, não se trata de descobrir e desvendar uma verdade, uma estratégia óptima que jaz escondida. Não se trata de ocultar ou revelar, de passar do encobrimento à descoberta, do enigmático à iluminação, do secreto ao desvendado. Trata-se antes de, no confronto com o enigmático e o misterioso, preservar esse deus-abismo que é o próprio jogo e, a partir dele, com ele, nele, construir e renovar o sentido das coisas e da vida. Sim, o jogo é esse espaço terrível e santo (recordemos que para alguns autores, como para Huizinga, o lúdico é a origem do próprio sagrado) da obscuridade e do abismo, obscuridade e abismo sempre a preservar

> «Hay del alma en el fundo oscura sima [...]
> Conócete, mortal, mas no del todo.»
> (Unamuno, *Nuestro Secreto*)

como condição da própria inteligibilidade, da cultura, da vontade de cada um se construir como alma, como sentido, como destino. Jogar não é trazer à luz do dia, iluminar, expor, um significado oculto. Jogar é *poiesis*, agir, actuar, intervir, trabalho poético, prazer de renovadamente imaginar novos sentidos, novas formas de ser.

3. LIBERDADE E REFUNDAÇÃO DO REAL

Jogo [...] espaço e tempo de liberdade favorável
à inovação e transformação da realidade
(Jorge Crespo)

O jogo não é, ao contrário do que muitas vezes se pensa, a instauração de um mundo de fantasias, de ilusões e mentiras. Não é uma forma, uma técnica, um comportamento, uma maneira de ser, que se traduza na abolição da diferença entre o real e o irreal. O jogo é, antes, uma iniciação à capacidade de transmutação de uma realidade noutra.

O que significa que o lúdico da ilusão é, afinal, a transfiguração, a capacidade de metamorfosear, de transcender e ultrapassar, tudo aquilo em que tocamos. No Quixote de Cervantes, o transfigurar a *bacia* de barbeiro em *elmo* de cavaleiro. No caso do jogo infantil, transformar um *pau* em *cavalo* ou *espada*, na base dos esquemas motores que se aplica a esse pau. No caso do poeta o sonho de «fazer da terra um coração» (António Patrício) ou do «pranto um veleiro/E do veleiro uma rosa» (António Manuel Couto Viana). No relato bíblico a transfiguração de Jesus no Monte Tabor: «E transfigurou-se diante deles; e o seu rosto resplandecia como o sol, e seus vestidos se tornaram brancos como a luz.» (Mateus 17, 2).

A criança que joga, tal como o poeta ou o artista, ao viver corporalmente, como ser de carne e osso, nos seus jogos, todas essas *belas mentiras* que cria, ao criar esses *erros fortes* em que intensa e totalmente se envolve, é sempre inspirada pelas Musas, revela sempre, de uma ou outra forma, os *desígnios de Zeus*. São eles, os deuses, as Musas, que nos enviam esse sublime canto divino que é o jogo. Felizes esses, crianças ou adultos, a quem as Musas amam, felizes esses que sabem jogar, que sabem brincar.

Não importa, aqui, se esses *erros fortes* ou *belas mentiras* são, ou não, a satisfação dos desejos ocultos, se esses deuses ou Musas são a lúdica personificação do inconsciente freudiano ou junguiano, ou mesmo esse *sentimento* a que outros chamaram «confidência do inconsciente ao consciente». A questão central, aqui, é a de nos perguntarmos se o homem, se homens e as sociedades, podem existir sem ilusões. Se tudo é ilusão, o jogo, a religião, a arte, a poesia, o que deverá substituir, em cada um de nós, uma ilusão destruída? Não será a própria ilusão uma expressão natural, forte, vital, da vida?

Não será a própria ilusão esse traço fundamental, lúdico, de todo um viver que não se deixa subjugar a racionalidades e utilitarismos ligados a dogmas e convenções, a um logocentrismo da verdade?

O lúdico, como actividade eminentemente criativa, liberta a criança, liberta o homem, das cadeias que os prendem ao *só isso*, ao carácter de realidade das coisas, às condições e circunstâncias de uma dada realidade, engrandecendo-a, elevando-a a esse estado lúdico de que Schiller nos fala e lhe permite afirmar, repetimos, que «o homem só é totalmente homem quando joga.»

Por certo que os jogos de faz-de-conta da criança, ao imaginar lautos banquetes, não lhe matam a fome ou a sede, por certo que pensar, sonhar, desenhar um copo de água, não se traduz nessa realidade substancial, tangível, de que tanto necessita o que tem sede. No entanto, quantos pensamentos, quantos sonhos ou ilusões, quantas palavras, de violência ou não-violência, mudaram realmente a face do mundo? Afinal, o homem que engendra o jogo do mundo, não é ele próprio engendrado por esse mesmo jogo?

É certo que só por si o lúdico não pode ter outra eficiência que não seja essa magia encantatória, esse eufemismo transformador do real que, como instrumento de reconhecimento, de avaliação e apreciação das diferenças entre o real e o imaginário, permite ao homem, permite à criança, face ao retorno ao real, desencadear uma profunda poetização do mundo, mas sem desvalorizar ou ignorar a importância das barreiras e obstáculos que Cronos sempre coloca.

> «E que remédio inventaste para essa doença?» (Corifeu)
> «Insuflei-lhes cegas esperanças» (Prometeu)
> (Ésquilo, *Prometeu Agrilhoado*)

Não podemos ignorar, por certo, a dimensão alienante da ilusão e da fantasia, do jogo, do lúdico, da mesma forma que não podemos negar que o lúdico pode ser, ele próprio, o último refúgio da liberdade. Que o lúdico pode ser, tantas e tantas vezes o é, a terra da resistência, do combate e da superação. Ou, no dizer poético de Yeats, «nos sonhos começam as realidades.»

3.1. Reconciliação do Aéreo e do Terrestre

Sentia-me tão leve, tão livre
(Keats)

Face à *queda no tempo* (Baudelaire), ao permanente reencontro com os limites temporais e espaciais, com o finito, com Cronos, o homem, desde sempre construtor de ilusões, cria esses *erros fortes* de que necessita para poder viver. Cria-os e habita neles. Vive, portanto, ludicamente. Criação de valores de ilusão que se torna em vontade, em acção afirmativa que se opõe ao *só isso*, que procura ultrapassar a própria realidade. O que Hölderlin igualmente reconhece quando num dos seus versos afirma que

«[...] é poeticamente que o homem habita esta terra».

Neste sentido, jogar não é evadir-se e desaparecer, aereamente, nessas «regiões em que habitam as formas puras» (Schiller), não é piedoso refúgio num mundo ideal, mas antes terra firme em que se revigora a vontade de viver. Superação do carácter de realidade das coisas e do mundo, capacidade de resistência, de dizer não, de protestar, de transcender a realidade. A criança joga porque não se conforma com a realidade que a cerca, porque quer transcender essa realidade, porque quer crescer e *engrandecer-se*. A criança que joga vive nesse espaço de fronteira, de ida e volta, entre o real e o ideal, o quotidiano e o maravilhoso, a realidade e a surrealidade.

Nos planos individual e colectivo o jogo poderá não ser, não é, modo de vida, mas é, inequivocamente, experiência decisiva pela qual o sonho, a ilusão, se instalam sem risco de alienação, insinuando no homem, face ao confronto com o real, a força energética do sonho, da ilusão, do irreal. Pelo jogo, tantas vezes reduzido a mero divertimento, espectáculo, lazer, o homem conseguiu dar um sentido ao mundo, à vida, a si próprio. Conseguiu aceitar o mundo, passando a usar a função lúdica, o simbólico, para construir, para resolver, as suas relações com o mundo, com o tempo e a história.

O jogo, intrinsecamente conectado a referências inteligíveis, como espaço de fronteira entre o real e a sua negação, como espaço de superação, permite ao homem aceitar e dominar, domesticar, o trágico, o conflito e a morte, como condições da própria existência. É neste jogo de aceitação e negação da realidade, de simultaneamente dizer sim e dizer não, que o homem constrói, ou simula que constrói, a sua identidade.

Frente à invasão do vazio, frente ao tempo e aos sinais figurativos que o representam (teriomorfos, nictomorfos catamorfos), o jogo, espaço privilegiado de criação de ilusões, como presença, epifania ou actualização do *infinito no finito* (forma como Gilbert Durand se refere ao simbólico), com toda a carga de abertura, transcendência, promessas de esperança que encerra, acrescenta valor a uma acção, a um acto, a um gesto, fazendo como que explodir a realidade imediata, o *só isso*, sem no entanto o negar, diminuir ou desvalorizar.

Apresenta, assim, uma função de eufemização, qual empresa que se insurge contra a morte, contra a natureza efémera, transitória, passageira, da vida. Mas não apenas entendido como ilusão ou máscara que o consciente ergue, transitoriamente, face à figura da morte, à dureza e negatividade do tempo e da história, mas antes como dinamismo positivo e construtivo, prospectivo, que procura melhorar, engrandecer, a condição do homem, a sua situação no mundo.

Jogar é não se conformar com a realidade, é transcendê-la. É vida potencializada, energia capaz de superar o tédio, temporalidade corporalmente regenerada que integra a morte e a negação como condição necessária à reinvenção da vida.

Jogar, mesmo no caso dos designados jogos de imitação, não é representação mais ou menos mimética da realidade, mas antes a capacidade de ultrapassar, mudar, superar a realidade. Ora, um dos traços essenciais do homem, aquele que talvez melhor o define, não é precisamente a sua eterna tendência a procurar ultrapassar-se, a procurar ultrapassar a própria *condição humana*?

O que implica, obviamente, a capacidade de *deformar* as imagens fornecidas pela percepção (a imagem como símbolo e não mera cópia da realidade), a faculdade de se libertar dessas imagens ou percepções primeiras, porque se aspira a imagens novas, porque de alguma forma se aspira à novidade, à abertura, a outras possibilidades, a outros valores e alternativas.

Jogar é tornar presente o ausente, dar corpo ao invisível, ultrapassar-se, despertar para outras realidades, viajar, lançar-se a novas experiências, a um vida nova. Jogar é tornar próximos, viver aqui e agora, mundos longínquos, actualizar esperanças, dar vida a outros sentidos, aspirar ao infinito, projectar-se tão longe e tão alto quanto possível. Jogar é viver intensa e totalmente, a experiência do voo e da liberdade.

Neste sentido, como experiência de liberdade (o ar natural é o ar livre), como experiência do movimento aéreo e libertador, o jogo remete-nos para toda uma psicologia do *imaginário ascensional* (Gaston Bachelard), do ar e da leveza, da elevação, da luta contra a queda, o peso, o abaixamento.

O que é dizer que a experiência lúdica, como ensaio verticalizante, é uma experiência valorativa do indivíduo, das coisas e do mundo, pois, como nos ensina ainda Gaston Bachelard, toda a valorização é verticalização. Ou então, como acentua Mircea Eliade, o ascensional é sempre «éclatement d'une situation pétrifiée», ruptura de nível, passagem para uma outra forma de ser. Algo próximo ao que já Jean Chateau nos dizia ao afirmar que a criança se *engrandece* pelo jogo.

No entanto, voltamos a recordar, esta dimensão aérea e ascensional do jogo, de construção de mundos ilusórios e fictícios, não é corte definitivo com o real, fuga e alienação em mundos de sonho, mas antes pretexto para a refundação do próprio real, para a refundação da própria identidade. Jogo não é mãe-protecção ou mãe-refúgio, clausura num mundo utópico, ideal, aéreo e luminoso, um pouco à semelhança do imaginário aéreo anteriano.

> «Lá, por onde se perde a fantasia
> No sonho da beleza; lá, onde
> A noite tem mais luz que o nosso dia;»
> (Antero de Quental, *A Ideia*)

Jogo não é voo pleno, sem restrições, voo livre na direcção das alturas, voo para longe da terra. O jogo precisa da presença do corpo, da presença da terra, para, apoiando-se nela e sobre o seu peso, se elevar do solo.

Jogo é antes conciliação do aéreo e do terrestre, voo que de novo nos traz à terra, à construção do sentido da terra. Ao jogo também lhe está proibido *o livre voo*. Na segunda parte do *Fausto* (Goethe, citado por Bachelard, 1990: 63) podemos ler:

> «Podes saltar, saltar ainda mais, ao sabor do teu desejo,
> mas guarda-te de voar: o livre voo te é proibido.»

E ainda,

> «É na terra que reside a mola que te impele para o alto.»

Jogando a criança tende para o alto, para o aéreo, para as montanhas e os cumes, para a experiência da plenitude, para a libertação do peso. Mas a terra e o corpo são o fulcro, a alavanca, dessa ascensão. A criança não nega nem se afasta da terra, na sua ânsia de agarrar o céu. Precisa de ambos, vive das contradições e da complementaridade desses dois universos.

> «Nunca, ai de mim, às asas do espírito se unirá uma asa corpórea»
> (Goethe, *Fausto*)

Neste sentido, o jogo é a consagração da esperança, é esse pássaro, essa *ave divina*, que vive o sonho sem matar a vida. É ânsia de viver e construir o amanhã, força emocional e substância da vida que anima e mantém aceso esse foco criador que, como doce engano, ilusão enganosa, nos afasta do mundo, do presente, do real. Não para o negar, mas para o superar, transcender, transfigurar.

O jogo, como promessa de esperança, é esse engano, essa ficção, que nos põe em movimento e renova a vontade de viver, de criar mais vida. É a este impulso criador, a esta essência da própria vida, que se refere T. S. Eliot, citado por Hillman (1993: 175), quando escreve:

> «Vai. Vai. Vai, disse o pássaro: a espécie humana não suporta tanta realidade.»

Jogar não é matar o tempo, jogar não é matar o sonho. Jogar é sonhar sem matar a vida. É esse impulso de trazer à luz do dia os tesouros ocultos encontrados nessas regiões, renascendo fortalecido para os combates de uma vida, de um destino, que se joga no tempo e na terra. Ou, no dizer de Pessoa (*O Infante*, Mensagem),

> «Deus quer, o homem sonha, a obra nasce.»

Terra e ar, real e irreal, finito e infinito, mutuamente apaixonados. Mas não será isto, precisamente, que de forma admirável nos quer dizer a inscrição,

«A nossa matéria e a dos sonhos é igual»

inscrição que na rigidez da pedra alguém quis deixar ficar gravada numa voluta da Abadia de Westminster? Os sonhos, os espaços oníricos, as ilusões, espaços negadores dum entendimento empírico-racionalista do mundo, são insuspeitas e inesgotáveis fontes de energia criadora, são espaços criadores de novas realidades. É no jogo, em todos esses insuspeitos e inesgotáveis espaços de criatividade, que verdadeiramente habita a raiz do ser.

No jogo, vivem-se e aprendem-se, itinerários de liberdade e criatividade, itinerários a que a vida quotidiana, tantas e tantas vezes, coloca fortes barreiras. No jogo adquire-se o sentido do infinito, abrem-se novos e ilimitados horizontes, renovadas possibilidades. É neste sentido que entendemos aquela conhecida frase de Hölderlin onde afirma que «O homem é um Deus quando sonha e um mendigo quando pensa», é neste sentido que entendemos Novalis quando nos diz que «o mundo se torna sonho e o sonho se torna mundo.»

A criança que joga, a criança que mergulha no mundo do faz-de-conta, no mundo do jogo simbólico, torna-se um hermeneuta, inicia-se na exegese da vida, descobre-se como sentido, como projecto, como vontade e intento criador. Afinal, no jogo, da mesma forma que noutras manifestações do simbólico – o significado transcende sempre o significante – há sempre um *excedente de valor* (Blake), o que significa que, sempre que se trata de dar sentido às coisas e ao mundo, como nos diz Steiner (1993: 82) «as proposições valorativas não são candidatas a valores de verdade.»

No jogo, essas proposições valorativas têm o seu alicerce na própria corporeidade, são corporalmente vividas, são o próprio jogo.

São os gestos simbólicos que dão corpo, expressão plástica, aos desejos e aspirações da criança. No jogo, esse *excedente de valor* é corporalmente agido, é vivido no plano tónico-emocional.

Mas voltemos a essa capacidade de transfiguração do real inerente ao acto lúdico para melhor entendermos esse *excedente de valor* que o caracteriza. Da mesma forma que a criança transfigura os brinquedos com que brinca, também a *bacia de barbeiro*, no Dom Quixote de la Mancha, se transforma, se metamorfoseia, pela pena de Cervantes, em *elmo* de cavaleiro. Dom Quixote sabe que para além da forma como a realidade nos é dada, autênticos «encantamentos, mudam e trocam» as coisas. Onde Sancho Pança vê «uma bacia de barbeiro pintada» (I, XXI: 115), o Quixote vê um «encantado elmo».

> «- Sabes o que imagino Sancho? Que esta famosa peça deste encantado elmo... quem não soube conhecer nem estimar seu valor [...] que parece bacia de barbeiro, como tu dizes» (I, XXI: 115)

> «Para que vejam vossas mercês clara e manifestamente, o erro em que está este bom escudeiro, pois chama bacia ao que foi, é e será elmo de Mambrino» (I, XLIV: 280)

> «Traz aqui o elmo que este bom homem diz ser bacia»
> (I, XLIV: 280)

É certo que Dom Quixote sabe que «[...] nem todas as coisas deste castelo hão-de ser guiadas por encantamento» (I, XLIV: 280), o que não o impede de transformar moinhos em gigantes, Aldonza em Dulcineia. Qual linguagem mitopeica que transmuta o *só isso, o dado*, no sublime. A bacia de barbeiro é agora algo mais, um pouco à semelhança do humilde cálice da ceia de Cristo que se transforma no Santo Graal. O que para o escudeiro é bacia de barbeiro, transforma-se, na imaginação do Quixote, em elmo de cavaleiro. A realidade

284

esconde outras realidades, realidades que emergem graças a esse fingimento, lúcido e lúdico, de acordo com o desejo e intenção de quem sonha, de quem joga. Jogar é descobrir outros sentidos, outros valores, outras *divindades*, que dormem escondidas na *matéria* e o corpo actualiza.

O jogo não é um sucedâneo do real, transposição do real ao simbólico, do real ao trans-real, da imanência à transcendência. O jogo é simultaneidade de presença e ausência, do tangível e da ficção, do real e do irreal, da matéria e do espírito. Dizendo de outra forma, jogo é conciliação ou co-implicação dos opostos, bacia e elmo, «bacielmo» (I, XLIV: 280), no dizer pós-moderno e hermenêuticamente exacto de Sancho Pança. Jogo é evidência e vidência, engano e desengano vital.

Ora, se como disse Thomas Mann, o artista tem uma forma mítica de ver as coisas e a vida, de ver e representar o mundo na orgia das suas mil máscaras, então a criança, quando joga, assume-se como esse olho de artista que tudo transfigura. A lógica do jogo é a do *fazer crer*, a lógica do *como se*, desse *como se* que, ao expandir ou anular as leis do tempo, faz com que o *era uma vez*, o mítico, o arquetípico, se transforme, se converta, no presente, se dramatize aqui e agora. O jogo é, com efeito, no sentido mais profundo da palavra, acto verdadeiramente criador.

Nesse espaço de fronteira entre o sério e o não-sério, o jogo, esse dispositivo mágico transformador de realidades, tal como as grandes festas religiosas de todos os tempos, não é uma ilusão completa. Uma consciência subjacente de que as coisas não são reais, está também presente. Com efeito, como sugere Marett, citado por Campbell (2000: 43), o homem primitivo

> «[...] es un buen actor que puede estar totalmente embargado por su papel como un niño al jugar; y, también como un niño, es un buen espectador que puede

asustarse mortalmente por los rugidos de algo que él sabe perfectamente bien que no es un león real.»

Com o lúdico instala-se a dúvida e, consequentemente, o questionamento. O lúdico é essa figura singularmente vinculada aos porquês. A criança, como ser que joga, como ser que fundamentalmente se expressa pelo jogo, aprende a duvidar do que lhe é dado, questiona-se sobre a possibilidade de as coisas poderem ser de outro modo. Confronta-se com caminhos e encruzilhadas que outros procuram ignorar, transgride com o curso dos acontecimentos confiante noutras alternativas.

Fortes expectativas, as suas, sobre a possibilidade de novas máscaras a desvendar, inventar, criar. Sobre a possibilidade de ver outros rostos da realidade, sobre a possibilidade de aceder aos rostos que as máscaras escondem. Sobre a possibilidade de transfigurar a realidade, de dar outros sentidos às coisas e à vida. Sim, a criança que joga é um herói na demanda do sentido da vida, um herói criador de novos sentidos, um ser que procura superar-se e transcender-se.

Brincando, jogando, a criança constrói cenários e utopias, inicia-se nas velhas mas sempre presentes questões metafísicas, descobre-se, constrói-se, ele próprio, como enigma. Descobre-se como homem que escolhe como principal marca da sua relação com o mundo a condição de ser enigma, de eternamente se questionar, duvidando das veleidades edipianas, diurnas e luminosas, dos que já mataram a esfinge. O jogo, à sua maneira, põe-nos de sobreaviso quanto a esses perigos diurnos, tal como poeticamente o faz Unamuno (poesia também é jogo) quando nos diz:

«Hay del alma en el fundo oscura sima [...]
Conócete, mortal, mas no del todo»
(Unamuno, *Nuestro Secreto*)

O jogo alerta-nos para o perigo de nos deixarmos cair na condição de produtores e consumidores de bens, condição que necessariamente exclui aqueles elementos que de alguma forma remetem para o enigmático e o misterioso, elementos que, como meros epifenómenos, permanecem exteriores a tal condição. Não surpreende, pois, que vistos desta posição hegemónica, de produtor-consumidor, tais elementos apareçam como inúteis ou inexistentes. Visto desse altar, o jogo aparece igualmente como inútil, fútil, supérfluo, infantil, pueril.

No jogo, as imagens simbólicas, os símbolos gestuais, não correm o risco de degenerar em dogma, em *letra*, em técnica corporal mais ou menos sistemática e estereotipada que ameace a livre expressão do espírito. O jogo é, por natureza, liberdade, presença da transcendência, resistência à sintaxe da institucionalização, do convencional, sem necessariamente negar ou recusar o fundo sociológico em que igualmente se funda. Não se deixando reduzir a esse *poder sociológico*, mas transcendendo-o, superando-o.

Talvez a presença dessa transcendência, no jogo, tenha a ver com o que Zaratustra, o profeta, designava de «*Si*», de *grande razão*, esse grande e *desconhecido sábio* que habita o corpo e face ao qual o pequeno Eu mais não é do que instrumento ou brinquedo. Ouçamos Zaratustra (Nietzsche, 1972: 36):

> «Essa pequena razão a que chamas teu espírito, ó meu irmão, não passa de um instrumento do teu corpo, e bem pequeno instrumento ele é, um brinquedo da tua grande razão. [...] Inteligência e espírito mais não são que instrumentos e brinquedos; o Si situa-se para além [...] ele habita o teu corpo, ele é o teu corpo.»

Um Si, um corpo, diz-nos ainda Nietzsche, que sabe voar, que sabe dançar, que sabe, portanto, jogar.

A presença do lúdico no mundo, sempre simbolicamente mediada, sempre construção simbólica aberta à pluralidade dos sentidos, não é alheia a uma história, a uma cultura, a uma tradição. No entanto, este enraizamento no social não dispensa, não ignora, a estrutura da liberdade e da criatividade, da abertura ao possível, dimensão que tão significativamente marca o acto lúdico.

O que é dizer que o momento histórico-social da construção lúdica é igualmente o momento do esquecimento e do afastamento, o momento da restauração, da superação e da transfiguração do real. É a reactualização do real em novas vivências e situações lúdicas, a lúdica construção de outros mundos, de outros espaços, de outras realidades. O momento da abertura ao estranho, a outros modos de ser. O momento da abertura do ser finito a mundos infinitos.

Esta abertura do lúdico não se esgota na *semântica do desejo*, na ideia de que o jogo, como expressão dos desejos arcaicos do homem, é a projecção para o exterior dos desejos inconscientes, das relações e objectos internos. Não se esgota numa simples *arqueologia do sujeito* projectada no acto lúdico. Tem antes uma dimensão prospectiva e de futuro, instauradora, viva e implicada, de construção de novos horizontes. Uma dimensão que se abre, no dizer de Ricoeur, a uma «hermenêutica do Deus que vem.»

Tal como o lúdico, «o sagrado manifesta-se sempre como uma realidade de uma ordem inteiramente diferente da das realidades "naturais"» (Eliade: 20), pelo que nos remete, tal como a arte ou a religião, embora de formas distintas, para o mundo da ilusão e da ficção, para o mundo do simbólico.

Em termos gerais o jogo é uma actividade exercida sobre certos objectos, entre eles o próprio corpo, para os quais a criança transporta, investe e transfere, estados emocionais. Actividade que ajuda a libertar tensões, prepara para a vida adulta, promovendo a construção do sentido da própria identidade pessoal e corporal. Tudo isto na base da definição de um espaço de ilusão e ficção, de um espaço intermédio entre fantasia e realidade, entre o mundo exterior e o mundo interno.

Na sua obra *Realidad y Juego*, Winnicott (2002: 19) escreve:

«Yo afirmo que existe un estado intermedio entre la incapacidad del bebé para reconocer y aceptar la realidad, y su creciente capacidad para ello. Estudio, pues, la sustancia de la ilusión.»

Substância cuja importância decisiva se projecta em todo o ciclo de vida do indivíduo, dos seres humanos, pois essa *substância*, expressa inicialmente sobre a forma de jogo, de actividade lúdica, «en la vida adulta es inherente del arte y la religión», de toda a vida cultural, de toda a actividade criativa e construtiva, «pero que se convierte en el sello de la locura cuando un adulto exige demasiado de la credulidad de los demás cuando los obliga a aceptar una ilusión que no les es propia» (Winnicott, 2002: 19).

Ora, se no domínio da filosofia das religiões o termo *hierofania*, introduzido por Eliade, é usado para significar que «algo de sagrado se nos mostra» (Eliade, s.d.,: 20), no sentido de que a manifestação do sagrado pode ser expressa através de realidades tão diversas como a água, uma árvore, o fogo ou uma pedra, como quando Deus fala com Moisés no meio da sarça-ardente ou no sonho de Jacob,

«[...] o lugar em que tu estás é terra santa.»
(Êxodo 3, 5)

«[...] e tomou uma das pedras daquele lugar, e a pôs por sua cabeceira, e deitou-se naquele lugar, [...] Na verdade o Senhor está neste lugar; e eu não o sabia. E temeu e disse: Quão temível é este lugar! Este não é outro lugar senão a casa de Deus; e esta é a porta dos céus.»

(Génesis 28, 11-17)

então talvez não seja de todo descabido falar em *ludofania*, querendo nós com a expressão significar que no lúdico, uma outra *realidade* se nos mostra, uma outra *realidade* se manifesta. *Realidade* que igualmente transcende e supera o objecto, o *só isso*, transmutando-o num brinquedo, num símbolo, numa outra *realidade* que não pertence ao mundo *profano* em que diariamente a criança se movimenta.

Toda a hierofania é de alguma forma um paradoxo. Uma pedra, sem deixar de ser pedra, sem deixar de ser igual a mil e uma outras pedras, já não é só pedra, pois tornou-se noutra coisa, tornou-se numa expressão do sagrado. Algo a distingue de todas as outras pedras. É agora uma pedra sagrada.

No plano do lúdico, do que anteriormente designávamos de *ludofania*, a realidade imediata (um pau, uma pedra, o próprio corpo) transmuta-se igualmente numa outra *realidade*, numa espada, num cavalo, num avião, num personagem inventado. A pessoa que joga vive num mundo sacralizado. Jogar é viver num cosmos sacralizado.

Mas, se para o pensamento religioso, para o homem religioso, essa *realidade* que *acontece*, se *manifesta* e *revela*, é uma *realidade absoluta*, para a pessoa que joga essa *realidade*, como realidade lúdica que é, sem deixar de ser um espaço forte, significativo, qualitativamente diferente, sagrado, destinado a criar o sentido da ilusão, da omnipotência e do domínio mágico, está igualmente marcada pela sua trajectória de desilusão, pelo destino de promover a desilusão e o progressivo confronto com a realidade exterior. Trajectória de desilusão que não seria possível se não oferecesse, igualmente, suficientes oportunidades de ilusão. Jogo é actualização da esperança, do sonho e da ilusão, sem deixar de ser compromisso com a desilusão.

Jogo é espaço de fronteira, de gestão de distâncias, de aproximação e afastamento, mundo que se situa entre a realidade e a fantasia, o interior e o exterior, a ilusão e a desilusão. Espaço que se situa entre o compromisso e a liberdade, entre o que é e o que poderá ser, assumindo toda uma função estruturadora na progressiva aquisição do princípio da realidade mas sem igualmente abdicar da tarefa de o transcender. Assumindo uma função estruturadora na construção da identidade pessoal e social, sem igualmente abdicar da tarefa de, negando-a, a superar e ultrapassar.

Neste sentido, o jogo é como que uma iniciação, uma passagem que leva, através da renúncia, da omnipotência do fantasma ao simbolismo lúdico. Iniciação que, através do eufemismo, da atenuação do choque do real, do poético, se quisermos, leva ao progressivo confronto com o princípio da realidade. Confronto que exige sempre renúncias e sacrifícios. Com efeito, o homem só poeticamente parece poder habitar o mundo, ou, como nos diz Eliot,

«O ser humano não suporta demasiada realidade»

Mas, não será esta a condição mesma de toda a criatividade, a condição de todo o acto de criar? A condição da criação? A condição da transformação e da mudança?

É esse o poder mágico do jogo, tornar o mundo habitável para a criança, iniciá-la na paradoxalidade das coisas da vida, não fosse o jogo, ele próprio, essa paradoxalidade onde, para a criança que joga, tudo é possível, mas nada o é na realidade, onde tudo pode projectar mas nada efectivamente realizar.

Criar, criar espaços de jogo, é sempre criar espaços de vida e habitar neles. «Para o homem religioso, o espaço não é homogéneo», ensina-nos Eliade (s.d.: 27), da mesma forma que o não é para o *homo ludens*. Envolve sempre rupturas, mudanças de nível, diferenças qualitativas. Entrar no mundo do jogo é entrar num espaço delimitado, separado, circunscrito, com as suas regras próprias, a sua carga emocional, os seus esquemas afectivo-simbólicos.

Espaços que devem ser respeitados e valorizados, entendidos como as esferas de vida dos que neles habitam. Espaços que devem ser respeitados e enaltecidos já que, antes de tudo, são espaços de vida.

Se para o homem religioso os espaços sagrados são espaços de vida, *a casa de Deus* e a *porta dos céus*, também para aquele que joga o espaço e o tempo de jogo tem a sua sacralidade própria, convertendo-se em verdadeiro *centro do mundo*, em autêntico *axis mundi*, espaço habitável onde se encontra a paz e nos sentimos em casa. O jogo é esse mundo onde é possível a vida humana, onde nos sentimos mais perto do *céu*. Do *céu* que nós próprios criamos, pois jogar é criar um mundo habitável, um mundo que nos enche a alma, um mundo onde se cumprem aquelas condições de que necessitamos para viver.

Nesse espaço de fronteira entre o real e o irreal, entre o sério e o não sério, o jogo é, verdadeiramente, a criação de um espaço próprio, o jogo é, verdadeiramente, um espaço de criação. O jogo é o *mundo-próprio* (Jacob von Uexküll) da criança. Jogar é criar, ser criador, formar o mundo em que se quer habitar. Jogando, a criança constrói, cria, o seu *céu* e a sua *terra*, cria o visível e o invisível, descobre-se como destino, como sentido. Mas o tempo do homem continua a ser o tempo do jogo, pois como nos diz Tales de Mileto, «Tudo está cheio de deuses», ou seja, o mundo, o cosmos, é uma infinita possibilidade de renovadas *hierofanias*, de renovadas *ludofanias*.

O mundo em que vivemos, como mundo carente e aberto, necessita de alguma maneira de ser permanentemente alimentado, reclama a cada instante ser de novo recriado. Se ao reino do *possível*, do invisível, das possibilidades criadoras do homem, com todo o grau de indeterminação e infinita abertura que o caracteriza, chamarmos *céu*, se chamarmos *terra* ao rosto finito, visível, já determinado, do mundo, poderíamos então dizer que um mundo sem céu seria um mundo sem jogo.

O jogo, como expressão de uma esperança cumprida, de um sonho, de uma ilusão que se constrói, só é possível num mundo aberto, num mundo onde o céu é possível. Imaginar um mundo sem céu, um mundo sem o elemento aéreo e ascensional de que nos fala Bachelard, é imaginar um mundo onde o novo não poderia ocorrer, um mundo sem utopia, um mundo sem jogo, um mundo sem futuro.

Mas, se nas páginas anteriores tecemos algumas aproximações estruturais entre o lúdico e o sagrado, entre *ludofania* e *hierofania*, importa agora realçar algumas das dimensões estruturais que distinguem o lúdico do sagrado. Para o efeito apontaremos aquelas quatro características essenciais do jogo, nomeadamente do jogo simbólico, que mais significativamente parecem potenciar o pensamento divergente e a actividade criativa.

O primeiro desses factores é a *liberdade referencial*, ou seja, a abertura e flexibilidade que existe na relação entre significado e significante, entre o que representa e o que é referenciado, entre o veículo simbólico e a coisa simbolizada. Ou seja, o quadro de abertura que existe na possibilidade de introduzir transformações e substituições não só de objectos (pau por espada, folha de árvore por bilhete), mas também de pessoas, tempo e espaço.

O segundo factor prende-se com o carácter de *como se* de *faz-de-conta*, da actividade lúdica. Não se trata apenas de registar a substituição de objecto, mas também esse corte com o real que faz com que o jogo se transforme num espaço de evasão, de fantasia, de entrar, criar e viver, num outro espaço, num outro tempo, em contraposição ao mundo do quotidiano.

O terceiro factor é a *incerteza sequencial*, o carácter de liberdade, de abertura e flexibilidade, na forma como as sequências lúdicas se combinam. A saber, de forma não linear, imprevisível, em quadros lúdicos de grande complexidade.

O quarto factor informa-nos que a pessoa que joga tem consciência do carácter não-literal do jogo, tem consciência e sabe estabelecer as fronteiras entre o jogo e o real, entre o jogo e as actividades sérias da vida.

3.2. Criação de Valores de Ilusão

Um eterno desejo impele-me às alturas
(Nietzsche)

Esse espaço de jogo que a criança de qualquer idade inventa e habita é, por certo, um espaço de ilusão. Espaço que crescentemente temos que saber valorizar face ao esquecimento, ao desprezo, a que em geral é votado por uma larga franja do racionalismo míope da modernidade ao polarizar o mundo entre a *realidade* e a *ilusão*. Com toda a carga valorizadora que acompanha a primeira polarização e de não-seriedade, de infantilidade e puerilidade, de menoridade, que acompanha a segunda.

Importa não esquecer que quer a *realidade* quer a *ilusão*, e por muito mais razões esta, não são categorias fixas e imutáveis. O que para uma dada sociedade, ou um dado sector dessa sociedade, é uma *realidade*, para outra poderá ser uma *ilusão*. A *realidade* é uma construção social, é aquilo que uma dada sociedade, num dado momento, inventa ou decide que seja.

Neste sentido, conhecer é de alguma forma aceitar a entrada num labirinto, num mundo de incerteza e abissalidade, onde voltar à superfície, face às alternativas possíveis, face às alternativas a seguir ou a construir, não é um acto inocente. Já Leopardi nos dizia que o aspecto mais criador do impulso humano é a *ilusão* e não a *realidade*, o que lhe permitia afirmar que a poesia também é conhecimento. Posição que nos autoriza igualmente a declarar que o jogo é também uma outra forma de conhecimento.

Jogar, sonhar, imaginar, abrir-se à ilusão, é igualmente uma forma, fundamental e decisiva, de exercer outra sabedoria, de expressar, transitoriamente, como tudo na vida, esses *erros fortes*, essas *ilusões*, que galvanizam e agitam a vida. E se a ilusão é a substância da vida e do mundo, a sua sabedoria, a sabedoria da ilusão, resulta do facto de ser pura incitação à vida. Dinamismo, impulso, que momentaneamente concilia o homem consigo mesmo, abrindo janelas de esperança e de futuro. Mesmo que essa esperança seja uma esperança trágica.

O jogo, como terreno fronteiriço entre a ilusão e a realidade, é um desses ilusórios pilares através dos quais a vida se impõe à morte e a energia à abulia. Uma porta aberta ao sentido e à esperança, à ilusão, ao engano, a essa ilusão enganosa que nos prende à vida. Matar a ilusão é matar o jogo, matar o jogo é matar a ilusão. Matar o jogo e a ilusão é matar a vida. Matar o desejo pelas coisas que poderão vir, matar a esperança enquanto paixão pelo possível.

O que ajuda a compreender que, ao contrário do que muitas vezes se afirma, jogo e esperança não são resignação, mas antes o tempo da salvação. O jogo é esse tempo presente que leva da promessa e da esperança ao seu efectivo cumprimento. É a edificação temporal da esperança, esgota-a como promessa de um mundo possível, preenchendo-a, confirmando-a, actualizando-a, dando-lhe um *corpo* transitório num transitório aqui e agora. É, como antes afirmávamos, tempo de salvação, *remédio* ilusório, mas remédio, que nos liberta e resgata dos grilhões da morte, da tragédia do tempo.

Ésquilo, no Primeiro Episódio do seu *Prometeu Agrilhoado*, logo a seguir ao Prólogo, confronta-nos com a seguinte fala do Corifeu

> «Revela-nos tudo e conta-nos por que ofensa Zeus, depois de te prender, assim te maltrata de maneira infamante e cruel. Diz-nos, se tal não te for demasiado penoso.»

Prometeu toma de seguida a palavra para dizer que quando Zeus, após a disputa com os Titãs, se sentou no trono, começou de imediato a distribuir privilégios pelos deuses, não tendo no entanto dado atenção aos *infelizes mortais*, procurando antes a sua destruição e a criação de uma nova raça. E diz ainda ao Corifeu que face a esses desígnios só ele, Prometeu, teve a ousadia de se opor a Zeus tendo libertado os homens de «para o Hades irem, despedaçados», atribuindo as dores cruéis que suporta, os maus tractos que Zeus lhe inflige, ao facto de se ter «compadecido dos mortais».

No diálogo que se segue o Corifeu pergunta

«Acaso não foste tu ainda mais além do que contaste?»

Ao que Prometeu responde

«Sim, fiz com que os homens deixassem de atentar previamente na morte»

Intrigado, logo o Corifeu questiona Prometeu sobre o *remédio* que terá inventado para essa terrível doença do homem, sobre esse grande bem que terá dado aos mortais, tendo Prometeu retorquido que para além do fogo e das artes,

«Insuflei-lhes cegas esperanças.»

As *cegas esperanças*, as *vãs ilusões*, são, afinal, essa energia vital donde brota, independentemente do grau de verdade que lhes possamos atribuir, a reafirmação da vida face ao desespero e à dor, donde brota a ânsia de crescimento e engrandecimento, a ânsia de nos descobrirmos como pessoas, como alma, como humanidade.

O jogo, a esperança, a capacidade de criar valores de ilusão e neles habitar, asseguram essa relação, sempre tensional, que oscila entre posse e despossessão, reino e exílio, céu e terra. Entre uma polaridade ou tonalidade nocturna e amarga e outra diurna e serena, onde o desencanto ou o desespero, se estão presentes, e inevitavelmente estarão, só o estão de um modo transitório, já que o reino do jogo e da ilusão instaura, aqui e agora, na corporeidade, no domínio tónico e psicomotor, transitoriamente embora, esse *céu*, esse *firmamento*, que se situa para além da terra.

O lúdico constitui-se, assim, como abertura transcendente, pedra angular que incessantemente procura traduzir uma qualquer *verdade*, nunca definitivamente alcançada, mas renovada e confiantemente perseguida. Constitui-se como a veemente e imperiosa vontade de eliminação do trágico, mas sem o negar.

A realidade é imediatamente questionada, a confiança no futuro é inquestionável, a experiência da libertação e da plenitude, da absoluta felicidade, projecta-nos a uma outra *pátria*, a um outro *céu*. Mas jogar não é negar o trágico, pois o jogador sabe que essa *pátria* não é uma *eterna pátria* à maneira de Antero,

>«Minha alma, ó Deus! A outros céus aspira:
>Se num momento a prendeu mortal beleza,
>É pela eterna pátria que suspira»
>(Antero de Quental, *Aspiração*)

sabe que é uma pátria transitória vivida nesse espaço entre o real e a ficção que tão significativamente caracteriza o jogo.

Pátria transitória, é certo, mas pátria. Pátria concretamente vivida e habitada. Saída *feliz* para esse perpétuo e paradoxal conflito entre a afirmação do trágico e o reconhecimento do direito à felicidade. Saída *feliz* para esse combate entre dor e sofrimento que sempre retornam, que sempre nos acompanham, e o desejo de os ultrapassar, o desejo de os transcender e superar, de que igualmente não abdicamos.

O acto lúdico é a transposição corporal da capacidade de imaginar o que Camus, em *O Mito de Sísifo*, chama de Sísifo feliz. Se nunca Prometeu algum, Tântalo, Sísifo, Édipo ou Io, conseguiu atingir o supremo repouso, a plena felicidade, como imaginar um Sísifo feliz?

Sísifo era um mortal, fundador de Corinto. Foi condenado por Zeus a empurrar, eternamente, até ao cimo de uma montanha, um enorme rochedo, rochedo que mal chegava ao cume, impelido pelo seu próprio peso, logo voltava a cair montanha abaixo. E Sísifo tinha que recomeçar de novo.

Imaginar um Sísifo feliz é imaginar uma criança que joga, capaz de transmutar o pesado rochedo em brinquedo com o qual, feliz, se diverte. Sísifo terá mesmo de fazer rolar o insuportável rochedo ou este poderá ser reduzido a uma pequena pedra com a qual a alegre e divertida criança pode brincar? É certo que a condenação de Prometeu foi para toda a eternidade, que a vida tem o seu peso e a sua gravidade. No entanto, o reino do jogo, o reino do faz-de-conta, o reino das *cegas esperanças* e das *vãs ilusões*, como reino do possível, potencia a transmutação, a transfiguração, do pesado rochedo em brinquedo de criança.

Mas o jogo e a brincadeira logo nos devolvem ao tempo e ao presente, pois se o jogo é promessa e sedução, promessa e sedução cumprida, não deixa igualmente de ser ilusão e engano. Cada novo jogo logo se revela um novo engano. Promessa e sedução, ilusão e engano, enquanto criação da vontade e do desejo de reconstruir o sentido das coisas e da vida, enquanto ilusão consoladora, ilusão enganosa, promotora da renovação e transcendência da vida. Enquanto energia transformadora. Sim, acção eufémica e transformadora, a do jogo.

O que mata e imobiliza o mundo, o que mata e imobiliza a humanidade e cada um de nós, o que nos detém num determinado estado, numa inexistente perfeição, sistematicamente entendida como a única, definitiva e mais elevada referência, é a ausência de *valores de ilusão*, a impotência ou incapacidade de criar novos e renovados altares. Que aqueçam e iluminem a vida adiando para amanhã, para mais tarde, o confronto com a definitiva derrota ontológica, pois

«toda la vida a la postre es un fracaso [...] »
(Unamuno, *El Fracaso de la Vida*)

O jogo retira a sua energia e dinamismo das ilusões que cria, das ideias que aspira realizar e onde sonha habitar, mesmo sabendo à partida que esse espaço ilusório e mágico está condenado ao fracasso.

Não se trata de sacrificar a realidade a uma *cega esperança*, mas de recusar uma atitude passiva e acomodatícia ante o mundo, transformando esses valores de ilusão, essas *cegas esperanças*, em vontade e acção afirmativa.

Neste sentido, a actividade lúdica é o exercício da utopia. Reconhecemos que as ideologias, para além das suas funções de distorção/dissimulação do real, de integração e de legitimação da autoridade dominante, donde resulta a sua pretensão totalitária, encerram igualmente uma maior ou menor capacidade para criar ilusões.

No entanto, interessa-nos, de momento, centrar a atenção nessa forma particular de fantasia, de criar valores de ilusão, a que chamamos utopias ou pensamento utópico, esse pólo da imaginação que representa a contraposição à pretensão totalitária característica de todos os sistemas de autoridade.

Quando a arte, a religião, o saber, a actividade físico-motora, a imaginação em geral, se tornam instrumentos ideológicos, não passam de pássaros sem asas, sem voo, sem sonhos, escravos que são dos grilhões dessas ideologias. Não é o que se passa com a actividade lúdica, sempre aberta à necessidade de mudar, de mudar o próprio espaço em que nos encontramos.

O jogo, como outras perspectivas do desejo, vive do conflito entre o real e o possível, pondo permanentemente em tensão o presente. Vive da tensão entre o lugar e o não-lugar, entre o espaço que habitamos e um outro espaço eventual que a mente e a sensibilidade projectam. Jogando, à sua maneira, a criança funciona como um Tomás Moro, um Bellamy ou um Campanella, iniciando-se no mundo dos sonhos e das utopias, no mundo dos sistemas de pensamento aberto, no mundo desses sistemas que de alguma forma impedem que as sociedades se tornem fechadas e esclerosadas.

E se o jogo e a imaginação nos permitem superar o tempo, a sociedade em que vivemos parece ter perdido quase por completo a sua capacidade de pensamento utópico, a sua capacidade de jogar, a sua capacidade de se evadir do presente. Dum presente perfeitamente conformado e submisso a padrões técnicos, a padrões económicos, unicamente regidos pela eficácia, pelo rendimento, pelas leis do mercado. Pela economia, por uma tecnocracia com fachada democrática que encontra em si mesma a sua razão de ser, a sua justificação e legitimação, mas incapaz de gerar valores de ilusão.

Como nos diz Argullol (2000), uma democracia que não se abre à ilusão, ao sonho e à utopia, à criação de espaços futuros, corre gravemente o risco de, através de percursos aparentemente democráticos, sucumbir a todo o tipo de fenómenos totalitários.

Uma democracia sem ilusões, unicamente centrada no tecnicismo – entendido este como um modo específico de pensar e de conhecer que determina e condiciona a nossa relação com o mundo e com os outros, traduzido num excesso de regulamentação em que, mesmo face ao imprevisto, a novas situações, já tudo está de antemão pré-programado, uniformizado, estandardizado, na base de um reportório de respostas previamente preparadas em que, qual manual de procedimentos, já todos sabem como proceder, que opiniões formular, que emoções sentir – uma democracia sem ilusões, dizíamos, incapaz de fecundar-se no outro, no estranho, no diferente, no imprevisto, forja pessoas irresponsáveis e resignadas a essa *normalização*. Forja toda uma mentalidade de escravo que aceita passiva e resignadamente que não há outras alternativas para além daquelas que o poder instituído pretende impor.

Engendra uma cidadania menor, sem subjectividade nem capacidade libertadora, submissa ao autoritarismo e despotismo das relações sociais. Uma cidadania menor sem capacidade de transformação emancipatória.

Quer em termos de transformações individuais quer em termos de transformações sociais, é notório que não podemos renunciar à utopia, propormo-nos intuitos, sonhos, ilusões, que não sejam imediatamente realizáveis. Finalidades, sonhos, ilusões, que não tendo um valor normativo capaz de nortear a acção, não deixam, no entanto, de conceder um sentido às mudanças. E se a utopia não é historicamente realizável, se não é da sua natureza ser consumada, não deixa de fazer parte da história.

Como expressão da exploração de novas possibilidades onde se projectam os nossos sonhos, a utopia tem Eros, a atracão e o desejo, por guia e agente, não tanto o cerebral Apolo. Na base de uma *reminiscência*, de uma *memória*, que nos remete para um idealizado passado mítico, seja qual for o rosto que assume essa Arcádia ou Idade de Ouro. Mas que será sempre o lugar ou a pátria de Eros, desse Eros que tantas vezes se afasta mas que renovadamente, como criadores de espaços futuros, de sonhos e utopias, sempre procuramos.

Anti-erótico é todo o tipo de solipsismos, anti-erótico é esse mundo, esse viver, que na ausência da utopia, do jogo, do sonho, se fecha e cristaliza como se já não houvesse alternativas para além do que existe. Para além do que nos é dado, só porque nos é dado. Como se já não valesse a pena imaginar, desejar, lutar, por um mundo diferente, por um mundo melhor.

Talvez por isso Hölderlin tenha afirmado que a humanidade só poderá alcançar a sua plenitude se for capaz de se contradizer, de se negar e transcender como identidade, fecundando-se no diferente, no outro, na alteridade.

O jogo, como divertimento, como vertente estético-lúdica do imaginário, como faz-de-conta, qual Janus bifronte, com o seu rosto de conservadorismo e de subversão, movendo-se nesse espaço intermédio entre o real e a abertura de horizontes e expectativas, entre o real e a vontade de procurar outras alternativas, entre o cá e o lá, entre o céu e a terra, é dimensão essencial na construção de uma perspectiva utópica. De uma perspectiva de vida forjada na necessidade de saber dançar, de transcender a seriedade e gravidade do que existe.

> «Só posso acreditar num Deus que soubesse dançar. E quando encontrei o meu Diabo achei-o grave, meticuloso, profundo, solene; era o espírito da Gravidade. É ele que faz cair todas as coisas.»
> (Nietzsche, *Assim Falava Zaratustra*, pág. 43)

Perspectiva que nos ensina a voar, mas sem perder o contacto com a terra, que nos ensina e confronta com a nossa dimensão de mendigos carentes e de deuses que sonham (Hölderlin), que nos revela a nossa grandeza como mendigos abertos à possibilidade de dançar.

> «Aprendi a andar: desde então corro sem esforço. Aprendi a voar: desde então já não espero que me empurrem para mudar de sítio. Vede como me sinto leve; vede, voo; vede, sobrevoo-me; vede, há em mim um Deus que dança.»
> (Nietzsche, *Assim Falava Zaratustra*, pág. 44)

O jogo é sempre o reino do possível, um convite permanente à fantasia utópica, espaço aéreo, de ilusão, mas espaço concreto, corpóreo, que ocorre na terra. Espaço onde a terra perdeu o seu peso e a sua gravidade. Jogar, como vimos antes, é sempre criar um céu. O jogo é o céu da criança. Jogando, a criança constrói o seu céu, constrói mundos de sonho e ilusão. Constrói-se a si mesma como sentido, como projecto. Construindo os seus céus constrói-se como pessoa, constrói-se como relação consigo mesma, com os outros e com o mundo.

Face aos esquemas sensório-motores, aos reflexos, à instauração das reacções automáticas, ao desenvolvimento da locomoção e da preensão, nomeadamente nas suas dimensões proprioceptiva, vestibular e visual, esquemas que se constituem como os sistemas de acomodação mais primitivos nos quais as representações simbólicas se vão integrar e permitem iniciar a criança no aspecto catastrófico da queda – o desenvolvimento da locomoção é essencialmente um processo de superação das forças da gravidade, do *espírito da Gravidade*, do fardo terrestre que nos esmaga e faz cair – a criança que joga é o herói da luta pela verticalidade.

Face ao aspecto catastrófico da queda, ao *espírito da Gravidade*, a criança descobre-se como verticalidade ascendente, descobre-se como *Deus que dança*. Andar é já uma primeira forma de dançar, a genuína expressão do desejo de transcendência e superação. Andar é já a veemente procura da liberdade ante o determinismo do peso e da gravidade.

A criança que joga e brinca, como corpo dançante que se situa (como o festivo, a liturgia, a dança) para além da gestualidade utilitária e funcional do quotidiano, não está completamente livre do determinismo do peso e da gravidade, embora a eles não se deixe inteiramente subjugar. Um corpo lúdico, um corpo dançante, não se torna, à maneira de Antero,

«Entre ideias e espíritos pairando...» (Sonetos Completos, *Contemplação*)

«E pairando, já puro pensamento» (Sonetos Completos, *Redenção II*)

um corpo angélico, evaporado, subtil, que paira no ar, antes joga com o peso, com o *espírito da Gravidade*, para o superar, mostrando assim que não está irremediavelmente prisioneiro dessas circunstâncias, que a sua condição terrestre não é a única e última palavra.

É o prazer do contínuo imaginar, o divertimento inerente a esse modo de brincar a que chamamos jogo, que lhe dá aquela dimensão de inesgotável fonte de energia criadora, de itinerário de liberdade e criatividade, mas sem negar, recusar ou destruir, a realidade externa. O jogo é sempre, como temos vindo a afirmar, um equilíbrio de contrários, uma união ou coincidência de opostos, real e irreal, ordem e desordem, limitado e ilimitado, realidade e aparência.

É ruptura e aceitação da vida social, recusa e aceitação dos constrangimentos da vida quotidiana, sacrifício transitório do presente como condição da criação de novos espaços, de espaços futuros. Procura conjunta, ao contrário do que ocorre com as funções racionais e o seu princípio de não-contradição, de um outro altar, de um rosto e do seu contrário, do sagrado e do profano, do céu e da terra.

A vida, o crescimento e o desenvolvimento, não são meros processos aditivos, algo que se soma ou acrescenta a um dado estado ou situação. É ilusório pensar que qualquer processo de mudança e transformação não exija o sacrifício e a morte. A morte e o sacrifício são a condição de toda a transformação criativa. A energia criativa mata ao gerar o novo. Saber morrer é a condição da nossa própria criação. De alguma forma toda a busca, toda a demanda, todo o combate, é, em última instância, uma resposta, mesmo que transitória, ilusória ou consoladora, aos enigmas e desafios da morte. A raiz talvez dessa incorrigível e indestrutível centelha que habita o homem.

Como seria possível a renovação e a transformação sem a morte e destruição de uma ordem antiga? Para a criança que joga a vida e o mundo precisam de ser mudados, negados de maneira absoluta. Para a criança que joga a vida como está, como lhe é dada e apresentada, precisa de mudar. O jogo é, portanto, neste sentido, convívio da vida e da morte, da criação e da destruição.

Mas, se na ausência desse princípio dinâmico da imaginação e da fantasia, que é o lúdico, não há criatividade (predomínio da assimilação), se para a atitude oposta, a daqueles que fazem da adaptação à realidade externa o seu princípio essencial (primado da acomodação), a imaginação é incompatível com o trabalho sério, se para estes últimos a imaginação é secundária e inútil, o que é certo e incontornável é que o jogo vive do sempre instável equilíbrio entre o excesso e a carência de fantasia. Da necessidade, histórica, de regulação da fantasia incontrolada.

Esta questão expressa-se sobretudo na tensão entre a aceitação e a recusa da regra, na tensão entre o cumprimento da regra e a sua transgressão. Na tensão entre o carácter repetitivo e conservador do jogo e a sua natureza transgressora e superadora.

É neste plano que o jogo, jogo sagrado ou jogo profano, assume um papel essencial. O jogo da criança é essa *superabundância* da imaginação que, entre a regra e a sua transgressão, a sua aceitação e a sua negação, não se deixa submeter a um qualquer ludismo mítico-ritual. O jogo não é, afinal, ele próprio, nos renovados rostos que assume, o maior fascínio da criança?

Mas, a negação activa das regras, a recusa activa dos interditos, o carácter transgressor da imaginação e do jogo, tem em si mesmo um sentido positivo e construtivo, um forte poder de criação imanente, o que o diferencia, como nos diz Wunenburger (1977), da transgressão-regressão ou da transgressão-destruição.

Na linguagem piagetiana este carácter transgressor da imaginação quer dizer prevalência das forças da assimilação sobre as forças da acomodação, situação que, de formas diversas, parece inverter-se naqueles jogos, sagrados ou não, mas mais institucionalizados, como as cerimónias ou os jogos desportivos.

A transgressão não é obrigatoriamente um acto violento, um retorno a um estado de natureza. No jogo a transgressão como que suspende a regra ou o interdito mas sem o suprimir. No jogo a transgressão, como acto criador, é princípio organizador de outras realidades, de outros mundos, de outras formas de ser. É princípio organizador de outros cosmos, de outros céus, de outros firmamentos.

Jogar é consumar o desejo de criar novas mundivivências, de ordenar um mundo-próprio, de adquirir o sentido do infinito, face ao risco de se imobilizar nas posições já adquiridas e nelas permanecer estático, sem horizontes de transformação e progresso. Jogar é acto de criação contínua, iniciação a essa fantástica capacidade de, todos os dias, criar novas realidades.

Confrontado com as limitações da vida, o impulso da espécie humana é identificar-se com algo diferente de si mesmo pelo puro deleite de jogar. Como reinvestimento do real pela conduta simbólica o jogo transmuta o próprio mundo, levando a criança a compreender que as coisas da vida não são tão reais, permanentes, terríveis, importantes ou lógicas, como tantas vezes parecem ser.

Embrenhar-se nesse mundo do faz-de-conta, do *como se*, onde o próprio corpo pode ser uma igreja, um avião, um índio ou um cowboy, um carro ou um cavalo, é viver a experiência fantástica de brincar com os objectos arrancando-os à sua banalidade, à sua unilateralidade, à sua *aparência* mais habitual, explorando o vasto mundo de possibilidades que eles encerram.

Como acto do espírito e da imaginação o jogo guia a exploração concreta das coisas e do mundo gerando uma renovação constante das emoções e dos gestos que a acompanha, gerando uma recreação do próprio ser da pessoa que joga. Gerando outros *eus*, momentâneos e transitórios, como momentâneos e transitórios são todos os *eus* que vamos criando e dos quais sempre nos vamos igualmente libertando.

Neste sentido o jogo é a imagem simples da espiritualidade transcendente, a certeza de que por detrás de um *eu* estão muitos outros *eus* possíveis, a certeza de que por detrás do rosto específico que num dado momento um jogo revela, está a presença oculta, a possibilidade, de todos os outros deuses. Algo que ajuda a compreender as posições pan-lúdicas de Huizinga ou Wunemburger quando afirmam que o jogo é a condição e fundamento do sagrado, do numinoso. Diz-nos Wunemburger (1977: 37):

> «Rien d'étonnant alors que l'on retrouve le jeu au fondement des pratiques religieuses, puisqu'il s'agit alors de reconquérir et d'assimiler la sacralité déposée dans la face invisible de certaines choses, profanes à leur origine ; ce qui ne peut se faire qu'en appelant à l'aide l'image, dans son pouvoir de déformation des apparences profanes c'est-à-dire pragmatiques, pour faire apparaître le sens sur-réel qui y est déposé, à savoir la hiérophanie du numineux.»

O jogo, a alquimia do *faz-de-conta*, do *como se*, é um esforço de emancipação do espírito, libertando a nossa mente da tirania da lógica e da razão. É a expressão corpórea do prazer que sentimos ao vermo-nos livres, por breves momentos que seja, do peso e da gravidade das coisas, da lógica dos mundos já feitos e construídos, mundos que dificilmente aceitam a possibilidade de outros mundos e de outras lógicas.

> «El juego es un esfuerzo por salirse de la lógica que lleva a la muerte.»
> (Unamuno, *Amor y Pedagogia*)

É que, se como nos diz Mircea Eliade (2004: 104),

«[...] a imaginação implica um acto de liberdade em relação à matéria [...]»

um «desligar da realidade imediata» e um descobrir a «liberdade do espírito», o jogo é essa liberdade de espírito tornada corpo, acto, acção. É essa liberdade de espírito tornada matéria, a livre instauração de novas realidades. O jogo é essa liberdade de espírito vivida *in concreto*.

No plano do jogo não podemos apenas falar de afastamento do símbolo em relação ao referente (Werner e Kaplan, 1963), não podemos apenas falar de afastamento da linguagem relativamente ao referente, não podemos apenas falar de afastamento do significante em relação à coisa representada. Fazer variar não apenas os substitutos das coisas, os veículos simbólicos que as representam, as palavras, mas os próprios objectos na sua forma e na sua função, na forma como são agidos, isso é o jogo.

Esta *descida* ao ser mesmo das coisas, descida que consiste não apenas em as representar, em as voltar a apresentar a si mesmo e aos outros, mas em as *deformar*, inventar, recriar, na forma de uma simulação, de um simulacro, para, na sua espessura, profundidade e opacidade, aí viver, isso é o jogo.

Experiência que permite ao espírito, ao psiquismo, guardar os traços dessa vivência não tanto ao nível dos conceitos, mas das imagens, na densidade da sua dimensão corporal e tónico-emocional. No jogo, a *descida* é a condição mesma da *subida*, o terrestre (a corporeidade) é a condição mesma do aéreo (da liberdade do espírito). Ou, dizendo doutra maneira, o jogo é a encarnação do espírito.

O jogo transporta consigo uma total ausência ou indeterminação do sentido das coisas. É o homem, na base da sua experiência subjectiva e intersubjectiva, na ordem do indivíduo e da comunidade, que, submetido a exigências contraditórias, constrói e explora todas as possibilidades que esse mesmo mundo lhe proporciona.

Experiência subjectiva e intersubjectiva que tanto o leva à construção de certezas como à necessidade de transgredir o domínio da certeza. Não será este simultâneo dizer sim e dizer não, afirmar e negar, dizer e desdizer, o suporte da relação poética, aberta, lúdica, criativa, que o homem mantém com o mundo? Afinal, já Steiner (1993: 120) nos dizia que

«O jogo é a nascente última do desdizer».

Longe estamos daquelas concepções que entendem a imagem como um *obstáculo epistemológico*, como é o caso da própria epistemologia genética, quando, na evolução do pensamento sensório-motor ao pensamento formal ou abstracto, alude ao carácter *abusivamente figurativo* da imagem.

Estamos mesmo em crer que as recorrentes hesitações históricas do pensamento pedagógico, em relação ao papel do jogo e do brinquedo no desenvolvimento e educação da criança, radicam no facto de a imagem e o jogo serem entendidos não como facilitadores do desenvolvimento do pensamento formal, mas como obstáculos epistemológicos a esse desenvolvimento.

Mas, a educação não é, afinal, todo esse complexo processo de formação no decurso do qual a criança, o futuro adulto, aprende a que jogos pode ou não pode jogar?

Não nos é permitido deduzir da epistemologia piagetiana a ideia de que o desenvolvimento do pensamento formal inviabilize de alguma forma o aprofundamento das experiências inerentes ao imaginário simbólico, o que não nos impede de reconhecer que, em termos genéticos, Piaget subalterniza a imagem, dado o seu carácter eminentemente figurativo, no processo de desenvolvimento do pensamento abstracto.

Para a modernidade, valorizadora da lógica e da razão, mas com uma atitude claramente negativa em relação à importância e papel da imagem, o homem, como criador de símbolos e de imagens, é quase visto como um ser atávico, preso a fases infantis e não superadas da sua ontogénese e da sua filogénese. Preso e amarrado a formas de pensamento marcadas pela *omnipotência do pensamento*, pelo *realismo mágico*, formas de pensamento que devem ser ultrapassadas como condição para o homem aceder ao pensamento formal, abstracto, puro, não contaminado por essa *louca da casa* que é a imaginação.

As implicações desta visão, desta forma de imaginário, consubstanciam-se, no plano educativo, na institucionalização de toda uma pedagogia da *observação* (Duborgel, 1995), da imposição e da conformidade, da reprodução fiel e exacta das coisas, da acomodação ao já conhecido e regulamentado.

Pedagogia estruturalmente negadora da transformação do familiar e conhecido no outro e no estranho. Pedagogia que não se abre à exploração e à hermenêutica. Que não se abre à construção de um sujeito criativo, inovador e inventivo, ele próprio co-participante activo na descoberta dos renovados sentidos que vai dando à sua vida e às suas aprendizagens. Pedagogia unilateralmente assente no desígnio de engendrar uma consciência radicalmente racional, assente na separação dos sistemas psíquicos, na cisão da própria estrutura psicológica do indivíduo. Onde a intenção de contribuir para a sua formação global não passa de um mito, já que ignora a importância da construção de uma relação viva entre a consciência e as potencialidades do inconsciente.

Mesmo reconhecendo que a orientação intelectual pode promover mudanças importantes nos nossos comportamentos, há que repensar toda essa educação que se preocupa exclusivamente com alterações no plano da consciência e da atitude de olhar o mundo como algo estabelecido que não precisa de transformação. É que, como nos ensina nomeadamente a psicologia dinâmica, as mudanças da consciência que não ocorrem, concomitantemente, com mudanças na dimensão inconsciente da personalidade, parecem resultar pouco eficazes.

É desse casamento íntimo entre o Consciente e o Inconsciente que sai o sonho, é desse casamento que sai o jogo. Impulso criador de novos mundos, mundos que são o seu *Pays sans nom*, essa espécie de *paraísos revelados* que, se por um lado são o seu *sonho*, a consubstanciação das suas ilusões, por outro lado não deixam de ser, igualmente, de alguma forma, a sua *vida*. Vida plena de sentido, de alegria, de exuberância e sedução, do desafio e do encontro com novas possibilidades, pois onde estiver uma criança haverá sempre lugar para o riso, para os jogos, para a brincadeira.

Vida de sentimentos fortes, de plenitude e renovação, pois mesmo quando os gestos e as acções parecem os mesmos, quando os jogos parecem repetir-se mil vezes, tudo se passa como se a última fosse ainda a primeira vez. Tal a paixão, o entusiasmo, a intensidade, com que a criança se implica nos jogos.

Para o pensamento romântico estas emoções fortes, estes sentimentos, só são possíveis na base dessa «*coniunctio*» dos opostos, dessas núpcias alquímicas simbolicamente expressas como o Consciente e o Inconsciente. Carus, citado por Béguin (1991: 184), entende que todo o acto criativo, que tudo o que emerge das forças criativas mais profundas do homem,

«[...] tout cela monte, avec un accent tout particulier, de la nuit inconsciente à la lumière de la vie conscient ; et ce chant, cette merveilleuse confidence de l´Inconscient au Conscient, nous l´appelons: sentiment.»

Esse sentimento, essa profunda paixão pelo possível, pelo estranho, pelo desconhecido, fecunda-se sempre no Outro, seja qual for a forma como concebemos esse Outro.

Todo o conhecimento verdadeiramente criativo implica uma comunhão entre um eu e um outro, um reconhecimento da forma como o outro me impregna e fecunda, como afirmam, com base no pensamento platónico, os renascentistas. O «*cognitio*» entendido como «*coitio*», como co-nascimento, como a marca que o outro deixa em mim. Esta paixão pelo possível, por esse outro *sonho* que no jogo se converte em co-presença, em alteridade, fecunda e altera a minha própria identidade, constrói-me, constrói-me como sentido e como destino, como projecto de vida.

Afinal, como nos diz Hugo Mujica (2002: 131)

> «El camino hasta la propia identidad es el de la alteridad acogida: lo otro, el extranjero, lo ajeno, lo otro como otro, lo que nos adviene. El que no podríamos esperar porque no le conocemos, al que no podemos llamar por no saber su nombre, por no hablar su idioma, por ser palabra nueva. El que llega a nosotros es el que nos lleva hasta nuestra última posibilidad: la de salir de nosotros mismos.»

Um desses caminhos, que nos leva à descoberta de nós mesmos através do Outro, é a actividade lúdica, o jogo, esse espaço potencial entre o indivíduo e o envolvimento, esse viver de forma apaixonada e criativa a relação com os objectos, com os outros, com o mundo.

> «There is a poem in the heart of things»
> (Wallace Stevens)

A realidade não nos é dada como algo acabado e definitivo, constrói-se antes, simbolicamente, na diversidade e pluralidade dos sentidos. O jogo, como construção de símbolos, de sentidos de vida, marca o nosso *enraizamento*, a nossa pertença e adesão, a uma tradição, a uma história, a uma cultura, da mesma forma que marca a nossa vontade de transcender e superar esses vínculos, de os transgredir, de nos ausentarmos e afastarmos desse mundo.

O momento do jogo é o momento da aproximação e da distância, do esquecimento e da renovação, da afirmação e da negação, o momento da criação de novos mundos, mas não apenas como conhecimento ou compreensão, antes como modo de ser, como ontologia implicada e plenamente vivida, nesse espaço intermédio entre o real e a *barca da fantasia.*

O sentido da existência – como experiência radical e profunda, como experiência humana implicada na criação e recriação do mundo, com todas as consequências axiológicas que daí decorrem – que atravessa todas as esferas do viver colectivo, a ciência e a arte, a política e a religião, o amor, a amizade, a beleza, constitui-se, assim, como experiência lúdica e ilusória, como experiência em que, no jogo entre sentido e sem-sentido, sem por este nos deixarmos aniquilar, permanentemente reconstruímos novas realidades, permanente-mente nos entregamos a novas esperanças.

O que nos permite falar do *sentido*, o grande mito da psicologia jungiana, como *ilusão*, como ilusão constitutiva do homem. O que nos permite falar do jogo como força vital criadora e ordenadora, como arte da construção do homem e do mundo.

Perder esta relação de confiança com os objectos e com as pessoas, perder esta capacidade de criar imagens e recriar as relações com o mundo, perder a capacidade de criar outros laços, outros vínculos, outras relações de confiança, com o envolvimento, revalorizando-o, reinventando-o, transfigurando-o, é perder a capacidade de jogar. Perder a capacidade de ver o próprio mundo como um jogo passageiro de possibilidades.

Não é, pois, de estranhar, que Fred Plaut, um seguidor de Carl Jung, expresse o seu pensamento sobre esta relação entre o sentimento de confiança e a capacidade de criar valores de ilusão, da seguinte forma (Plaut, 1966, citado por Winnicott, 2002: 137):

> «La capacidad para formar imágenes y usarlas de manera constructiva, por recombinación en nuevas figuras, depende – a diferencia de los sueños o fantasías – de la capacidad del individuo para confiar.»

Esta relação entre sentimento de confiança a capacidade de produzir símbolos, entre contingência interactiva e jogo simbólico, foi estudada por diversos autores, inclusive por nós próprios (Leitão, 1992), estudos que mostraram que a qualidade das interacções mãe-criança, a reciprocidade e contingência das experiências interactivas, se traduzem num aumento da capacidade de construir símbolos, de jogar.

Jogar é sempre, de alguma forma, abrir a alma ao outro, abrirmo-nos ao novo, ao diferente, acolhe-lo na sua alteridade, já que se trata de uma vivência afectiva intensa, amorosa, com esse outro que nós próprios criamos. Jogar é, neste sentido, amar o outro, o diferente, o possível, o infinito.

Jogo, portanto, fecundando-me nesse outro, descubro que mudei, que sou outro, não fosse o jogo uma realidade trans-real, transicional e transaccional, uma realidade que me inicia nessa paixão de, amorosamente, criar esse projecto real-irreal que é a minha própria vida.

Jogando a criança aprende o valor do real, aprende que essa paixão pelo outro, essa co-criação de sonhos e valores de ilusão é, afinal, o fundamento mesmo de toda uma axiologia do sentido, da construção do sentido das coisas e da vida. Jogando a criança descobre-se como criadora de sentidos, como criadora de valores, como criadora de novas realidades.

Numa mesma direcção, Hillman (2000: 347) diz-nos também

«A mente criativa joga com os objectos que ama»

que reconhecendo que, contra todas as formas de opressão, a capacidade de criar imagens é a expressão da liberdade primordial do homem e o refúgio último da sua dignidade.

Alma romântica por natureza, a criança aprende, jogando, a desejar o impossível, aprende a descobrir o infinito que há em qualquer objecto, a instaurar o mito na esfera da sua vida quotidiana. Jogar é afirmar o homem como animal mitopeico, transformador do real, capaz de dar renovados sentidos à sua vida e às relações que constrói com os outros. Capaz de construir sonhos e ilusões, mitos, eles próprios constitutivos do real e indutores da sua transformação, pois como reconhece Ortega y Gasset mito não é «tontería».

> «Llamar a algo mito no supone que se le niegue un fundo de realidad, todo lo contrario. Nada es mito si no lleva dentro de la médula de una experiencia humana real. Cuando esto falta no se llama "mito", se llama tontería.»
> (Ortega y Gasset, *Una interpretación de la historia universal*)

O jogo é de todas as idades, é jovialidade, hino de alegria e vida. Equilíbrio e harmonia entre a capacidade de viver no mundo e a capacidade de permanentemente nos interrogarmos sobre esse mesmo mundo. O jogo é realidade e possibilidade, mito e *logos*, viver entre o reino do terrestre, da posse, do que se tem, e o reino do desejo, do voo, do viver acima do solo na vontade de nos aproximarmos do céu.

O jogo, como viagem iniciática aos reinos do desconhecido, do possível, do que está para além do que nos é dado, viagem iniciática que se suporta na capacidade de abdicar, de prescindir, de morrer, de negar o presente como condição de acesso a um estado superior, como condição de renascimento, o jogo, dizíamos, é genuína educação da experiência da morte. Aprendizagem de que a separação é a condição do reencontro, que o esquecimento dos limites é a condição para abarcar o infinito da existência.

E se face à invasão do vazio, da desilusão, do desencanto, não há salvação nem saída, o lúdico, espaço de criação de valores de ilusão, mas igualmente espaço de vontade de vida e acção afirmativa, permite como que arremeter contra o curso dos acontecimentos na expectativa de que outros caminhos sejam possíveis e realizáveis. Jogar é desfraldar horizontes de esperança em relação ao nó trágico da existência.

Viver é saber brincar com o tempo e com a eternidade, jogar é o engenho e a arte de implicar, num mesmo abraço, o tempo e a vontade de o superar.

Silesius, na sua ânsia mística de se aproximar, confundir mesmo, com o divino, pedia a Deus que o livrasse de Cronos, desse *monstro* do tempo que nos devora. Não é esse o regime do imaginário em que se inicia a criança que joga.

Já William Blake, quando afirma que a «eternidade está enamorada dos produtos do tempo», se coloca numa posição radicalmente distinta, aceitando conviver com esse *monstro*, sem o negar, sem o esquecer. Mas também sem a ele se render, sem abdicar dos sonhos e pretensões de equilíbrio e harmonia, sem prescindir de se superar e transcender.

Os Gulags e os campos de concentração, a dor, o sofrimento, a morte, são parte integrante do homem e do mundo, da mesma forma que são parte integrante do homem a vontade, o sonho, o desejo de superar essa sua condição. O nosso universo, o universo humano, é um *universo infirmitas*, um universo onde coexistem forças contraditórias.

Realidade e ilusão, proximidade e distância, terra e ar, são forças antitéticas que fraternalmente convergem no jogo. Todas essas formas de insondável elevação, de sonhos, de mundos ilusórios, que vão muito para além da criança e do homem, todos esses sonhos aéreos que habitam no jogo, não exigem a renúncia ao real, o ostracismo da terra, da família, dos amigos. São antes um factor de inclusão, de socialização, de construção interactiva da própria identidade.

A criança que se evade no jogo não é o Abraão que rompe com os vínculos à terra e aos outros como condição de entrada numa terra que lhe fora prometida mas nunca chegou a ser sua. A criança que joga constrói um *céu momentâneo*, habita nele, mas quando volta à terra, os vínculos com os outros, com o mundo, estão mais fortalecidos. Consolidou-os no *céu* em que viveu com os seus parceiros de jogo. Viver um céu momentâneo engrandece a criança como ser terrestre e como ser aéreo. Jogo não é promessa, profecia, é acto criador, criação de novas epifanias.

Não se trata de uma evasão para uma terra prometida, de uma promessa de salvação, do cumprimento ou actualização de uma profecia, com as suas infalíveis *pré-dições*, mas da construção activa de uma utopia, de um não-lugar. O jogo, como o reino da incerteza, o reino onde se localiza o poder de fazer aparecer o impossível, com toda a sua estrutura oracular, tem sempre um final aberto. Aberto à multiplicidade dos sentidos, à possibilidade dos vários caminhos, da miríade de epifanias.

Todas estas transformações e metamorfoses, todas estas *figuras de aparição*, têm lugar na alma, na imaginação, não nas coisas, objectos, brinquedos ou pessoas transfiguradas. É a actividade criadora da imaginação, tudo o que aí ocorre, que qualifica, anima, reanima, o espaço, lúdico no caso, em que essa actividade criadora se projecta. Jogar é adentrar-se nessa arte essencialmente simbólica em que a alma transfigura a terra em terra celeste, num céu momentâneo, qual símbolo de uma natureza metamorfoseada em que transitoriamente vivemos. Jogar é sempre reanimar o mundo, dar-lhe uma outra alma, criar vínculos fortes, amar apaixonadamente a realidade da ilusão criada.

Como o lugar das múltiplas epifanias, da imaginação activa, como acção e obra, modo de compreender, ser e agir, o jogo é uma ponte entre duas margens, uma hermenêutica que transmuta em símbolos os dados sensíveis e os conceitos racionais, suscitando a passagem entre o real e o possível.

Modo de brincar, alusão, que reconhece e nega a realidade da ilusão criada, que afirma a realidade sem abdicar de a negar e transcender. Mas nunca delírio de interpretação. Mas nunca paranóia, pensamento paralelo, desligado, delirante. Antes *ludofania*, forma particular de epifania que tanto se afasta do delírio como da revelação, que se recusa a literalizar, a ver com olhos de verdade, de realidade, o *espírito de humor*, brincalhão, de brincadeira e ironia, com que a imaginação fala no jogo. Que se recusa a tomar como literal o que é do plano do simbólico, do *como se*, do *faz-de-conta*.

A não-literalidade assume-se mesmo como essa dimensão do lúdico que múltiplos autores referem para diferenciar essa de outras actividades. Huizinga fala-nos do jogo como actividade conscientemente não-séria sem deixar de ser intensa e total. Caillois fala de uma actividade fictícia instauradora de uma liberdade criadora intensa. Bruner de um meio de exploração e invenção que obedece a um plano interior. Smith e Volstedt, da mesma forma que Krasnor e Pepler, de não-literalidade. Storms em empenhamento total na construção de uma outra realidade, Van der Kooij de suspensão da realidade. Soulayrol e Antipoff de espaço de ilusão, Jean Chateau de uma actividade séria e gratuita que implica uma fuga do mundo real e a criação de mundos de utopia.

No plano mais específico do jogo simbólico, McCune Nicolich (1982), citado por Leitão (2009), define alguns critérios diferenciadores que, de alguma forma, remetem para a questão da não-literalidade, a saber:

- Objectos inanimados são tratados como animados

- Actividades diárias são realizadas na ausência dos materiais necessários
- Realização de acções usualmente realizadas por outras pessoas
- Actividades não levadas aos seus fins usuais
- Um objecto é substituído por outro
- O comportamento afectivo e instrumental assinala o carácter não-literal da actividade

Esta ponte entre o real e o ilusório, esta não-literalidade do jogo, permite diferenciá-lo desse outro tipo de actividade imaginativa que designamos por delírio, actividade onde o que é figurativo, simbólico, poético, é entendido literalmente. Hillman (1994: 28) refere John Perceval, um paciente do foro psiquiátrico com um longo historial de delírios paranóicos, violência, tentativas de suicídio, que nas suas próprias palavras afirma: «Suspeito que muitos dos delírios que [...] afectam as pessoas insanas consistem no facto de confundirem um estilo de discurso figurativo ou poético com um literal [...] o espírito fala poeticamente, mas o homem o entende literalmente [...] não tendo sua imaginação sob seu controlo.» Para de seguida o próprio Hillman (1994: 31) afirmar que Perceval terá chegado à «etimologia de delírio: *de-ludere*, brincar com», acrescentando que «O discurso do espírito torna-se psiquiatricamente delirante quando ouvido como verdade, ordem, missão, profecia.»

Sendo o jogo esse mundo onde têm lugar acontecimentos imaginários reais – imaginação é realidade, como nos ensina Hillman (1994, 2000) – sendo o jogo o lugar onde corpo e imaginação, corpo e espírito, se fundem, onde o espírito se torna corpo, *corporeidade espiritual*, sendo o jogo o lugar onde os nossos símbolos não são tomados literalmente, *au pied de la lettre*, tal actividade diferencia-se igualmente dessa outra forma de imaginação que é a revelação. Revelação a que, literalizando, aludem os *crentes dogmáticos* (Corbin) que ao ignorarem as metamorfoses das próprias manifestações teofânicas, pretendem que o aspecto figurativo das suas visões é o único verdadeiro.

Algo completamente distinto ocorre com aquelas posições que entendem que as visões dos profetas e dos místicos são apenas manifestações epifânicas, uma forma possível, entre muitas outras, de simbolizar algo que nos é radicalmente desconhecido. Mas não a própria Realidade Absoluta. Não esqueçamos que Rudolf Otto (1992) se referia à experiência do sagrado e do *numinoso* em termos de *inacessibilidade absoluta* e de *totalmente outro*.

Ora, a atitude dogmática de contemplar numa *visão* a *realidade*, a *Realidade Absoluta*, é entender literalmente o que é do foro do figurativo, do simbólico. É negar essa atitude de simultaneamente dizer *sim* e *não*, afirmar e negar, que é a atitude da criança que joga. É negar a *coincidentia oppositorum* que tão fortemente caracteriza o lúdico, é assumir a incapacidade de, conjuntamente, negar e afirmar a *visão*, literalizando, afirmando-a como idêntica à *Realidade*.

O mesmo não ocorre com as posições mais gnósticas, iniciáticas, seja do cristianismo seja do islão, que ao não se deixarem acorrentar a ortodoxias, à institucionalização de normas religiosas, a imperativos eclesiais, vêm o mundo em termos de uma permanente criação, em termos de permanentes e renovadas epifanias. O que estruturalmente se aproxima da atitude mental da criança que joga. Não fosse o jogo, cumprimento e violação da regra, ortodoxia e heterodoxia. Não fossem todas as rebeliões da imaginação expressão de desobediência a uma norma religiosa socializada, expressão de superação de todo o tipo de literalismos.

Mas antes de retomarmos esta questão gostaríamos, através de Corbin (1993: 220), eminente estudioso da espiritualidade islâmica, de referir a resposta que o mestre sufi Abû Sa´îd al-Kharrâz terá dado quando questionado sobre a forma como conhecia a Deus

«Le conozco por ser coincidentia oppositorum»

A que de imediato Corbin (1993: 220) acrescenta o seguinte comentário:

> «Pues el universo entero de los mundos es a la vez él y no él. El Dios manifestado en las formas es a la vez sí-mismo y otro que sí-mismo, puesto que, siendo manifestado, es el limitado que sin embargo no tiene límite, el visible que sin embargo no puede ser visto.»

Esta atitude lúdica, brincalhona, de *coincidentia oppositorum* do infinito com a forma finita, que na espiritualidade sufi e no texto corânico oscila, respectivamente, entre o «Não me verás [...]» e o «Vi [Moisés] o meu Senhor sob uma forma de suprema beleza [...]» é a que igualmente encontramos no jogo da criança: o pau que é e não é, pois não deixando de ser pau passou a ser espada; o visível que não pode ser visto, pois se a percepção nos sinaliza efectivamente esse pau, a espada com que brincamos essa é invisível, apenas perceptível pela imaginação activa de quem com ela brinca; o limitado sem limites, pois se o pau se epifanizou na forma de espada, ele poderá assumir muitos outros rostos, o de cavalo, espingarda, cana de pesca, ponteiro de mestre-escola, bengala...

3.3. Reanimar o Mundo, Inventar Outro Destino

Transformai-vos de pedras mortas em pedras filosofais
(Dorn)

É pelo jogo, pela imaginação activa que ele envolve, que a consciência desperta para a verdadeira natureza do mundo. É pelo jogo e pela imaginação activa que a criança se descobre como criador de novos mundos, que se descobre como pessoa capaz de superar os dados do momento, que se descobre como apta, capaz, competente, para desencadear novas epifanias. Que descobre que a recorrência da criação – de um mundo que mesmo que tenha sido criado o foi de forma inacabada, mundo que permanentemente necessita de ser recriado – é a regra mesma do ser, é a própria lei do universo. Jogando descobre o mundo como o jogo das eternas metamorfoses, das renovadas epifanias. Descobre, afinal, que a estrutura do universo é uma estrutura lúdica.

A recorrência da criação, da criação como regra do ser, da criação que a cada instante se manifesta sob novas formas, através de novas epifanias e consequente ocultação ou extinção das anteriores, é algo profundamente intrínseco ao jogo.

Jogar é aprender a duvidar, a pôr em causa, a superar as formas e figuras do momento. A atitude lúdica é a de alguém que não se apressa a exclamar que algo é mentira, a atitude lúdica é a de alguém que não se apressa a exclamar que algo é verdade.

O jogo é ironia, diversidade dos olhares, aceitação fraterna de pontos de vista distintos e contraditórios. O jogo está mais próximo da ironia socrática, da atitude interrogativa que mantém a pluralidade dos olhares, do que do monoteísmo da razão, do dogma, da atitude diurna e antitética que apenas consegue ver o mundo em termos da polarização entre forças positivas que valoriza e sacraliza e forças negativas que desvaloriza e diaboliza.

A presença da dúvida, do elemento questionador, do simultâneo acreditar e não acreditar, a presença do faz-de-conta, do como se, do fingir, do humor e da ironia que, brincando, permite num mesmo momento e num mesmo acto, dizer algo e o seu contrário, aludir, insinuar, está bem patente na universalidade da figura do *Trickster*, o deus irónico e brincalhão, dos desacatos e transgressões. *Trickster* que apesar da irreverência e imprevisibilidade dos seus comportamentos, da sua fantástica capacidade para alterar a forma como corporalmente se apresenta, para recorrer a renovadas epifanias corporais, não deixa de ser um deus essencialmente criador.

Trickster que marca com a sua presença, com a presença do cómico, do teatral, do satírico, do carnavalesco, do divertimento e da brincadeira, tanto as antigas *saturnalias*, como as *festas de loucos* medievais, as *festum stultorum*, as *episcopus puerorum* (festas populares onde o religioso e o pagão se misturavam e as crianças vestiam trajes sacerdotais), ou mesmo os salões dos palácios nas figuras do arlequim ou do bobo da corte.

Presença que também encontramos na festa arcaica, presença do humor e da dúvida, cuja função é ajudar à criação dessa atitude lúdica de acreditar não acreditando, de acreditar que por detrás das máscaras estão deuses, espíritos, animais-ancestrais, sem nisso acreditar.

A dúvida, o humor e a ironia, o brincar com as coisas, os desacatos e as transgressões, miticamente expressos na figura do *Trickster*, são precisamente os elementos que não podem entrar na República platónica. No seu profundo e radical desejo de construir outro universo, Platão idealiza um estado, perfeito, livre, harmónico, alheio a qualquer tipo de corrupção. Um mundo onde reinaria a ordem e a razão.

Porque demasiado apegado às coisas do espírito, do infinito, do aéreo,

«É que não há vagar [...] para quem verdadeiramente aplica o seu pensamento às essências, de olhar para baixo, para os actos dos homens [...]»
(Platão, *A República,* Livro VI, 500 c-d)

não parece aperceber-se que nessa República ideal o homem, o homem de carne e osso, nem sequer tem lugar, apenas o homem que ele próprio, dogmaticamente, idealiza.

A proibição de aí entrarem os poetas trágicos, de aí entrar o riso, de aí entrar a máscara do teatro,

«Mas então só aos poetas é que deveremos vigiar e forçá-los a [...] Ou devemos vigiar também os outros artistas [...] quer na pintura [...] quer em qualquer outra obra de arte?»
(Platão, *A República,* Livro III, 400 b)

«Os nossos jovens [...] também não devem ser amigos de rir [...] e muito pior ainda, se se tratar de deuses.»
(Platão, *A República,* Livro III, 388 e)

não é mais do que a veemente reafirmação da ordem e da razão, do dogmatismo, de uma única doutrina, de um único ponto de vista. Aí só têm entrada os filósofos, os sábios, os guardiões da pureza.

Como a História parece mostrar, os esforços para trazer o céu à terra, para fazer com que um dado modelo ideal, uma dada utopia, se materialize e ganhe substância, sempre se traduziram num perigoso apego, dogmático, imperativo, inquestionável, a esse modelo utópico. Apego em nome do qual se procura fundamentar todo o tipo de sacrifícios, violências, exclusões.

Como forma de cumprir esse desígnio, trazer o céu à terra, Platão fala-nos de purificações, de expulsões, de liquidações, de deportações.

> «Todos os cidadãos com mais de dez anos devem ser expulsos da cidade e internados nalgum ponto do país.»
> (Platão, *A República*, Livro VII, 541 a)

pois na sua República ideal apenas devem ficar, para além dos filósofos e guardiões

> « [...] as crianças que estejam livres da perniciosa influência dos seus pais.»
> (Platão, *A República*, Livro VII, 541 a)

Num reino purificado de todo o Mal, como poderia também entrar esse tipo específico de diferença que é a deficiência?

> «[...] qualquer dos outros que seja disforme, escondê-lo-ão num lugar interdito e oculto como convém [...]. Se, realmente, queremos que a raça dos guardiões se mantenha pura.»
> (Platão, *A República*, Livro V, 460 c)

O lúdico, a brincadeira e a ironia, são, inequivocamente, o amor à máscara, ao plural, ao convívio da diversidade de pontos de vista. Por isso o jogo é inclusivo e acolhedor do outro. Na sua ausência, na ausência do lúdico, dessa capacidade de ironicamente dizer e desdizer, o dogmatismo tende a instalar-se, a colonizar a própria existência. A relação que o homem mantém com a máscara, com a ironia, com o lúdico, expressa a sua própria compreensão do mundo.

O jogo tende para a verticalidade, para a afirmação activa da vida, da existência, para um destino de grandeza e elevação, para a experiência da plenitude e da liberdade. Impulso aéreo que procurando libertar-se do peso e da gravidade se mantém fiel à terra, ao compromisso de não se afastar da condição temporal.

Entender o conhecimento, a sabedoria, como domínio e poder, à semelhança do que ocorre com a República, onde os sacrossantos guardiões, com as suas espadas de luz, garantem a pureza e impedem toda a contaminação venha ela donde vier, é impedir que aí entre a ironia, o jogo, o próprio riso. É impedir que aí entre o diferente, o outro. É impedir que aí entrem os que pintam os deuses com cores demasiado humanas, com virtudes e defeitos, e, blasfémia máxima, pôr os próprios deuses a jogar, a sorrir, a festejar.

Ao inverso, entender o conhecimento, a sabedoria, como emancipação, é deixar aí entrar o jogo e a ironia, o outro e as suas diferenças. Uma cultura onde a identidade e a cidadania se fundam na abertura ao outro, na aceitação e acolhimento do diferente, uma cultura da hospitalidade e da tolerância, será, acima de tudo, uma cultura do lúdico, uma cultura onde a relação com o outro, com os outros, é fundamentalmente *representação* e *jogo*.

De acordo com Carl Jung as funções racionais são incapazes de criar símbolos, já que funcionam de acordo com o princípio da não-contradição, cabendo a função de mediação dos opostos exactamente ao símbolo, a essa fantasia criadora cuja matriz base é o inconsciente. «Designei essa função de mediação dos opostos de função transcendente», diz-nos Jung (1991: 119). Fantasia criadora que Schiller, por sua vez, denominou de *instinto lúdico*.

O símbolo, o lúdico, preenche essa função de encerrar *o um no outro*, de unificar o real e o irreal, a realidade e a aparência, de superar e eliminar esse abismo que separa todo o tipo de contrários. É esta função transcendente do simbólico, do lúdico, do imaginário, que permite à criança que joga, dado o amor e a paixão, a *seriedade*, que coloca em tudo o que faz, animar o mundo, reanimá-lo, recriá-lo, reinventá-lo, dar-lhe mais vida.

Convém aqui não esquecer que o jogo, mais particularmente o jogo simbólico, tem a sua génese na descontextualização e ritualização dos comportamentos sensório-motores já adquiridos, ritualização que como sabemos não é algo de pouca monta, mais que não seja porque o ritual preserva o carácter sagrado do mundo, assegura que tudo o que fazemos ritualmente, por mais simples e ingénuo que seja, está envolvido num véu de imaginação e de faz-de-conta que transfigura a vida, que a torna mais rica e preciosa, que lhe dá um novo ânimo, que lhe trás uma nova alma.

Recorrer a Saint-Exupéry e ao seu Principezinho parece-nos incontornável neste esforço de compreensão mais aprofundado das conexões entre jogo, ritualização dos comportamentos interactivos e construção daqueles laços de vinculação às coisas e aos outros que permitem transfigurar a nossa relação com o mundo.

No primeiro encontro entre o principezinho e a raposa, face à sua solidão, desalento, tristeza, o principezinho pede à raposa para brincar com ele.

«- Anda brincar comigo – pediu-lhe o principezinho. –
Estou tão triste...
- Não posso ir brincar contigo – disse a raposa. – Não estou
presa [...] » (p.67).

Aqui começamos já a perceber que a brincadeira é um excelente antídoto contra o desânimo, a solidão e a tristeza, como começamos a perceber que, para brincar, é preciso estarmos presos, vinculados, às coisas e aos outros, da mesma forma que brincar, jogar, nos engrandece e engrandece as nossas relações com os outros. Que o jogo é a alquimia da transfiguração das coisas e das relações. Mas, «O que é que estar preso quer dizer?» (p. 67), acabou o principezinho por perguntar.

« - É uma coisa de que toda a gente se esqueceu – disse a raposa. – Quer dizer que se está ligado a alguém, que se criaram laços com alguém.

- Laços?

- Sim, laços – disse a raposa. – Ora vê: por enquanto para mim tu não és senão um rapazinho perfeitamente igual a outros cem mil rapazinhos. E eu não preciso de ti. E tu também não precisas de mim. Por enquanto, para ti, eu não sou senão uma raposa igual a outras cem mil raposas. Mas, se tu me prenderes a ti passamos a precisar um do outro. Passas a ser único no mundo para mim. E, para ti, eu também passo a ser única no mundo [...]» (p. 68)

E, assim, a raposa vai iniciando o principezinho nesse *erotismo do conhecimento* de que nos fala Ortega y Gasset, nesse mundo maravilhoso em que as coisas passam a ser *únicas* para nós e nós passamos a ser *únicos* para os outros. Mundo em que as coisas e os outros passam a ter outro sentido para nós, mundo onde tudo parece ganhar um outro ânimo, uma outra alma. Onde tudo, magicamente, se transfigura, onde tudo fica cheio de «*Sol*», onde tudo parece correr ao som da *música* e da beleza dos *campos de trigo*.

Vejamos as imagens, as figurações, a que Saint-Exupéry recorre, partindo das experiências de vida da raposa, para reforçar, amplificar, a ideia de que «Só conhecemos as coisas que prendemos a nós.» (p. 69)

« - Tenho uma vida terrivelmente monótona. Eu, caço galinhas e os homens, caçam-me a mim. As galinhas são todas iguais umas às outras e os homens são todos iguais uns aos outros. Por isso, às vezes, aborreço-me um bocado. Mas, se tu me prenderes a ti, a minha vida fica cheia de Sol. Fico a conhecer uns passos diferentes de todos os outros passos. Os outros passos fazem-me fugir para debaixo da terra. Os teus hão-de chamar-me para fora da toca, como uma música. E depois olha! Estás a ver, ali adiante, aqueles campos de trigo? Eu não como pão e, por isso, o trigo não me serve para nada. Os campos de trigo não me fazem lembrar de nada. E é uma triste coisa! Mas os teus cabelos são da cor do ouro. Então, quando eu estiver presa a ti, vai ser maravilhoso! Como o trigo é dourado, há-de fazer-me lembrar de ti. E hei-de gostar do barulho do vento a bater no trigo [...]» (p. 69)

Encontramos aqui essa mesma estrutura lúdica, transfiguradora do real, que permite num mesmo acto dizer e desdizer, afirmar e negar, mas acima de tudo, acrescentar algo ao real! Engrandecê-lo! Dar-lhe outros sentidos! Outras colorações! Um pau que se transforma numa espada, o meu corpo num avião, um pedaço de papel num bilhete de autocarro! A monotonia dos dias numa vida cheia de sol, os assustadores ruídos dos passos dos homens em música fantástica, os campos de trigo que nada dizem, nos cabelos cor de ouro do principezinho! Campos de trigo que sinalizam, na ausência do principezinho, a sua presença! Alquimicamente, a transformação do *nigredo* em ouro!

Mas a raposa vai mais longe e diz ao principezinho que para tudo isto acontecer é preciso tempo (tempo é o que não falta à criança!), paciência, reciprocidade dos olhares, proximidade corporal (« [...] todos os dias te podes sentar um bocadinho mais perto [...]») e, Santo dos Santos, *rituais*. Não esqueçamos que, questão a que voltaremos em breve, o jogo na criança deriva precisamente da *ritualização* dos seus esquemas sensório-motores, que ao saírem do seu contexto funcional e adaptativo habitual, ultrapassam o plano do utilitário e acedem ao estatuto de símbolos.

A raposa aproveita o segundo encontro que tem com o principezinho para lhe ensinar o que são rituais, para lhe ensinar a forma como os rituais, as acções ritualizadas como o jogo (p. 70), fazem

«[…] com que um dia seja diferente dos outros dias e uma hora, diferente das outras horas.»

Eis como ocorreu esse ensinamento, essa aprendizagem do que são rituais, essa aprendizagem de como a vida sai engrandecida quando cada novo encontro, cada nova actividade, assume os contornos de ritual.

« - Era melhor teres vindo à mesma hora – disse a raposa. Se vieres, por exemplo, às quatro horas, às três já eu começo a ser feliz. E quanto mais perto for da hora, mais feliz me sentirei. Às quatro em ponto já hei-de estar toda agitada e inquieta: é o preço da felicidade! Mas se chegares a uma hora qualquer, eu nunca saberei a que horas é que hei-de começar a arranjar o meu coração, a vesti-lo, a pô-lo bonito... São precisos rituais.»

É esta liturgia do jogo, este carácter de ritual que o jogo encerra, que dá vida e alma à criança. Perder a capacidade de jogar é perder a capacidade de imaginar, é perder a capacidade de animar o mundo, de o valorizar e lhe dar sentido. É perder a própria alma, aceitar que se instale o desânimo. Tudo é automático e sem sentido, compulsivo, neurótico, sem alma. A vida sofre um radical empobrecimento.

Mas, não deveríamos ter presente, a propósito destas considerações, o exemplo de Dédalo? Dédalo é considerado como o paradigma do artista universal, arquitecto, escultor e inventor de objectos mecânicos, como as célebres *estátuas animadas* a que se refere Platão no Ménon. Talentoso criador de estátuas, bonecos e brinquedos, que ganhavam vida, Dédalo, dado o carácter realmente mágico das suas realizações, faz-nos lembrar a criança que joga. Afinal, jogar, brincar, não é precisamente dar vida aos brinquedos? Animá-los?! Brincar não é precisamente manter vivo este mito?!

Como referimos anteriormente, os objectos inanimados serem tratados como animados, dar-lhes alma, vida, é um dos critérios usados por McCune Nicolich (1982) para definir o carácter simbólico, não-literal, do jogo. É esta a presença, o toque, de Dédalo. E se no mundo de Dédalo habita uma criança, com os seus sonhos, os seus anseios, as suas ilusões e fantasias, a sua mágica capacidade de criar, animar, inventar outros mundos, também em cada criança habita um mítico Dédalo. A ausência de um elemento lúdico, artístico, criativo, no espaço de vida da criança (no seu quotidiano, na família, nas amizades, na escola), capaz de dar alma, de animar, as suas experiências, as suas aprendizagens, arrasta consigo a morte da própria criança, a fragilização da sua alma.

O sentido do jogo é, na abertura ao estranho, ao possível, conduzir a criança para além de si mesma. Não aceitar os limites do real é correr o risco de entrar no reino do terror ou na beatitude da contemplação impotente de um qualquer reino ilusório. Mas aquele que se acomoda e resigna a esses mesmos limites corre igualmente o risco de se imobilizar num exílio igualmente mortal.

Ora, no jogo, tal corte entre o real e o irreal não ocorre, pois o comportamento lúdico não separa o seu *ideal*, os seus *desejos* e *ficções*, das *condições de realização*. Neste espaço intermédio entre o real e o irreal, tendo consciência da situação de *faz-de-conta* em que a actividade se desenvolve, a criança, no seu desejo de superar o que de si é limitado, mas sem o negar, avança e acrescenta mais um passo na construção do mundo e, portanto, na criação de si mesmo. Anima o mundo, descobre-se ela própria como alma.

Mircea Eliade (1960), citado por Wunenburger (1977: 27), diz-nos a este propósito que

«Le symbolisme ajoute une nouvelle valeur à un object ou une action, sans pour autant porter atteinte à leurs valeurs propres et immédiates [...] La pensée symbolique fait «éclater» la réalité immédiate mais sans l'amoindrir, ni la dévaloriser.»

Neste sentido, jogar não é, de forma alguma, uma evasão do mundo, mas antes um primeiro passo na direcção da sua *re-criação* e *re-animação*. É procurar, nas mudanças e constrangimentos do devir temporal, alguma constância, alguma invariância. Alguma constância no seio da mudança que lhe permita, sem a recusa dos dados trágicos, a superação e transformação do real. Apoiando-se nele para nele inserir novos valores, novos sentidos.

Não se trata de, contra os dados trágicos, exercer uma vontade de plena e definitiva felicidade encerrando-se, sumindo-se, num qualquer *palácio da ilusão*, mas antes de renovadamente assumir aquela atitude romântica, heróico-trágica, que é a de quem, mesmo sabendo que não pode negar o trágico, o real, o limitado, igualmente não renuncia à felicidade, ao sonho, ao ilimitado.

O lúdico, o jogo, é essa síntese transitória, nunca definitivamente alcançada, esse paradoxal e perpétuo conflito, entre um estado de facto e um estado de desejo. Uma vontade de dar novos mundos ao mundo, um desejo de engrandecimento, de crescer e ser grande. De se descobrir como verticalidade e grandeza.

Jogo é romantismo, romantismo heróico-trágico. A criança, como ser que joga, é uma alma genuinamente romântica, convergência de sonho e realidade, ou, como diziam os renascentistas, *limitação ilimitada*. É neste sentido que compreendemos Rafael Argullol (2009: 14) quando afirma que

«Toda a arte verdadeiramente trágica implica uma consideração heróica do homem. A compreensão dos limites da condição humana torna-se resignação ou niilismo se não for acompanhada pela vontade heróica do ilimitado. O Eu romântico possui até à saciedade esta vontade e aquela compreensão: a sua arte, a sua poesia, nutra-se da contradição entre uma e outra.»

Que lição a criança nos dá, que ensinamentos profundos nos trazem os seus actos lúdicos, que ensinamentos nos faz chegar o jogo num mundo como o de hoje, onde, por excesso de tragédia, homem e sociedade parecem incapazes de criar valores, parecem incapazes de produzir uma esperança.

É esta vontade de ultrapassar o real, de lhe acrescentar algo, que encontramos na actividade lúdica da criança. É esta mesma vontade que encontramos na festa e na acção sagrada. Diversos autores (Huizinga, 1994; Eliade, 1979; Durand, 1969; Wunenburger, 1977) chamam a atenção para este paralelismo entre o lúdico da criança e o da festa, reconhecendo mesmo, como Huizinga, citado por Wunenburger (1977: 82)

«[...] qu'il n'existe point de différences formelles entre un jeu et une action sacrée, à savoir que l'action sacrée se déroule sous des formes identiques à celles du jeu [...]»

O ritual, a ritualização das acções, que tanto ocorre no jogo da criança como na festa, derivam da descontextualização, da não vinculação, de um esquema motor a um dado contexto adaptativo, da sua não vinculação à utilidade e funcionalidade de uma acção motora, passando, assim, a assumir o estatuto de esquema simbólico. O jogo simbólico, na criança, deriva da ritualização de acções que saem do seu contexto funcional e adaptativo habitual. Embora o esquema simbólico remeta, no entanto, para um esquema sensório-motor prévio.

Da mesma forma, a festa actualiza e representa, celebra, teatraliza, um dado acontecimento cósmico, um dado modelo primordial. Neste sentido, a ritualização deve ser entendida como uma forma de comportamento universal, como uma acção que não está presa à utilidade, à funcionalidade, ao carácter adaptativo de um esquema sensório-motor. Que se autonomizou em relação a uma determinada necessidade ou contexto adaptativo.

Quando uma criança, fora do contexto adaptativo normal, finge que está a comer ou a dormir, finge que está a pentear uma boneca ou a aconchegá-la com mais cobertores porque está cheia de frio, adequando os gestos ao sentido a exprimir – fazendo substituição de objectos, ritualizando mesmo esses gestos na ausência dos objectos necessários, os *empty gestures* de Werner e Kaplan – é porque todo este ritual lúdico, toda estas ritualizações dos gestos, passaram a ter o valor de símbolos. De símbolos que nos remetem para algo que não está presente, que evocam algo que está ausente.

É este comportamento universal, esta capacidade lúdica de ritualização, que pode assumir semblantes diferentes – a acção sagrada é uma dessas manifestações possíveis – que igualmente encontramos nos actos festivos, pois como nos diz Wunenburger (1977: 56)

> «[...] ce rituel symbolique du faire semblant auquel l'enfant arrive par évolution du premier rituel sensori-moteur, est précisément à un niveau institutionnel celui qui prévaut dans le simulacre mimétique qui permettra à l'homme en fête de répéter le mythe.»

Tal como nos jogos, também a representação do mito, a sua actualização ritual, exige uma adequação dos actos motores ao sentido a exprimir. Mas, num caso como no outro, o que parece primordialmente estruturante, o que potencia no plano institucional, a emergência da festa e do ritual sagrado, a emergência do culto e do sagrado, como de outras formas de expressão cultural, é o jogo, a atitude lúdica que tão precocemente se insinua na criança em desenvolvimento.

Não surpreende, pois, que Wunenburger (1977: 56) reafirme este seu pensamento asseverando que

> «En effet, la finalité socio-mythique de la fête trouve donc son entière plénitude dans la récupération au niveau des rituels institués des différentes formes de ludisme infantile.»

Ludismo infantil que, de acordo com a epistemologia genética (Piaget, 1962), na base de uma progressiva maturação das estruturas mentais da criança, se organiza a partir do jogo sensório-motor, passando pelos jogos simbólicos, até chegar aos jogos de regras. Considerando o comportamento inteligente como um estado de equilíbrio entre os mecanismos de assimilação e de acomodação, Piaget define o jogo pelo primado da assimilação em relação à acomodação.

Enquanto na assimilação a criança incorpora o mundo exterior, acontecimentos e objectos, às estruturas mentais já organizadas, na acomodação verifica-se o mecanismo inverso, ou seja, são as estruturas mentais existentes que se reorganizam, se transformam, de forma a poderem incorporar, adaptar-se, a novos aspectos do envolvimento.

Desta forma, o jogo sensório-motor ou jogo de exercício simples, não é mais do que a simples assimilação a um esquema anterior, já conhecido, mas sem nenhuma exigência ou esforço de acomodação ou adaptação às circunstâncias externas, ou, no dizer do próprio Piaget (1971: 150), esses jogos «se limitam a reproduzir fielmente uma conduta adaptada, de ordinário, a um fim utilitário, mas retirando-a do seu contexto e repetindo-a pelo único prazer de se exercer tal poder.»

Após uma fase de esforço e aprendizagem sensório-motora, que exige um permanente esforço de acomodação a novas situações, a repetição, o reconhecimento e a generalização, a criança «repete as suas condutas sem novo esforço de aprendizagem» (Piaget, 1971: 208), pelo simples prazer e alegria de as repetir, de sentir que é capaz. O jogo sensório-motor, o jogo de exercício, explica-se, assim, de acordo com Piaget (1971: 208), pelo primado da assimilação, pelo prazer de ser causa, de se sentir capaz e competente, na base dessa «assimilação pela assimilação, que não exige nenhuma acomodação nova.»

A excitação sensorial da dança, o êxtase, a vertigem, que tão marcadamente caracterizavam a religião arcaica, situações que de alguma forma correspondem ao que Roger Caillois (1958) designou de jogos de vertigem (*ilinx*), explicar-se-iam pela regressão do adulto a estas camadas mais primitivas do jogo da criança.

Já a passagem do jogo sensório-motor ao jogo simbólico, a aparição, portanto, do símbolo, parece bem mais difícil de explicar, embora Piaget o continue a fazer na base do mesmo primado da assimilação. Este segundo tipo de atitude lúdica exige uma transposição simbólica, figurativa, que submete as coisas, os objectos, o real, à actividade do eu. Primado da assimilação, assimilação quase pura, sem estar integrada em modelos ou regras sociais.

Fingir que está a dormir, fingir que se penteia ou que penteia o boneco, fingir que está a almoçar ou que dá de comer ao boneco, fingir que um lego é um carro ou que um pau é uma espada, implica a passagem do sensório-motor ao representativo, mas, por outro lado, continua a ser, tal como no jogo de exercício, a supremacia da assimilação, a assimilação pela assimilação, a dissociação entre assimilação e acomodação, a livre assimilação do real ao eu.

Mas, no caso do jogo simbólico, temos muito mais do que um simples *exercício*, pois seja qual for a situação ficcionada, o jogo permite evocar uma situação não actual, permite como que tornar presente o ausente, permite, afinal, assimilar tudo a tudo. Permite que qualquer coisa seja representada (apresentada no jogo) por qualquer outra ou por um determinado movimento (o gesto de pentear como que torna presente o pente, como que torna presente, embora de uma forma descontextualizada, o acto sensório-motor de pentear). Tal como o rito actualiza, torna presente, o mito.

Esta produção de actividades fictícias a partir de dados reais ou mesmo da sua ausência, pode tornar-se imitação simples, reprodução mais ou menos precisa, no plano do faz-de-conta, de um dado modelo. Como pode tornar-se ficção pura, invenção de estruturas ilusórias. Oscilando, assim, nesse espaço entre liberdade total (assimilação) e vassalagem a modelos (acomodação), entre criação e repetição, entre modelos e sua superação.

Nesta transição entre o sensório-motor e o representativo, a imitação parece desempenhar um papel central. A continuidade entre assimilação e acomodação sensório-motora e assimilação e acomodação mental é assegurada através da imitação, já que na perspectiva da epistemologia genética a imagem mental, como mecanismo figurativo que suporta os primórdios da representação, não é mais do que uma imitação interiorizada.

Piaget e Inhelder (1966) referem a este propósito:

> «Ora, se o aparecimento das imagens parece assim ligado à constituição da função simbólica, na sua qualidade de diferenciação dos significantes e dos significados, permitindo a evocação dos objectos ou acontecimentos não actualmente percebidos é, sem dúvida, porque a imitação assegura a transição entre o sensório-motor e o representativo e porque a própria imagem constitui uma imitação interiorizada.» (p. 11 da tradução portuguesa)

A constituição da função simbólica e da progressiva diferenciação dos significantes e significados estaria, assim, fortemente ligada ao desenvolvimento da imitação e da imagem mental, entendida esta como uma imitação diferida e interiorizada. Sendo a imagem mental uma imitação diferida e interiorizada, onde em termos operativos a acomodação se sobrepõe à assimilação, uma determinada semelhança e homogeneidade liga o significante (a imagem mental ou os comportamentos imitativos) e o significado (o objecto ou a realidade evocada).

Assim, nos casos em que a imagem mental e/ou a imitação derivam de uma grande acentuação da vertente acomodadora da acção, a semelhança entre significante e significado é levada ao seu extremo: a imitação é uma cópia do modelo. Os jogos de faz-de-conta são inicialmente imitações diferidas dos esquemas sensório-motores da criança, como já afirmámos. A estas formas mais primitivas e elementares de jogo simbólico Piaget chama *esquemas simbólicos*.

O esquema simbólico não é mais do que a reprodução (imitação), descontextualizada, de um esquema sensório-motor da criança. Esta limita-se a fazer de conta que realiza algum dos seus esquemas habituais, agora não mais *realmente*, mas a título simbólico, *como se*, introduzindo assim uma ruptura no plano do real. A criança já não realiza uma determinada acção, *finge* que a realiza.

Os esquemas simbólicos são, assim, esquemas sensório-motores que, ao saírem do seu contexto adaptativo normal, o evocam simbolicamente, funcionando o esquema sensório-motor como significado e o esquema simbólico como significante.

Estes esquemas simbólicos, verdadeiras imitações não literais dos esquemas sensório-motores originais, são ritualizações ou simulacros que não procuram alcançar os fins usuais desses esquemas, sendo exercidos de forma gratuita (não funcional), puramente lúdica.

A descontextualização dos esquemas sensório-motores, apesar da quase nula diferenciação entre significante (a imitação de um esquema sensório-motor) e significado (o esquema sensório-motor que lhe serve de modelo), é já suficiente para garantir, como refere Piaget (1971: 158), «o primado da representação sobre a acção pura.»

Wallon (1942), ao estudar os mecanismos psicossociais responsáveis pela génese da representação, dada a centralidade que outorga aos factores musculares e tónico-emocionais, atribui um papel muito particular à imitação e ao simulacro, tecendo interessantes paralelismos entre o simulacro do jogo da criança (o conceito de simulacro é equivalente ao conceito de esquema simbólico) e o realismo ritual de certas práticas mágico-religiosas primitivas. Desta forma situa o simulacro, em termos genéticos, entre o indício e o símbolo.

Piaget fala-nos ainda de jogo de regras, jogo mais socializado que, podendo embora conter elementos de natureza sensório-motora ou simbólica, submete de alguma forma a imaginação a uma lógica mais formal e abstracta, às exigências da reciprocidade social, à presença de regras e normas. O que introduz todo um conjunto de prescrições, de papéis, de compromissos, entre vários parceiros de jogo. Surge, desta forma, a possibilidade quer da actividade cooperativa quer da actividade competitiva e, portanto, da actividade desportiva.

Voltemos aos paralelismos que temos vindo a estabelecer entre o ludismo da criança e o ludismo da festa, nomeadamente a festa arcaica, para reconhecer que esta, na sua intensa utilização de jogos sensório-motores e simbólicos, induz a uma dessocialização do pensamento formal deixando o espírito humano refém de estados paroxísticos marcados pela ilimitada fulgurância da imaginação, o simulacro e a vertigem, a excitação e o frenesim da dança. Pelo primado, portanto, da assimilação, da livre imaginação.

Mas esta explosão interior de figuras imaginárias, sem nunca degenerar no patológico, no delirante ou no onírico, pois sempre se situa na esfera do faz-de-conta, do como se, do jogo, do lúdico, sofre fortes pressões sociais exteriores. As pressões da própria instituição festiva, as pressões exteriores de todo um conjunto de rituais, de gestos e actos festivos já institucionalizados, que presentificam esse *in illo tempore* das míticas criações primordiais.

Uma vez mais essa paradoxalidade que sempre reencontramos entre a livre imaginação e a domesticação social do imaginário. A co-presença, afinal, do conservador e do revolucionário. Repetição e ordem, por certo, mas também essa outra característica tipicamente lúdica que é o gosto do excessivo e a transgressão da ordem e da regra.

Ou, como nos diz Wunenburger (1977: 46),

«Le ludisme et sa richesse seront fonction de l'équilibre entre ses deux pôles extrêmes et, là encore, la déviance unilatérale sera marque de dégénérescence.»

Equilíbrio sempre instável entre ortodoxia e heterodoxia, entre liberdade individual e normas sociais, entre finito e infinito, entre a realidade e a imaginação. Mas o lúdico não é, precisamente, *coincidentia oppositorum*?

O lúdico não é insurreição, diurna ou nocturna, contra o tempo e o quotidiano, mas abertura, permeabilidade, ao possível, ao que permite superar limitações e constrangimentos. O lúdico é renovação e regeneração sem destruição, sem clausura no regressivo ou alucinatório. É a presença de fantasmas interiores, por certo, mas num fraterno abraço com todo um sistema de estruturas rituais, simbólicas, que convergem para a construção de um existir simultaneamente adaptativo e crítico mas particularmente enriquecedor da própria vida.

O lúdico é condição essencial de engrandecimento do real. Não se trata apenas de, no tempo e no espaço de jogo, viver periodicamente de uma outra forma, mas de desenvolver e amplificar essa estrutura lúdica da vida psíquica e social que, ao incorporar, nos comportamentos quotidianos, a função do irreal, permite animar e reinventar os vínculos que nos prendem a uma mãe, à terra, à língua, à história, às coisas, às pessoas, aos saberes, à vida. Permite que o *pau* seja *espada*, que a *bacia* seja *elmo*, que o assustador *ruído* dos passos dos caçadores seja *música* e «uma hora diferente das outras horas.»

Uma criança é já um futuro, futuro impossível de compreender, sem essas ficções activas que, nesse momento fundador que é o jogo, a criança imagina para existir. Jogar é afirmar uma vontade, uma vontade de inventar um outro destino, de vestir outras roupagens, de assumir outras formas, de se transfigurar. Qual Proteu, deus do mar, dotado da capacidade de, ao sabor do seu desejo, se metamorfosear em qualquer figura ou forma. Deus que podemos entender como o genuíno impulso lúdico, de jogo.

O jogo é de todas as idades, é eterna jovialidade, manutenção de um equilíbrio entre a capacidade de nos interrogarmos, de nos questionarmos, de pôr em causa, e a capacidade de viver sem nos deixarmos de antemão enclausurar em lógicas e em sentidos finais e definitivos. Este impulso lúdico de que falamos, este Proteu que habita em nós, recorda-nos permanentemente que só nos podemos confrontar com máscaras, disfarces, carnavais, mas nunca com a definitiva beleza divina de Ártemis. Sabemos bem qual foi, confrontado com a nudez de Ártemis, o destino de Actéon, o caçador da forma perfeita.

Esta tensão entre a busca da forma final e perfeita (sem véus) e a contínua impossibilidade de a alcançar, está igualmente presente no próprio mito do transformista Proteu, pois sendo dotado do dom da profecia, mas querendo manter o futuro sempre aberto, logo se transfigurava quando os mortais o questionavam sobre acontecimentos futuros, negando-se assim a responder a esses pedidos.

Jogar é afirmar essa vontade proteica de renovadamente nos abrirmos a outras *cosméticas*, a outras epifanias. De sermos *Outros*, de sermos diferentes! De sermos Esperança, esperança trágica, mas nunca posse definitiva, definitiva cosmética! O que faz com que o jogo, muitas vezes apenas associado ao prazer e ao divertimento, à fase ascendente, triunfante e diurna, do ciclo trágico, seja desde sempre uma precoce iniciação e aprendizagem dos perigos da morte. Da morte como elemento inerente à própria vida. Pois, aventurar-se a novas cosméticas, a renovadas epifanias, é prescindir, abdicar, morrer, para as formas com as quais, anteriormente, nos identificávamos.

Saber morrer para essas formas é condição de abertura, ou melhor, de criação, do Outro, do diferente, do que virá a ser. Desta forma, sem o princípio dinâmico da fantasia, que é o lúdico, não haveria criatividade, não haveria o Outro. É esta consciência de que as coisas são e não são reais, é este estado de espírito que se move entre o divertido e o sério, entre o ser e o não ser, é esta atitude mental, este elemento de *fazer crer*, que encontramos quer no jogo da criança quer na forma como se celebravam as grandes festas religiosas arcaicas.

Enquanto escrevia estas palavras, um dos meus netos, com dois anos e meio, alinhava uma série de peças de *legos* e com elas construiu uma *estrada* por onde fazia andar, para trás e para a frente, um pequeno carro com o qual brincava. O carro era efectivamente um carro. Com as peças de *legos* assim dispostas e os esquemas motores, simbólicos no caso, que aplicava ao carro, *fazia crer*, a si mesmo e aos outros, que aqueles *legos* eram efectivamente uma estrada. Mas aquele carro, ou melhor, aquele brinquedo, miniatura dos carros dos adultos, logo de seguida, quando lhe aplicou um esquema motor de *pontapear*, de *rematar*, dizendo divertidamente «bola! bola!», logo se transformou (substituição de objecto, segundo Nicolich), no plano simbólico, numa bola. Fazendo crer, portanto, a si mesmo e aos outros, que o *carro* era uma *bola*.

Por esta mesma altura, um dos jogos que mais deliciava os meus netos, jogo para o qual quase sempre me *convocavam*, era o de se *assustarem a si próprios* (À cautela, à cautela, talvez com a minha presença se sentissem mais seguros!), o de *fazerem crer* a si mesmos, que vinha lá *chuva, nuvens escuras, dragões*, perigos dos quais tínhamos que nos defender ou fugir. O que nos divertíamos com esses jogos, com as mil formas que inventávamos para *exorcizar*, para *controlar*, esse *medo*.

Dois pequenos *cobertores* funcionavam como o *telhado* da *casa* onde nos escondíamos. Casa onde nos protegíamos (eu nem sequer podia ficar com os pés de fora) e acolhíamos também outros brinquedos ou bonecos da ameaça dessas *nuvens* ou *dragões*. E tínhamos portas e janelas, fictícias claro, como fictícias eram as *chaves* que utilizávamos para fechar o nosso *recinto protector*. Chaves que não deixavam de ter um suporte *material* ao qual se aplicavam os gestos corporais adequados ao acto funcional de *fechar à chave*. E inventávamos formas de contra as *nuvens* e os *dragões* lutar, de os manter afastados, de os *enganar*, da mesma forma que inventávamos palavras que tinham o poder mágico de os transfigurar em *bons* a ponto de com eles podermos brincar. Batiam à porta, perguntavam se podiam brincar... e entravam... eram acolhidos... para de novo assumirem aquelas características que os tornava verdadeiramente *assustadores*.

Algo estruturalmente parecido ao que ocorre nas festas religiosas arcaicas, pois, como nos refere Harvey Cox (1972: 164)

> «En las sociedades tribales, el ritual está evidentemente cargado de teatro y de ficción al estilo de los juegos infantiles. Los hombres tallaron las máscaras y luego se asustaron unos a otros con ellas. Las mujeres, que sabían de sobra que detrás de las máscaras estaban sus maridos y hermanos, gritaban de terror ante ellas.»

O jogo é uma ritualização da existência, um acrescentar algo à realidade, um ir para além do *só isso*, uma abertura ao outro e ao possível. Um estado de consciência transformada, corporalmente vivida, onde habita essa *hospitalidade essencial* da abertura e

344

acolhimento do estranho, do outro, do simbólico, que tanta importância assumia na Grécia Clássica e miticamente se traduzia na sentença

«Se alguém bate à porta abre-a, pode ser um deus.»

Sobre esta hospitalidade tão característica da cultura grega, gostaríamos de registar as seguintes passagens da Odisseia:

«Deve estimar-se o hóspede quando está presente,
e mandá-lo embora quando quer partir.»
(Odisseia, XV, 74-75)

«Pois os deuses, assemelhando-se a estranhos de terras
estrangeiras, sob todas as formas, visitam as cidades
para verem a insolência e a justiça dos homens.»
(Odisseia, XVII, 485-487)

«Foi então, ó porqueiro Emeu, que lhe deste esta resposta:
"Estrangeiro, não tenho o direito (mesmo que um pior que tu
aqui viesse!) de desconsiderar um estrangeiro: pois de Zeus
vêm todos os estrangeiros e mendigos; e a nossa oferta,
embora pequena, é dada de bom grado."»
(Odisseia, XIV, 55-59)

Para concluir que, qual Proteu, por detrás do pobre estrangeiro, vestido de farrapos, que o porqueiro Emeu tão afavelmente acolhera, sacrificando em sua honra o melhor porco que tinha, se escondia, afinal, o divino Ulisses, que depois de tantas peripécias e aventuras, havia finalmente chegado a Ítaca.

4. JOGO E SACRIFÍCIO

> *O sacrifício é uma das virtudes humanas*
> *menos em voga e menos reconhecida*
> (Hargreaves)

A civilização do desejo e do hiperconsumo, mas também da acentuação das desigualdades, onde a dimensão hedonística impera no próprio consumo e o imaginário do conforto material e da satisfação completa, nos mais diversos planos, marca o nosso quotidiano (Lipovetsky, 2006), faz-me suspeitar que muitos dos leitores da obra de Hargreaves, *Os Professores em Tempo de Mudança – O Trabalho e a Cultura dos Professores na Idade Pós-Moderna*, terão começado a leitura do livro pela Introdução.

Os que assim procederam não terão lido a epígrafe com que iniciamos este capítulo, frase que na dedicatória que Hargreaves dirige aos seus pais é seguida desta outra:

> «[...] trata-se da forma suprema de amor. Especialmente para aqueles que o oferecem, o sacrifício não exige qualquer retribuição, mas simplesmente aceitação e redenção.»

O pai e a mãe de Hargreaves terão de alguma forma representado, para o autor, o que *Hiawatha*, o *amigo dos homens*, representava para o seu povo. Uma compilação poética de mitos índios retracta-nos Hiawatha como um herói, uma espécie de redentor, cantando o seu miraculoso nascimento, as suas precoces proezas, a forma como vivia e, principalmente, os seus esforços e grandes sacrifícios em prol dos homens, em favor do progresso da sua tribo. Dessa epopeia Carl Jung (1993: 322) retira a seguinte passagem:

> «El cantaba a Hiawatha, cantó su nacimiento y existencia milagrosa, cómo rezaba y cómo ayunaba, cómo vivía, trabajaba y sufría, para que las tribus de los hombres prosperaran, para que su pueblo progresara.»

Adónis ou Jonas, Purusa, Tiamat ou P´an-Kú, Gilgamesh ou Hiawatha, nunca terão existido, nunca terão sido criados, nunca se terão sacrificado como condição de superação e redenção, de renascimento, de instauração de renovadas esperanças.

Em todos estes relatos míticos a questão essencial é a do próprio sacrifício e sofrimento, o seu carácter humano universal, não tanto a identidade do sofredor. Este esbater ou desvalorizar os aspectos concretos da história ajudam, assim, a enaltecer o sacrifício, essa realidade vital desta forma tornada exemplar. Desta forma tornada mítica, desta forma mitificada.

Ora, se os mitos nunca aconteceram, se Adónis ou Hiawatha nunca existiram, o que é certo é que esses mesmos mitos vivem, como experiência humana fundamental, em todos nós, em cada pessoa simples e singular, como o pai e a mãe de Hargreaves. Afinal é a todos esses «que se sacrificaram pelo futuro dos seus filhos» que Hargreaves (1998) dedica o seu livro.

4.1. Jogo como Superação de uma Perda

O céu é para aqueles que nele pensam
(Joubert)

O mito universal do sacrifício e do sofrimento, que bebe dessa experiência, igualmente universal, do exílio, do cativeiro, da exclusão, da separação, do abandono, da perda, da incompreensão, que na experiência de Israel os Salmos (137, 4) expressam lapidarmente através do célebre «Mas como entoaremos o cântico do Senhor em terra estranha?», habita já o coração dos homens das religiões antigas, o coração dos homens do Neolítico. Neolítico que após esse imenso período de latência que foi todo o Paleolítico, se abre a novas formas de representação colectiva que virão a traduzir-se em todo esse imaginário das grandes deusas mães, dos ciclos fundamentais da vida e da natureza, da veneração do solo, da terra e da fertilidade.

Ciclos da vida e da natureza que, na sua paradoxalidade, encerram o nascimento e a morte, a duplicidade, portanto, das epifanias da deusa mãe: *mãe nutrix* de seios abundantes que alimentam e protegem, *mãe terrível* que mata e devora os seus próprios filhos. A crescente tomada de consciência da finitude humana, das suas limitações e incapacidades, que há cerca de 11.000 anos o homem do Neolítico viveu tão dramaticamente, é talvez o fundamento dessa insatisfação que leva o homem a tornar-se produtor activo de símbolos e de meios de subsistência, procurando assim compensar e superar a angústia do confronto com a realidade.

Como nos diz Jacques Cauvin (1997: 115), com o Neolítico

«Uma topologia vertical instala-se então na própria intimidade do psiquismo, na qual o estado inicial de angústia pode tornar-se em segurança pelo preço de um esforço mental ascensional [...]».

Trata-se, afinal, da função eufémica que a actividade simbólica sempre apresenta.

Esta situação de privação e carência inerente à condição humana, esta frustração ontológica básica que deriva da impossibilidade de o mundo gratificar completa e definitivamente as nossas necessidades, situação miticamente expressa nas figuras da mãe boa e da mãe má, da Ísis que alimenta o seu filho e da hindu Kali a *Negra*, mãe canibal que mais não é do que a personificação do tempo devorador, da experiência do sofrimento, é fortemente vivida e poeticamente expressa por Antero de Quental. Face à impossibilidade de viver no seio do absurdo e das contradições, diz-nos o poeta que

> «Eu dava o meu orgulho de homem – dava
> Minha estéril ciência, sem receio»
> (Antero de Quental, *Mãe*)

se pudesse finalmente repousar e dormir, qual «*débil criancinha*», na segurança e intimidade desse seio protector, dessa

> «Mãe – que adormente este viver dorido E
> me vele esta noite de tal frio,
> E com as piedosas mãos ate o fio
> Do meu pobre existir meio partido»
> (Antero de Quental, *Mãe*)

dessa mãe boa, arquetípica, que permite exorcizar, negar e anular, os terrores da noite, dos abismos e da morte. Mas a outra face da cosmogonia, descendente e nocturna, a da terrível Kali, também se impõe ao homem e ao poeta. A vida tem ciclicamente que morrer e extinguir-se para que possa haver transformação e renovação.

A temática anteriana da protecção e do refúgio, do colo e do seio materno, das mãos piedosas, dos braços e do olhar querido, do que é compassivo, doce e brando, do que sorri, da ternura e da suavidade, da confiança e do consolo, como expressões que aludem à mãe, à virgem, à mulher, ao pólo diurno, portanto, do arquétipo da grande mãe, vai dando lugar ao seu pólo nocturno, à morte, à noite, a Kali. A dúvida vai-se instalando,

> «A Natureza é minha mãe ainda [...]»
> (Antero de Quental, *Mea Culpa*)

os tempos felizes de outrora, essa mãe-natureza que tudo regalava, parece ter-se perdido definitivamente,

> «Não resta uma flor só, uma só rosa [...]»
> (Antero de Quental, *A Uma Amiga*)

a mãe-noite, a mãe-morte, torna-se decididamente no novo ideal de Antero, pois tu Noite, pois tu Morte, diz-nos o autor,

> «Tu ao menos, abafas os lamentos [...]»
> (Antero de Quental, *Nox*)

Se todas as figuras míticas, se o próprio imaginário poético, representam de uma ou outra forma, um drama da alma humana, fácil será então compreender como, face ao confronto com a perda e a separação, face ao poder da morte, só o simbólico, só o imaginário, só o lúdico, só esse mundo paradoxal do faz-de-conta, a modo de contraponto eufémico e resistente, se lhes pode opor.

É nesta inesgotável capacidade simbólica, nesta infinita propensão para o lúdico, para o jogo, para o faz-de-conta, que radica o poder e a magia do ser humano. O poder e a magia desse ser humano que, desde sempre, seja no plano ontogenético ou no plano filogenético, parece estar irremediavelmente condenado, recordemos uma vez mais Eliot, a não suportar demasiada realidade. Irremediavelmente condenado, portanto, a jogar.

> «Vai. Vai. Vai, disse o pássaro: a espécie humana
> Não pode suportar tanta realidade»
> (Eliot)

Mas, se a separação e a perda são o corte com algo que amamos profundamente, esse mesmo acto de perda e separação, para além do significado negativo que normalmente se lhe atribui, não poderá igualmente significar a destruição da relação, na sua forma actual, como condição de restauração, de melhoria e mudança, dessa mesma relação?

A privação e a separação tanto podem significar o fim de uma relação, o fim de uma relação marcada por determinados contornos, como o início de algo mais profundo, como o indício primeiro de uma relação mais matura, mais adulta, mais saudável, mais plenamente humana.

Encontramos aqui, obviamente, uma certa dimensão sacrificial, entendida esta como morte consentida, como *consentimento* à transformação e à mudança, como sacrifício de um mundo particular que se abre à possibilidade da emergência de novas realidade, de novas formas de diálogo e comunicação.

Vista desta forma, entendida a separação numa perspectiva menos literal, passa a assumir o estatuto de actividade construtiva, de actividade regeneradora e redentora das coisas da vida. A separação como acto criador, a separação como elemento intrínseco ao processo cosmogónico. Ou seja, a morte como condição da vida.

No *Génesis* a criação do céu e da terra é-nos descrita em termos de separação. Primeiro Deus fez a «separação entre a luz e as trevas» (Génesis1, 4), no segundo dia fez a «separação entre águas e águas» (Génesis1, 6).

No *opus* alquímico a *separatio,* (conjuntamente com a *solutio, a divisio, e a putrefactio*) era o processo que os alquimistas consideravam essencial na transmutação dos metais vulgares no ouro alquímico. O próprio Paracelso via a *separatio* como actividade criadora primordial, quer no que respeita à criação do mundo quer no que toca a todo o acto criativo humano.

Este processo criativo de transformar pedras vis e mortas em pedras filosofais vivas, em ouro alquímico, assentava na importância particular que no *opus* alquímico era atribuída à *imaginatio* (não esqueçamos que para alguns autores, como Carl Jung, que acentuam a natureza psíquica da obra alquímica, a alquimia, para além da experimentação objectiva e material, é essencialmente a projecção de conteúdos psíquicos internos expressos quimicamente), esse tipo de actividade física e psíquica que escapa ao concreto e ao abstracto, ao racional e ao irracional, ao real e ao irreal, pois nela convergem ambas as polaridades. Actividade que se expressa na formação de símbolos e se pode intercalar no processo de transformação do real, produzindo essas modificações na mesma medida em que elas transformam a própria *imaginatio.*

Ora, todo este processo de acesso ao mundo do simbólico, de acesso ao mundo do lúdico e do faz-de-conta, parece ter a sua origem na superação de uma carência, de uma privação, de uma separação.

Nas fases iniciais do desenvolvimento da humanidade, como nas fases iniciais do desenvolvimento ontogenético, o ser humano parece vivenciar um sentimento de imortalidade e omnipotência, de narcisismo cósmico, de unidade em relação a tudo o que o envolve. Mas, esta unidade da vida, esta unidade fusional como situação psíquica original, rapidamente entra em ruptura dadas as contingências da própria vida, dada a inadequação do real para responder, total e completamente, às necessidades do ser humano.

O sacrifício, o sofrimento como doação ao serviço do outro, que rapidamente se converte em abnegação e renúncia, em sacrifício de si mesmo, deriva, diz-nos Neumann, da necessidade de restaurar, de superar, esta unidade perdida. Como refere o próprio Neumann (1970: 279)

«[...] every disturbance of this unity [...]   must be compensated by a ritual offering, a sacrifice. For early man all growth and development depend on man's sacrifice and ritual activity, precisely because man's living bond with the world and the human group is projected upon nature as a whole.»

Sacrifício, do latim «*sacer facere*», significa precisamente tornar sagrado, reunificar no sentido de restaurar, simbolicamente, a unidade perdida, como condição de que a vida se renove e possa continuar. Entendidos desta forma o sofrimento e o sacrifício devem ser dissociados das perspectivas que os apresentam como um castigo divino, ou mesmo, como no caso de Job, como o resultado de uma disputa, de um jogo de *alea*, entre Jeová e Satã. Neste contexto importa, acima de tudo, acentuar a sua dimensão redentora, de entrega oblativa em prol do outro, da comunidade, do desenvolvimento e da vida.

No caso da ausência ou quase ausência de separação entre duas pessoas, como é o caso desses precoces e indestrutíveis laços que unem mãe e criança, ou então quando as pessoas se apaixonam de uma forma demasiado fusional e as suas fantasias se interligam tão profundamente (sendo dois somos apenas um) que cada um vive a sua vida, o seu mito pessoal, através da vida e dos mitos pessoais do outro, será extremamente difícil cada um sentir e viver a sua individualidade própria.

Viver a vida de uma forma mais livre e autónoma, na base de uma interdependência mais construtiva e positiva, nesse jogo sempre difícil da imprescindível aproximação e da igualmente necessária autonomia e distância, envolve a libertação, a emancipação e separação, em relação a essas identificações intensas e fusionais anteriores (a uma mãe absorvente e intrusiva, a um pai autoritário, a um irmão, amigo, professor, que não nos dá espaço de vida), como condição de nos podermos prender, de nos podermos vincular, mas sempre transitoriamente, a novos colos, a novos altares.

O sacrifício, portanto, como condição de renovação da vida, como condição de criação de novas realidades. Recorramos uma vez mais à poesia para melhor ilustrar esta relação entre sacrifício e desenvolvimento, entre sofrimento e regeneração da vida, entre morte e redenção, entre privação e renascimento.

«Le poète est chassé d'exil en exile et n'aura jamais de demeure assurée»
(Maurice de Guérin)

Importa reter que o acto criador, a transfiguração e renovação da vida, parece nascer da necessidade de reparar e superar uma perda, um objecto perdido, um objecto amado, que ao perder-se, ou melhor, ao aceitarmos essa perda, essa privação, se converte em símbolo interior permanente. Este trabalho de simbolização, de superação da perda do objecto amado, que só é possível nos planos do não-literal e do metaforizante, que só é possível nos planos do lúdico e do faz-de-conta, permite mobilizar a energia interior canalizando-a para a reanimação, a recriação, o renascimento, do mundo exterior, do objecto de amor de que fomos privados.

É esta a magia do lúdico, possibilitar, na base da aceitação de uma perda, a reanimação e recriação do próprio mundo. A reanimação e recriação de si mesmo, pois instaurar novas relações com o mundo e com os outros é, essencialmente, descobrir-se a si mesmo como criador de renovados sentidos para a vida. É, diria por certo Unamuno, *fazer-se alma*.

Neste sentido, criar, criarmo-nos, tecer os laços que nos prendem à vida, tem, antes de tudo, um cunho matriarcal e feminino, tarefa que parece começar, matricialmente, na base de um olhar afectivo e relacional que, partindo de um centro, de um colo, de uma mãe de que nos vemos privados, se desloca e amplifica, transfigurando-as, a outras dimensões do real.

Mas, esta capacidade de transfiguração do real, no que ao jogo diz respeito, foi precisamente o tema que abordámos no capítulo anterior intitulado *Liberdade e Refundação do Real*. Procuraremos agora centrar a nossa atenção no outro termo da equação, o da relação entre jogo e sofrimento, jogo e sacrifício, jogo e privação. Dimensão muitas vezes desvalorizada, ignorada mesmo, já que obscurecida pelas posições que de forma claramente redutora, aprisionam o jogo ao deleite e ao prazer, ao hedonismo, à gratificação e satisfação de necessidades e desejos. Ao ciclo ascendente, diurno e solar da vida, quando afinal o jogo é uma actividade essencialmente paradoxal, uma *coincidentia oppositorum*.

4.2. Os Contributos do Pequeno Hans

Como pode ser sagrado algo que separe os que se amam
(Hölderlin)

No sentido de aprofundar a relação entre jogo e sacrifício, entre jogo e separação, convoquemos Sigmund Freud, não esquecendo que a compreensão que ainda hoje temos do jogo da criança, na óptica da psicanálise, se deve, particularmente, às reflexões iniciais deste autor sobre o famoso jogo do *Fort Da*, essa brincadeira que o pequeno Hans, de dezoito meses, repetidamente, durante várias semanas, tanto prazer tinha em jogar.

O jogo, tal como nos é descrito por Freud, consistia mais ou menos no seguinte: a criança atira para longe, fazendo-o desaparecer por debaixo da cama, um carretel preso a um fio e, com um ar de grande satisfação emite, prolongadamente, o som "óhóhóh". De seguida, puxando o fio, faz reaparecer o carretel, saudando essa reaparição com um feliz *Da*. O brinquedo era utilizado apenas para ser atirado longe, vê-lo desaparecer, para de seguida se deliciar com o seu reaparecimento. De acordo com a mãe o som "óhóhóh" significava *Fort* (longe) e o som *Da* significava "Aí está!"

Assim, o jogo comporta uma estrutura dupla. Inicialmente envolve a ideia de separação e desaparecimento. Numa segunda fase remete para a ideia de aproximação e reaparecimento. Ou seja, simbolicamente, o jogo como que aponta para a presença/ausência da mãe. Com a sua actividade lúdica a criança torna presente a ausência da mãe, antecipa o seu regresso.

Dizendo de outra forma, o jogo como que permitia à criança suportar, mais facilmente, uma ausência, uma privação. Permitia reparar, compensar, suportar, sem protesto, a ausência materna. Jogando, tanto representa a ausência da mãe como antecipa e confirmar o seu próximo regresso a casa.

A compreensão deste jogo ajuda-nos igualmente a entender melhor que, no plano da génese do pensamento simbólico, o símbolo é sempre a aceitação de uma *renúncia*, que envolve sempre a significação de *aceitar uma perda*.

Entendido desta forma o jogo não é apenas uma forma de *expressão de fantasias e desejos,* mas também uma actividade que põe a criança em contacto com a *realidade*. Contacto e adaptação à realidade que pode ser descrito como um apoio contra as imagens fantasmáticas da criança, o que permite entender o jogo nessa dialéctica, nessa oposição e tentativa de conciliação, nesse espaço intermédio, entre o fantasma e o real.

Entendido desta forma o jogo é uma actividade restauradora e reparadora (permite reparar os efeitos negativos provocados no objecto amado – a mãe – pelos seus fantasmas destruidores, permite restaurar o objecto bom, diria Klein) que proporciona múltiplas oportunidades para a criança transformar a *angústia* em *prazer*. Permite superar a perda da mãe real, suportar e aceitar a ausência do objecto amado.

Winnicott (1896-1971), no contexto das abordagens psicanalíticas ao jogo da criança é, sem dúvida, o autor mais original, valorizando desde logo as experiências comunicativas precoces mãe-criança, as interacções mãe-bebé, como espaços de jogo, como espaços de experiências lúdicas de forte carga afectiva, ajudando a compreender como a formação do símbolo, a construção de valores de ilusão, derivam da perda do objecto amado, da ausência da mãe. Como o jogo do *Fort Da* claramente ilustra.

Em termos globais o jogo é uma actividade exercida sobre certos objectos para os quais a criança transporta, investe e transfere, estados emocionais. Actividade que ajuda a libertar tensões, prepara para a vida adulta, contribui para a definição e redefinição dos limites entre ela e os outros, promovendo a construção do sentido da própria identidade pessoal e corporal.

Tudo isto na base da definição de um espaço de ilusão e ficção, de um espaço intermédio entre fantasia e realidade, entre o mundo interno e o mundo externo. Entre essa perda, essa privação, que é a ausência da mãe, e a forma como o brinquedo, no caso do jogo do *Fort Da* o carretel, torna presente, no plano simbólico, a ausência materna. O que permite à criança, sem excesso de angústia, continuar a habitar o real. Esse real de que agora faz parte a ausência da mãe, a experiência da perda e da privação.

De tal forma Winnicott (2002: 19) valoriza este espaço de jogo, este espaço intermédio de ilusão e ficção, no desenvolvimento da criança, que na sua obra de referência sobre o jogo, intitulada *Realidad y Juego*, escreve:

> «Yo afirmo que existe un estado intermedio entre la incapacidad del bebé para reconocer y aceptar la realidad, y su creciente capacidad para ello. Estudio, pues, la sustancia de la ilusión.»

Substância cuja importância decisiva se projecta em todo o ciclo de vida do indivíduo, dos seres humanos, pois essa *substância*, expressa inicialmente sob a forma de jogo, de actividade lúdica, «en la vida adulta es inherente del arte y la religión», de toda a vida cultural, de toda a actividade criativa e construtiva, ao manter-se neste espaço intermédio entre fantasia e realidade, « [...] pero que se convierte en el sello de la locura cuando un adulto exige demasiado de la credulidad de los demás cuando los obliga a aceptar una ilusión que no les es propia.» (Winnicott, 2002: 19)

No que respeita a esta relação entre jogo e criatividade, Freud (1976), citado por Maciel (2009: 278) pronuncia-se da seguinte forma:

> «Todos, no íntimo, somos poetas [...] A ocupação favorita
> e mais intensa da criança é o brinquedo ou os jogos. Acaso
> não poderíamos dizer que ao brincar toda a criança se

comporta como um escritor criativo, pois cria um mundo próprio, ou melhor, reajusta os elementos do seu mundo de uma nova forma que lhe agrade?»

Do que estamos a falar, afinal, é do valor da ilusão, da formação do símbolo, de toda uma teoria da origem do simbolismo. Origem que devemos encontrar, de acordo com estas abordagens, no esforço metaforizante de superar uma perda, uma privação, uma carência. No sacrifício, portanto, de uma mãe, de um centro, de um colo, que de forma total e imediata, satisfazia todas as nossas necessidades, como condição de construção de outras mães, de outros colos, de outros centros. No sacrifício da omnipotência como condição de reconstrução, de revitalização, do mundo, das relações que com ele permanentemente vamos construindo.

Esta actividade criadora, verdadeiramente criadora de mundos, não se limita ao universo do jogo, da actividade lúdica. Tem aí a sua origem, como o jogo do «*Fort-Da*» ajuda a compreender (neste jogo o carretel, como autêntico objecto transaccional, permite à criança suportar a perda da mãe real, mãe no plano do faz-de-conta tornada presente, consentindo à criança essa experiência de progressivamente reconhecer e aceitar a realidade, as privações e perdas que a vida, inequivocamente, sempre lhe irá colocar). Mas logo se estende a todos os domínios da cultura.

É ainda Winnicott (2002: 76) que nos diz que

«Hay un desarrollo que va de los fenómenos transaccionales al juego, de este al juego compartido, y de él a las experiencias culturales.»

Em primeiro lugar, para Winnicott o jogo é uma forma de realizar desejos, de buscar prazer, mas também uma forma de dominar angústias, de regular e controlar necessidades e impulsos. Impulsos que levariam à angústia a não serem expressos de forma simbólica através do jogo. O jogo é como que o elo, a ponte, entre a *realidade interna* e a *realidade externa* socialmente compartilhada.

Ou seja, é a actualização dos fantasmas internos, a expressão de um desejo insatisfeito procurando, parcialmente, na base de um processo ilusório e através da mediação do sistema perceptivo-motor, a sua realização.

Uma actividade compensatória, portanto, face às exigências e sacrifícios impostos pela realidade exterior e que exige a emergência, a crescente presença, dos mecanismos secundários contemporâneos da supremacia do princípio da realidade.

Ao inscrever-se na realidade psico-motora, através da mediação de um objecto real, o brinquedo, o jogo diferencia-se da realidade interna, assumindo o estatuto de comportamento, de forma de expressão com um sentido.

O brinquedo é, pois, um *veículo simbólico*, uma representação figurativa de qualquer coisa, o ponto de intersecção da realidade interna e externa, um objecto exterior à criança, mas objecto onde pode projectar e expressar os seus próprios desejos, a sua realidade interna.

Todo e qualquer objecto se pode tornar, para a criança, num brinquedo. Assim, o que importa saber é o que preside a esta transformação dum qualquer objecto num brinquedo, num símbolo. O que importa saber é o que preside a esta transformação dum objecto neutro num objecto com sentido.

Na óptica de Winnicott é o *desejo* que dá sentido e significado ao envolvimento, que permite transformar uma *coisa* num brinquedo, num mundo carregado de emoções e afectos. Mas, para melhor compreender o pensamento de Winnicott sobre este ponto, teremos então de nos referir ao que o autor pensa sobre a *formação do símbolo* (o brinquedo é um símbolo) e, nomeadamente, sobre o que designa por *objectos transaccionais*.

A descrição que nos apresenta dos objectos ou *fenómenos transaccionais*, que entende como uma defesa contra a angústia, ponto central de todas as suas considerações sobre o jogo da criança, é um interessante e inovador esforço para situar o simbolismo naquela zona intermédia entre o subjectivo e o objectivo, o objecto interno e o objecto externo, o princípio do prazer e o princípio da realidade.

Começa por dizer-nos que o objecto transaccional não é um objecto interno, que não se encontra totalmente sob o domínio mágico do mundo interno, da mesma forma que não está completamente fora desse domínio, ou seja, está entre o objecto interno (sob controlo mágico) e o objecto externo (fora de todo o controlo).

Nos seus primeiros tempos de vida a criança não tem qualquer possibilidade de passar do princípio do prazer ao princípio da realidade. Este é um processo lento, que exige o desenvolvimento da capacidade de lidar, de tolerar, a frustração com que a realidade a vai confrontando. Mas longe de nós podermos pensar que para Winnicott educação é submissão. Bem ao contrário, pois é ele próprio que nos lembra que, trazendo a obediência recompensas imediatas, os adultos confundem, com muita facilidade, submissão e obediência com desenvolvimento e aprendizagem.

Inicialmente o papel da mãe ou dos cuidadores é proporcionar à criança aquele tipo de *experiências contingentes* que respondam aos seus objectivos e necessidades, que facilitem à criança a construção da *ilusão* de que é *omnipotente*, de que o mundo externo está de alguma forma sob o seu *domínio e controlo mágico*.

Assim, nos primeiros meses, na ausência do objecto de gratificação, o bebé procura a gratificação dos seus desejos através da *alucinação do objecto real*, através da satisfação alucinatória do desejo.

Quando a mãe, ou qualquer outro factor do mundo externo, se adaptam contingentemente às necessidades da criança, quando as experiências interactivas de contingência, proporcionadas à criança, se situam a níveis elevados, esta vivência produz na criança a *ilusão* de que existe uma realidade exterior que responde às suas necessidades, realidade que de alguma forma está sob o seu controlo mágico.

O princípio da realidade nasceria, pois, da incapacidade de o mundo exterior responder cabalmente a essas necessidades, da decepção, da reiterada frustração da criança, ante a incapacidade de esse processos alucinatórios responderem, adequadamente, às suas necessidades imediatas.

O progressivo desenvolvimento do sistema perceptivo-motor, mediatizando a satisfação do desejo, expressa-se através do objecto transaccional, do brinquedo, do jogo, proporcionando à criança um prazer que se substitui ao que as fontes iniciais de gratificação proporcionam.

Ou seja, o objecto transaccional, o brinquedo, o jogo, funcionam como um veículo simbólico, como um objecto intermediário que representaria, simbolicamente, a mãe, na sua ausência.

O que significa que os objectos transaccionais, inicialmente os brinquedos, se definem pela sua significação de *substitutos maternos* que proporcionam, na ausência da mãe, aquele prazer e aquela gratificação que se substitui à que o objecto real, a presença da mãe, proporcionaria.

Ora, uma das teses fundamentais de Winnicott é a de que, se inicialmente, como já referimos antes, a tarefa central da mãe é a de proporcionar *experiências contingentes* que ajudem a criança a criar o sentido da *ilusão*, da *omnipotência* e do *domínio mágico*, a sua tarefa posterior é a de, gradualmente, *desiludir* o bebé, promovendo o progressivo confronto com a realidade externa. Mas, acrescenta Winnicott (2002: 28)

«[...] no lo logrará si al principio no le ofreció suficientes oportunidades de ilusión.»

É neste contexto de gestão das distâncias, da fantasia e da realidade, do mundo interno e do mundo externo, da ligação e do afastamento, da ilusão e da desilusão, que o jogo assume toda a sua importância, que assume toda uma função estruturadora na progressiva aquisição do princípio da realidade, na construção da própria identidade.

Como refere Isacs, citado por Gutton (1973:87)

«On ne calme pas sa faim en hallucinant le sein ni comme objecte extérieur, ni comme objecte interne, quoique l'attente de la satisfaction puisse être rendue tolérable par le fantasme.»

Algo de similar ocorre com os objectos transaccionais, com o brinquedo, com o jogo.

Com efeito, na ausência da mãe, a satisfação alucinatória do desejo vai sendo complementada ou substituída, a espera vai-se tornando cada vez mais tolerável, através do brinquedo, através dessa representação simbólica que, na ausência da mãe, anuncia já a sua presença.

Neste sentido, *simbolizar*, da mesma forma que jogar, é aceitar uma perda, eufemizar a realidade, torná-la mais suportável e tolerável, neste espaço intermédio entre fantasma e realidade que é o jogo. Jogo que assume, estruturalmente, características que claramente o distinguem da satisfação fantasmática.

É que o jogo tem um espaço e um tempo verdadeiramente definidos, não se encontra dentro nem fora, mas situa-se fora do domínio mágico, pois para dominar e controlar o mundo exterior, o que está fora, é preciso «*fazer*» coisas, «*agir*», envolver o corpo e o sistema perceptivo-motor, não apenas pensar ou desejar.

Com efeito, jogar é *fazer*, como permanentemente nos recorda a própria língua inglesa, *to perform, to do things* (play piano, playing guitar, she plays Mozart, Othello was played by, play back)

Neste sentido, o lúdico é igualmente uma iniciação no amor (não esqueçamos que a iniciação implica sempre a *morte* do *neófito* e o seu *nascimento*, o seu *renascimento*, para uma forma superior de existência), não no amor unicamente fusional feito de união e aproximação, mas nesse amor paradoxal que sem negar a união e a aproximação aprendeu igualmente a gerir e respeitar distâncias, a valorizar o que nos distingue e separa do outro. É nesta direcção, de um amor-emancipação, que Simone Weil nos fala quando refere que «amar com pureza» é, na união, «consentir na distância».

No caso do jogo do *Fort Da*, que temos vindo a usar como paradigma, este duplo sentido do amor expressa-se precisamente no facto de a criança não abdicar do objecto de amor, a mãe, consentindo no entanto na separação e na distância. Tornando-a presente, ludicamente presente, face à sua ausência real. Jogar é suportar uma ausência, consentir na distância. Se no plano do real a mãe ausentar-se, ir-se embora, se traduz numa experiência efectiva de perda e privação (do objecto materno), no mundo do lúdico, do simbólico, ausentar-se é ainda continuar presente.

O lúdico permite superar o carácter *insurmontable, irrémédiable* e *irréconciliable* – os três pilares do trágico de acordo com Clément Rosset (1991) – de muitos dos desafios com que a vida nos confronta. Permite equacionar outras soluções, vencer obstáculos, reconsiderar o caminho, ultrapassar o que parece inultrapassável.

Permite reanimar a vida e o mundo, construir identidades, superar tensões. Permite à criança instalar-se numa temporalidade regeneradora que integra o outro, o sacrifício e a privação, como elementos necessários à reinvenção da vida, das relações, da alma, do sentido das coisas, pois

«[...] y es fin de la vida hacerse un alma»
(Unamuno, *El Fin de la Vida*)

mesmo que, ou talvez precisamente porque, a derrota definitiva está assegurada.

«toda la vida a la postre es un fracaso»
(Unamuno, *El Fracaso de la Vida*)

Um pouco à semelhança do que sucedia na *paideia* grega, onde o sofrimento e o sacrifício, o empenho, a privação, se constituíam como factores determinantes de progresso, de crescimento e desenvolvimento.

Esforços vindos de muitas outras direcções procuraram conferir, para além do sentido trágico do sofrimento, outros valores e sentidos à experiência da privação e do sacrifício.

Poderíamos falar do valor teológico do sofrimento, da relação entre sofrimento e revelação, da relação entre sofrimento e esperança, da dimensão redentora, pedagógica e educativa, do sacrifício. Seja como for, parece não existir sofrimento e sacrifício em que não intervenha uma ideia de redenção, de renovação e regeneração, de abnegação, de privação e entrega, de libertação.

4.3. Universalidade do Sacrifício

Sacrificador sábio, o nosso pai entrou
em todos esses seres, sacrificando
(Rigveda)

O jogo, como temos vindo a afirmar, encerra em si essa faculdade imensa de nos confrontar precocemente com a experiência fundamental da aceitação e superação da perda, da privação, da morte.Com a experiência de que a morte, como parte integrante da vida, é a condição da renovação e da transformação. É neste sentido que entendemos Crespo (1999: 7) quando afirma que

«Nas sociedades tradicionais, os jogos integravam-se no complexo de cerimónias cíclicas através das quais as crianças e os jovens se apropriavam da cultura das suas comunidades. Em particular, nos ciclos do Inverno e da Primavera, destacam-se os jogos que constituíam experiências fundamentais da morte e da vida, no processo cíclico de reestruturação do mundo.»

A universalidade do sacrifício, do sacrifício ritual, que se estende das tumbas de Ur a todo o mundo arcaico, na diversidade dos seus períodos e manifestações culturais, é de há muito reconhecida pelos estudiosos. Universalidade que igualmente reencontramos nos grandes mitos cosmogónicos, mitos que de alguma forma apontam para a ideia do sacrifício como condição da própria existência divina, para a ideia do sacrifício como princípio da própria vida, para a ideia do sacrifício de um deus como acontecimento central da criação e origem do mundo (Tiamat, Mitra, Purusa), para a ideia de que os deuses nascem do sacrifício.

Toda uma diversidade de manifestações simbólicas que convergem na ideia de um deus que sofre e se sacrifica pelo mundo (como já tínhamos visto com o herói Hiawatha). Expressão suprema da abdicação e da abnegação incondicional e sem limites. Expressão suprema da auto-renúncia como condição de criação.

Como nos diz Marcel Mauss (1970: 240)

> «La teología inspiró sus cosmogonías en los mitos sacrificiales. Explicó la creación como la imaginación popular explicaba la vida anual de la naturaleza, es decir, por medio de un sacrificio. Para ello, remetió el sacrificio del dios al origen del mundo.»

O *Asvamedha*, de entre a multiplicidade dos rituais védicos, talvez seja o mais conhecido. Igualmente designado por *sacrifício do cavalo* apresenta fortes traços cosmogónicos. O cavalo era identificado ao Cosmos (Prajâpati) e o seu sacrifício reproduzia e actualizava o acto inicial da criação. Este rito sacrificial só podia ser realizado por um rei vitorioso, estando o sacrifício destinado a renovar e regenerar o cosmos, ou seja, a assegurar a continuidade do mundo. Era o sacrifício, o sacrifício do cavalo, que garantia o desenvolvimento, a fertilidade e prosperidade do reino.

Como ritual de renovação cósmica que parece ter uma origem indo-europeia o *Asvamedha* parece estar, desde o início, vinculado às festividades primaveris celebradas por ocasião do final ou início do ano, pois, na Índia védica, a renovação e regeneração do ano era celebrada com o sacrifício e dádiva de um cavalo (Eliade, s.d.).

O sacrifício do *velho rei* (regicídio ritual) e a coroação de um *novo* ou *jovem* rei asseguravam que as forças da decadência, do envelhecimento, seriam anuladas e a vida de toda a comunidade seria renovada. Ainda no contexto dos ritos primaveris encontramos festividades onde a *morte* era apresentada na figura de uma pessoa velha e desgastada que era queimada, afastada ou banida, enquanto uma figura jovem, por vezes vestida de folhas, cascas de árvore ou musgos, como no caso das lendas do *Green Man*, era acolhida, vitoriada e aclamada.

Os mistérios de Elêusis, os rituais festivos alusivos a Osíris, Atis, Adónis ou mesmo Perséfone, tão fortemente ligados aos cultos agrários da ceifa e da espiga de trigo, eram igualmente ritos de morte e ressurreição, formas simbólicas de expressar, a partir dos ciclos da natureza, esse ensinamento de uma morte regeneradora que transporta vida. Os ciclos da natureza, portanto, elevados ao estatuto de símbolos do destino humano.

Osíris esquartejado e despedaçado como fonte de vida. Flores e plantas que crescem sobre o sangue de Adónis. A semente que apodrece na terra como condição da fertilidade, da abundância, do prodígio da espiga de trigo. Na tradição bíblica, o próprio Cristo que morre e renasce, invoca estes enigmas da natureza, nomeadamente na base da simbologia da cepa da videira (sangue de Cristo) e da semente (corpo de Cristo). Em João (12: 24) lê-se:

> «Na verdade, na verdade vos digo que, se o grão de trigo,
> caindo na terra, não morrer, fica ele só; mas, se morrer,
> dá muito fruto.»

Na cosmogonia Assíria, o sangue de Tiamat gera todos os seres. No culto de Mitra a vida brota do touro sacrificado. O sacrifício do touro, *sacrificium mythriacum*, de que há vestígios, de acordo com Eliade (s.d.), pelo menos a partir da Idade do Ferro, era um rito sacrificial que aspirava a assegurar a renovação cósmica, a regeneração da vida. Ainda de acordo com o mesmo autor, a morte do touro, nalgumas zonas de Portugal e Espanha, poderá ser um último sinal, dessacralizado, dos antigos cultos de Mitra e Cibele. Os cultos órficos e dionisíacos, nas suas substanciais diferenças, são igualmente cultos sacrificiais que mantêm uma estreita relação com o sacrifício, a vida e a morte.

Em termos globais, como nos diz ainda Eliade (s.d: 209), «cada sacrifício repete o acto primordial da criação, e garante a continuidade do mundo no ano seguinte.» É pelo sacrifício, pela privação e pelo sofrimento, pela superação de uma perda, seja qual for a encenação mítico-ritual, que a vida se renova e regenera. É pelo sacrifício que o cosmos, *esgotado, consumido, desarticulado*, pela sua própria duração, se mantém vivo, integrado e fértil. Se recria.

Os festins antigos, gregos, etruscos, romanos ou outros, embora a literatura por vezes enfatize mais a sua dimensão *festiva*, também não eram alheios à ideia de sacrifício. Esses actos festivos nunca se reduziam à sua dimensão material, formal e funcional. Transcendiam-na claramente, situando-se no plano do sagrado. Remetiam sempre para uma presença divina, para o contacto com os deuses, pois, como refere a própria Ilíada, eram *festins dos deuses*.

Karl Kerényi (1999: 168) diz-nos em *A Religião Antiga* que

«É do sacrifício que o festim extrai o seu carácter sagrado»

sacrifício que para os gregos envolvia usualmente a imolação de um animal ou a oferenda do vinho, que simbolicamente se vertia no solo. Daí, o hábito de dizerem, quando alguém sacrificava muitos animais, na medida em que recebia com satisfação e frequência pessoas conhecida ou desconhecidas – é conhecida a importância da hospitalidade na cultura grega – que essa pessoa era dada a sacrificar. Queria-se com isso significar que essa pessoa era dada à hospitalidade, ao acolhimento do estrangeiro, do diferente, do desconhecido.

Também o mito do herói, do herói trágico que renovadamente procura superar-se e transcender-se, nos remete para a ideia do sacrifício. É nesta proximidade em relação ao sacrifício e à morte que se suportam as concepções que procuram explicar o desporto como um sacrifício ritual das energias humanas, cujas origens se encontram nos tempos pré-históricos quando o homem se tornou num exímio caçador. Os rituais funerários em honra de Pátroclo (Ilíada, XXIII), misto de celebrações fúnebres, jogos e festins, onde as competições atléticas assumem um papel central e os deuses estão sempre presentes, seriam disso um testemunho tardio.

Representando a eterna alegria da transformação e da mudança, os esforços e sacrifícios do herói são sempre uma solução temporária, nunca final e definitiva, nesse difícil percurso em que cada nova identidade, cada novo *eu*, exige a morte e o sacrifício, o abandono e a renúncia, das anteriores roupagens.

Ou, como afirma Nietzsche (1972: 14), «Amo aqueles que apenas são capazes de viver na condição de perecer, porque perecendo se superam.» O herói como que simboliza toda aquela inquietação, aquela subversão e grandeza, que questiona e confronta aqueles rostos, aqueles *eus*, aqueles Prometeus, que se deixaram anquilosar e institucionalizar em demasia.

O nascimento do herói ocorre sempre em circunstâncias muito particulares, prodigiosas e extraordinárias, sendo o tema das *duas mães*, a mãe real e a mãe simbólica, ou então o tema da morte prematura da mãe, algo recorrentemente presente no mito do herói. Como que assinalando, desde o nascimento, a presença da morte, do sacrifício e do sofrimento, da privação. Morte, sofrimento e privação, portanto, como condição do nascimento do herói, como algo que aponta para a ideia de duplo nascimento, da morte como intrínseca à possibilidade de renascimento.

A morte prematura da mãe, o separar-se dela, a mãe boa que alimenta e protege e a mãe má e terrível que coloca obstáculos no caminho e incita o herói a realizar proezas, que o faz cair e levantar-se, tropeçar e voltar a erguer-se, como paradigmas que sinalizam que a relação com a mãe, a relação com a vida, tem que morrer, para que ocorra a necessária adaptação às transformações e mudanças ambientais.

Exemplo típico, no mito do herói, do tema das duas mães, é a relação de Hércules com Hera. Ou então a situação de Buda, educado por uma mãe adoptiva. A mãe de Hiawatha, o amigo dos homens, morre logo a seguir ao nascimento do herói. Nalguns mitos a segunda mãe assume a forma de animal, como no caso da loba que amamenta Remo e Rómulo.

No plano mitológico este arquétipo da Grande Mãe, entendida como *coincidentia oppositorum*, está expresso no símbolo universal da deusa hindu Kali, deusa terrível e devoradora mas que simultaneamente é a deusa Annapurna, nome que etimologicamente significa alimento (*anna*) e abundância (*purna*).

No mito, como na psicologia da criança, encontramos toda uma simbologia associada à mãe que nos remete, por igual, para a boa mãe e a má mãe, para a beatitude e o perigo, para o nascimento e a morte. Para o inesgotável peito nutritivo e para a mãe terrível e devoradora, para a gratificação e para a privação.

Na fusão inicial mãe-bebé, nessa unidade primordial com a mãe, unidade com o universo, com o todo, «en el seno de esta buena madre», diz-nos poeticamente Hölderlin (1993: 81), a criança vive num mundo de «beatitude celeste e divino-infantil», vive nos «braços da infinitude», a sua «primeira e suprema felicidade». Sem esforço nem violência, continua o poeta, «cuando en el valle donde la fuente me refrescaba» e «bebía quieto y embriagado su aliento», a Natureza, o peito materno, tudo à criança regalava. Dessa fonte materna jorravam caudais de abundância. Sem esforço nem violência, tudo a Natureza presenteava.

Ali, no regaço materno da natureza, na fusão com a mãe, a vida como que se renova eternamente, vida que sem estar submetida à privação e ao árduo esforço de dar forma às coisas, contém em si a omnipotência de todas as possibilidades de realização.

Nesse mundo paradisíaco,

«Carentes de destino, como el niño dormido, respiran los celestes [...] y sus ojos felices contemplan en tranquila y eterna claridad.» (Hölderlin, 1993: 192)

Essa beatitude divino-infantil é

«[...] el tiempo dorado de la inocencia, el tiempo de la paz y la libertad [...] un lugar de reposo en la tierra!»
(Hölderlin, 1993: 79)

Mas uma *mãe suficientemente boa* não é aquela que de uma forma total ou quase total adapta os seus comportamentos às necessidades da criança. Uma *mãe suficientemente* boa não é aquela que de forma total ou quase total proporciona ao seu filho unicamente experiências de contingência interactiva (mesmo que tal fosse possível). Uma *mãe suficientemente boa* é aquela que leva a cabo essa adequação dos seus comportamentos às necessidades da criança mas, lentamente, pouco a pouco, reduz e diminui esse grau acomodação às necessidades do seu filho de acordo com a capacidade de este tolerar os resultados de tal frustração, de tal privação.

Se o privilégio dos deuses é gozar eternamente da sua primeira infância, desse *summum* de felicidade e beatitude de que Hölderlin nos fala, mundo onde a frustração e a privação não existem pois todas as necessidades são imediata e totalmente satisfeitas,

«Me gusta imaginar el mundo como una vivienda familiar en que cada cosa, sin siquiera pensar en ello, se adapta a los demás, y donde cada uno vive para placer y alegría de los otros precisamente porque así le nace del corazón.»
(Hölderlin, 1993: 86)

o privilégio dos homens é terem sido expulsos desse *jardim da natureza* dessa *beatitude celeste*, em que inicialmente estavam encerrados.

«[...] he sido así expulsado del jardín de la naturaleza donde crecía y florecía.»
(Hölderlin, 1993: 26)

«Quién dice al niño que la madre no le rechazará su pecho? Y ya ves, sin saberlo la busca.»
(Hölderlin, 1993: 43)

«El amado suelo de mi patria vuelve a proporcionarme alegría y dolor.»
(Hölderlin, 1993: 23)

Desde sempre a mãe natureza põe obstáculos e dificuldades no caminho. Barreiras que são a condição do crescimento e da autonomia. O separar-se e distinguir-se da mãe, a diferenciação entre sujeito e objecto, entre interior e exterior, a individuação, são a condição da consciência, do acesso ao real e ao simbólico. A separação em relação à mãe, a expulsão do *jardim da natureza*, a experiência do sacrifício e da privação, são muitas vezes retratadas, poeticamente, como a experiência da queda.

«Pero a nosotros no nos es dado descansar en ninguna parte; desaparecen, sufren los hombres, caen ciegamente de una hora en otra, como agua, de roca en roca arrojada durante años a la incertidumbre.»
(Hölderlin, 1993: 192)

A mãe natureza é *mãe suficientemente boa*, mãe paradoxal que encerra em si a mãe boa e a mãe má, a mãe que ajuda e a mãe que coloca obstáculos. É simultaneamente a deusa Annapurna, deusa do alimento e da abundância, e a mãe terrível e devoradora. Mãe prudente que sabe gerir a aproximação e a distância, a união e a separação. Mãe que sabe que «necesitamos del sufrimiento para sentir la libertad del alma» (Hölderlin, 1993: 162), mãe que sabe que «no hay felicidad sin sacrificio» (Hölderlin, 1993: 190). Ou, como nos diz ainda Hölderlin

> «La tierra no los mimo, no los emborracho con caricias y dones excesivos, como a menudo hizo en otras partes esa madre imprudente.»
> (Hölderlin, 1993: 112)

A experiência do sacrifício e da privação é, afinal, a experiência da passagem da omnipotência e do controlo mágico, da beatitude e da infinita felicidade que a mãe boa proporciona, às núpcias, à união ou casamento, da omnipotência dos processos psíquicos com o progressivo controlo e domínio do real. Passagem onde o jogo, o lúdico, o faz-de-conta, o símbolo, funcionam como elementos mediadores.

O jogo situa-se, nasce, nesse espaço intermédio entre a incapacidade da criança para reconhecer e aceitar a realidade (a ausência da mãe, a separação e a frustração, a não satisfação das suas necessidades) e a sua crescente capacidade para o fazer. Uma vez mais, o jogo do *Fort Da* que Freud nos descreve, ajuda a ilustrar esta situação, pois, face à ausência da mãe − «murió para mí la naturaleza amiga» diz-nos poeticamente Hölderlin − incapaz ainda de se confrontar com essa realidade, a criança torna-a presente no jogo, presentifica-a jogando.

O jogo e o brinquedo como símbolos da união da criança e da mãe, como símbolos da aceitação de uma perda, de uma separação.

Como confirmação da indestrutibilidade da confiança mútua entre mãe e criança.

«solo nos separamos para estar unidos más íntimamente, más divinamente.»
(Hölderlin, 1993: 198)

O jogo, dizíamos, é de alguma forma aprender a morrer para a omnipotência e o controlo mágico. É aceder ao simbólico, à capacidade de imaginar, ficcionar, criar, renovadas realidades.

O jogo, essa capacidade emergente para o sonho e a ficção, para a capacidade de criar valores de ilusão, ao incorporar, convergentemente, numa mesma experiência, a realidade interna, pessoal, subjectiva, e crescentes fragmentos de uma realidade externa com outros compartilhada, inicia o compromisso com todo o tipo de actividades e experiências culturais que potencialmente daí derivam.

O jogo permite trazer a criança para o mundo do adulto, permite manter viva, no adulto, essa presença divino-infantil que em nós habita e permanentemente no empurra, quais agentes criadores, para a superação e transfiguração da realidade, para a criação de cultura, para a descoberta e criação do sentido e destino do próprio homem. Como ressoa tão fortemente em nós essa inspiradora intuição de Hölderlin (1993: 112) quando afirma que

«[...] el que no fue nunca totalmente un niño, difícil será que se convierta totalmente en un hombre.»

Nos seus primórdios a relação mãe-bebé é uma relação simbiótica vivida como uma unidade, uma unidade diádica, afastada ainda do que virá a ser a dissociação sujeito-objecto, do que virá a ser a diferenciação dentro-fora. Nesta unidade diádica inicial o bebé não distingue entre os pólos externo e interno do mundo. Esta experiência indefinida de simbiose quase perfeita é em grande parte proporcionada pela capacidade de a mãe poder responder às necessidades do seu filho.

Mas, nenhuma mãe pode responder de forma contingente, continuada e permanente, a todas as necessidades da criança. Nenhuma mãe pode antecipar tudo. Vão-se assim multiplicando, na vida da criança, os momentos em que o envolvimento social não responde às necessidades por si experimentadas.

A contingência interactiva proporcionada pela mãe oferece ao bebé a oportunidade de criar a ilusão de que o peito materno, a mãe, são como que parte dele. De que a mãe se encontra sob o seu domínio ou controlo mágico. Este sentimento de omnipotência, nas interacções mãe-bebé que se situam a níveis elevados de contingência, é como que um dado da experiência vivida. Assim, como já referimos anteriormente, desiludir o bebé de forma gradual, na base de uma matriz relacional que sempre proporcionou suficientes oportunidades de ilusão, é tarefa essencial de uma *mãe suficientemente boa.*

A contingência interactiva, o desvelo dos pais, mantém e reforça a indiferenciação primária entre interior e exterior, entre realidade interna e realidade externa. A omnipotência do pensamento e do controlo mágico, a experiência de que com um simples choro, gesto ou palavra, a criança controla o mundo e o põe a seus pés, consegue retirar dos seus pais os comportamentos que respondem às suas necessidades, deriva em grande parte da contingência interactiva que o mundo social pode oferecer. Deriva dessa característica única do envolvimento social que é a capacidade de ajustar e adequar os comportamentos às necessidades e expectativas da criança.

É neste confronto entre as necessárias ilusões e as igualmente imprescindíveis desilusões, que o jogo, que o simbolismo lúdico, neste caminho da progressiva perda da omnipotência, se estrutura e assume um papel decisivo. Mitigando, atenuando, eufemizando, o carácter devorador do real, da perda, da ausência da mãe. Da ausência transitória da contingência interactiva.

É o jogo que, como organizador psicológico fundamental, ajuda a criança a confrontar-se com esse imenso mas necessário golpe que é a perda da omnipotência. O objecto externo é sempre, de uma ou outra forma, inadequado, frustrante. Não está automaticamente à disposição da criança. É necessário ser construído, interactivamente construído.

Assim, face à ausência do objecto securizante externo, face à ausência da mãe e consequente angústia e *reacção de catástrofe* que tal situação desencadeia, a actividade da criança vai agora orientar-se para outras formas de evitar ou minimizar esses níveis de frustração. O que passa pelos objectos transaccionais, pelos brinquedos, pelo jogo.

O jogo surge, pois, como um compromisso entre o desejo do objecto e a sua ausência, entre a pulsão e a realidade.

O faz-de-conta, com todo o simbolismo lúdico que encerra, expressão inequívoca da satisfação libidinal da criança, assinala essa capacidade crescente de a criança aceitar uma perda ou privação (o objecto real), deslocando para outro objecto, brinquedo ou actividade, a carga afectiva que colocava no objecto perdido.

O jogo, como o brinquedo, não é apenas a expressão da actividade do objecto interno, da mesma forma que não é a simples manifestação da actividade do objecto externo. Já não se encontra totalmente sob o domínio da omnipotência ou do domínio mágico (como ocorria com o objecto interno), da mesma forma que não está totalmente fora desse domínio (como ocorre com o objecto externo). O jogo tem um lugar e um tempo, mas não é verdadeiramente exterior, pois ainda não está totalmente fora do controlo mágico interno. Nunca nada, na nossa vida, o estará.

Mas, seja de que forma for, exige sempre essa aprendizagem de que, para dominar ou controlar, regular, o que está fora, é preciso fazer coisas, esforçar-se, agir. Para o que é preciso tempo e paciência, nada garantindo, à partida, que os resultados sejam os esperados. Algo bem distinto, portanto, daquela experiência anterior que lhe dizia que basta pensar, imaginar, desejar, chorar ou sorrir, e as coisas logo apareciam. Um pouco à semelhança do agir diurno e apolíneo que tudo cria pelo facto de o imaginar ou verbalizar: «E disse Deus: Haja luz. E houve luz» (Génesis1, 3).

Mais terrestre, sem no entanto perder a necessária dimensão aérea da ficção e da imaginação, da realidade interna, o jogo exige acção e movimento, mover e remover. Exige tecelagem, exige que os fios da vida sejam activamente urdidos.

O progressivo confronto com o real, com o terrestre, que o jogo proporciona, não lhe faz perder, no entanto, a sua igual vocação aérea, pois jogar não é renunciar, mas antes afirmar, o princípio da esperança. Jogar não é a experiência da *queda* e da *descida* aos infernos,

«Vós que entrais aqui, abandonai toda a esperança»
(Dante, *A Divina Comédia*)

mas esforço de compromisso entre o real e a ficção, vontade de viver na terra sem virar as costas ao sonho, à utopia, à esperança.

O jogo surge-nos, assim, como a libidinização do mundo, como renovada capacidade de, face à aceitação de uma perda, revitalizar, fertilizar, animar o mundo. O brinquedo, a actividade lúdica que sobre ele a criança exerce, são a representação figurativa, corporal, do objecto interno e do objecto externo.

A actividade lúdica é a epifania, a cenificação, que permite tornar presente, re(a)presentar, voltar a apresentar a si próprio e aos outros, num espaço e num tempo determinados, o objecto perdido. É, portanto, a representação de qualquer coisa, o veículo simbólico, o *analogon* de um dado objecto externo que a criança ama e deseja bem como o *analogon* da sua realidade interna, dos seus fantasmas.

Compreende-se, assim, que a actividade lúdica, como superação de uma perda, de uma morte, de uma ausência, seja como que uma exigência do desenvolvimento para um encontro com uma vida mais completa, com uma outra realidade. Ou seja, cada perda, cada morte, cada sacrifício, é a nossa própria criação. Dizer não à vida, morrer para uma determinada forma de ser, é condição de mudança, de renovação e transformação.

É ilusório pensar que o desenvolvimento seja um mero processo sumativo, algo que se vai acrescentando ao que já se adquiriu e que não implica nem sacrifício nem morte, que não impõe nem exige a superação de perdas e privações. Superação que, como no caso do jogo, logo se transforma em canto, em hino de alegria e vida. Em renovada fertilidade, à semelhança do que ocorre com essa fertilidade milagrosa que no plano mítico ocorre logo depois do sacrifício do touro. Afinal, o herói sempre se revivifica mediante o auto-sacrifício.

A construção e aceitação da realidade nunca está terminada, a tarefa de vincular a realidade interna e a realidade externa, de renovadamente dar novos sentidos ao mundo e à vida, confunde-se com o próprio destino humano. Esta forma de libidinização do mundo que é o jogo, este espaço intermédio entre a realidade interna e a realidade externa que é o jogo, espaço onde a criança se perde e se constrói, prolonga-se naturalmente em formas de cultura tão diversas como a arte ou a religião, a filosofia ou a poesia.

Como sabemos, o mundo surge e descobre-se na medida em que o criamos, na medida em que o construímos. Tarefa gigantesca a da criança, a de criar, de se criar, na medida em que renuncia a permanecer simbioticamente vinculada ao regaço materno, na medida em que sacrifica esse estado inicial de omnipotência em que estava envolta.

Sacrifício que frutifica na forma de jogo, de brinquedo, de objecto transicional, na forma de simbolismo lúdico, nessa superabundância de formas de representação a que chamamos cultura. Como sabemos, para a concepção freudiana, a dor e o sacrifício são inerentes ao funcionamento pulsional. Toda a educação pulsional exige sacrifícios e renúncias, mas essa educação também pode ser feita com prazer.

Sempre, metaforicamente, a presença ou a ausência da mãe, derivando o jogo, como todo o acto criativo, (Jung, 1993: 412),

«[...] de la renuncia a esa imagen y a la aspiración hacia ella.»

derivando o jogo da superação de uma privação, de um sacrifício. É este o sentido do sacrifício cósmico, diz-nos ainda Jung, quando nos recorda que o céu e a terra foram criados, na cosmogonia babilónica, a partir do sacrifício e da morte da mãe originária Tiamat.

Temos vindo a analisar a forma como o desejo se abre para o jogo, para o simbolismo lúdico, para o horizonte infinito do simbólico, realçando a forma como a carência e a privação, como promotores do desejo, se constituem como o elemento chave da emergência do lúdico.

Importa agora especificar, recorrendo uma vez mais ao jogo do *Fort Da*, a forma como o jogo permite à criança subtrair-se à urgência do momento, do acontecimento (no caso a ausência da mãe), substituindo-o pelo deslocamento, tornando presente, no plano do faz-de-conta, a insuportável ausência materna.

O aspecto de domínio e controlo que comporta o jogo do *Fort Da* manifesta-se, digamos assim, a três níveis. Em primeiro lugar, no carácter activo, corporal, perceptivo-motor, do próprio jogo, trazendo para o plano da realidade espacial e temporal o que anteriormente se passava apenas no plano interno.

Em segundo lugar, no carácter representativo, simbólico, de faz-de-conta, que o jogo assume, ou seja, a presença ou ausência da mãe é evocada pela aparição ou desaparecimento do brinquedo, do carretel, situação que é compulsivamente repetida pela criança e onde cada nova reaparição do carretel confirma, simbolicamente, a presença da mãe.

Em terceiro lugar, na dimensão de verbalização que o jogo encerra, pois, de acordo com a observação de Freud, o desaparecimento e reaparição do carretel, eram respectivamente celebrados com as expressões *Fort* e *Da*.

Mas o jogo, na convergência da representação verbal e gestual, não é precisamente a actuação da dialéctica da presença e da ausência? Não é precisamente manter-se fiel ao outro, tornando-o presente mesmo na sua ausência?

Nesta dimensão relacional que o jogo envolve, a superação da perda, a experiência do sacrifício e do sofrimento, assumem-se como exigência de fidelidade, como testemunho de uma confiança plena no outro, como esperança de que o que se ausentou em breve retornará, retorno que o jogo, como símbolo, confirma e antecipa. Jogar é, com efeito, tornar presente o ausente. Vê-lo ainda, embora de uma outra forma, na sua ausência.

O jogo, como expressão de aceitação de uma perda, é uma dessas flores, um desses sinais de fertilidade e renovação inerentes à dimensão sacrificial. Um sinal de reconciliação com a vida e com o mundo, um testemunho de amor e confiança no outro (apesar da sua ausência), de esperança no reencontro. De esperança no retorno à contingência após a separação e a ruptura interactiva.

O jogo tem as suas raízes nesta capacidade de, desejando-a, abdicar da presença do outro, de respeitar a sua vontade, a sua necessidade de se ausentar. O jogo é a superação simbólica dessa perda, essa capacidade de abdicar de algo (de nos sacrificarmos) como condição de nos mantermos fiéis a esse centro, como condição de manter os vínculos, agora num outro plano, que nos prendem ao outro. Como condição, portanto, de retorno à contingência interactiva, à comunicação e ao diálogo.

4.4. Jogo, Sacrifício e Contingência Interactiva

Morremos para viver
(Hölderlin)

O jogo, expressão do intento para repor a contingência interactiva, para superar uma privação, inicia a criança nessa experiência fundamental do processo interactivo, do processo comunicacional, que é a capacidade de sacrifício. Sacrifício entendido não como obediência-sofrimento, submissão, dor, pesar, mas como sacralização do outro (que tanto amamos), como cumplicidade, valorização, confiança nas suas competências e capacidades.

No sentido de clarificar a natureza diádica da interacção mãe-criança, diversos estudos experimentais (Connoly e Brunner, Lewis e Rosenblum, Schaffer, Ainsworth e Bell, Brazelton, Koslowsky e Main, Trevarthen e muitos outros, citados por Leitão, 1992), mostraram como mãe e criança adaptam e regulam mutuamente os seus comportamentos, adequando o conteúdo das suas intervenções e o momento em que o fazem, às iniciativas da criança.

Verificaram que a mãe e a criança raramente se interrompem, analisando a alta sensibilidade com que respondem às pistas e sinais sociais do outro elemento. Demonstraram como, funcionando como uma verdadeira unidade diádica, mãe e criança constroem, activamente, experiências interactivas contingentes.

Mãe e criança, com as suas características próprias e a sua individualidade, sincronizam os seus comportamentos interactivos num processo harmonioso de regulação mútua, onde cada elemento da díade manifesta grande sensibilidade e competência na construção de experiências contingentes.

Goldberg (1977: 174-175) refere-se aos processos de adequação e reciprocidade presentes na interacção mãe-criança afirmando que «[...] the ideal parent-infant relationship is one in which each member of the dyad produces perfect contingencies for the other.» No entanto, a interacção mãe-criança não está permanentemente bem regulada nem se reduz exclusivamente a experiências contingentes.

Tronick e Gianino (1989) verificaram que, no decorrer do primeiro ano de vida, o processo interactivo mãe-criança não está, 35% das vezes, bem regulado. Constataram ainda que, em 34% dos contactos interactivos subsequentes, a díade consegue repor a coordenação e a reciprocidade.

Um grande número de investigadores, que procuraram relacionar padrões de interacção com o desenvolvimento da criança (Ainsworth e Bell, Belsky, Goode e Most, Clarke-Stewart, VanderStoep e Killian, Rocissano e Yatchmink, citados por Leitão, 1992), descrevem globalmente as interacções positivas e funcionais recorrendo a termos como sincronia, interacção recíproca, modificação mútua do comportamento, *sensitivity, responsiveness, achievement orientation, being in tune with each other, warmth*.

Explicitemos um pouco mais o nosso pensamento partindo de alguns fragmentos de sequências interactivas entre uma mãe e o seu bebé, com cerca de dezoito meses, em contexto de jogo livre. Vejamos num primeiro exemplo uma sequência interactiva que envolve apenas um *turn* da mãe e um *turn* da criança.

> Mãe – «Olha, o N... vai varrer a casa» [Dá a vassoura à criança].
> Criança - [Agarra na vassoura e começa a varrer]. [Turn Síncrono]

Tendo em conta o contexto interactivo, nomeadamente o tópico de atenção que a díade partilha ou o tópico de atenção para o qual um dos intervenientes pretende dirigir a atenção do outro, diremos que os *turns* são síncronos, pois centram a sua atenção num mesmo aspecto do envolvimento, numa mesma actividade. Ou seja, a criança ajusta os seus comportamentos às expectativas da mãe, proporcionando-lhe assim uma experiência de contingência interactiva.

Já o mesmo não ocorre com a sequência que apresentamos seguidamente, onde se regista uma relação assíncrona, de não contingência, entre o *turn* da mãe e o *turn* da criança.

> Mãe – «O N... tem um cavalinho igual a este» [Pega no cavalo e mostra-o à criança]; «Vá, como é que faz?» [Coloca o cavalo no chão junto à criança].
> Criança – [Vai buscar um carro e anda com ele no chão, empurrando-o para trás e para a frente]. [Turn Assíncrono]

Consideramos o *turn* da criança assíncrono já que não mantém o tópico do *turn* precedente da mãe, dirigindo a criança a sua atenção para outro aspecto do envolvimento, iniciando um novo tipo de actividade. Cria-se, assim, uma ruptura interactiva, uma relação de não contingência, já que, dado o comportamento da criança, as expectativas da mãe são violadas.

No exemplo que se segue é a mãe que, não ajustando os seus comportamentos à iniciativa anterior da criança, viola as expectativas da criança, proporcionando-lhe assim uma experiência de não contingência interactiva.

> Criança – [Pega no telefone e leva-o ao ouvido olhando para a mãe]; «Tá!»
> Mãe – «Tututu!» [Bebendo pela chávena]; «Ah!», «Tutu!», «Papa!» [Coloca a chávena junto da criança]. [Turn Assíncrono]

Nesta dialéctica dos *turns* síncronos e assíncronos, da contingência e não contingência, Brazelton (1989) refere como é fundamental para a criança a partilha de experiências contingentes, ao aludir às experiências laboratoriais de *still face condition*, onde a violação da reciprocidade interactiva por parte da mãe, ao permanecer estática e com um rosto inexpressivo, leva a criança, através do uso de estratégias diversificadas, a refazer o processo comunicativo retirando a mãe da situação não responsiva de *still face*.

Uma das formas de o processo diádico acentuar a sua dimensão de assincronia e não contingência interactiva é através daquele tipo de *turns* assíncronos a que nos nossos estudos (Leitão, 1992) chamámos *Turns Persiste*, como podemos ver através da sequência interactiva que se segue:

> Mãe – «Oh!», «Vai buscar o popó» [Aponta à distância para o carro].
> Criança – [Apanha a boneca que está no chão e coloca-a em cima da mesa]; [Agarra a colher e dá de comer à boneca] [Turn Assíncrono]
> Mãe – «O popó!», «O popó C...?», «Dá o popó à mãe», «Dá», «Dá o popó» [Estende a mão num gesto de pedir o carro à criança]. [Turn Assíncrono] [Turn Persiste]

Nesta pequena sequência interactiva, marcada pela não contingência, após um primeiro *turn* assíncrono da criança, que reorienta a sua atenção para outra actividade, a mãe persiste [Turn Persiste] no seu comportamento anterior.

No entanto, como vimos antes, face a rupturas no processo interactivo, o esforço da díade dirige-se na direcção de, o mais rapidamente possível, repor a coordenação e a reciprocidade. Repor a contingência interactiva. O extracto que se segue procura ilustrar essa situação, mostrando como, apesar do seu comportamento anterior, a mãe procura repor a contingência ajustando-se, responsivamente, às iniciativas comportamentais do seu filho.

Mãe – «Olha, fala ao tio», «Quer falar ao tio?», «Quer?»
[Põe o telefone em frente da criança].
Criança – [Olha para a mesa, toca num pau e olha-o
    atentamente]. [Turn Assíncrono]
Mãe – «Que é isso?» [Turn Síncrono]
Criança – «Um pau» [Continua a sua actividade
    exploratória em relação ao pau]. [Turn Síncrono]

Neste caso a mãe, após a reorientação do comportamento da criança para um novo aspecto do envolvimento, *turn* assíncrono, em vez de persistir no seu comportamento anterior, abdica dele, esquece-o, ignora-o, adaptando-se, com toda a sensibilidade, ao actual foco de interesse da criança, repondo, assim, a sincronia do processo interactivo.

A mãe *morre*, sacrifica-se, abdica do seu comportamento anterior, para retornar à contingência interactiva. Renuncia, prescinde, abdica do seu ponto de vista, da sua agenda, dando o seu consentimento às iniciativas e decisões do seu filho.

Um processo interactivo marcado pela contingência revela, acima de tudo, a capacidade de mãe e criança se *sacrificarem*, de mútua e reciprocamente abdicarem, morrerem para as suas iniciativas, nascendo ou renascendo, assim, para esses comportamentos interactivos co-implicados que assentam na fidelidade, na confiança, na reconciliação, com os sinais comunicativos do outro.

Formulemos agora estas mesmas ideias em termos técnicos, recorrendo para o efeito a Lewis e Goldberg, que formularam, em 1969 (Goldberg, 1977), um modelo explicativo da reciprocidade básica das interacções sociais precoces entre a mãe e a criança.

Ao formularem o *generalized expectancy model*, Lewis e Goldberg argumentam que um dos aspectos básicos da responsividade da mãe, às iniciativas da criança, é proporcionar experiências contingentes que possibilitem, à criança, a aprendizagem de que controla e influencia os comportamentos da mãe.

Da mesma forma, a responsividade da criança às iniciativas sociais da mãe, isto é, as experiências contingentes proporcionadas pela criança, permitem à mãe desenvolver um sentimento de eficácia e competência.

Para Lewis e Goldberg o desenvolvimento mútuo de *feelings of efficacy*, resultante da vivência de experiências contingentes no decurso do processo comunicativo, funciona como factor mediador no estabelecimento dessa reciprocidade básica.

Se os contactos interactivos mãe-criança proporcionam experiências contingentes, os sentimentos de competência da mãe são reforçados, já que avalia a sua competência a partir dos resultados das suas intervenções. Quando, com a sua intervenção, põe termo a um comportamento não desejável da criança (chorar) ou desencadeia um comportamento desejável (sorriso, vocalizações), os seus sentimentos de competência são reforçados. Inversamente, desenvolvem-se sentimentos de incompetência quando a mãe não é suficientemente eficaz para terminar os comportamentos não desejáveis, ou quando a criança não lhe proporciona experiências contingentes (não é portanto responsiva).

Da mesma forma, a criança retira os seus sentimentos de competência das experiências contingentes que a mãe lhe proporciona. Esta situação é retratada por Goldberg (1977: 166) da seguinte forma:

> «Just as the infant derives feelings of efficacy from parent-provided contingency experience, we shall assume that parents derive feelings of efficacy from infant-provided contingency experiences.»

De acordo com o modelo sugerido por Lewis e Goldberg, mãe e criança constroem sentimentos mútuos de competência a partir de dois tipos distintos de situações: directamente, das experiências contingentes actuais, indirectamente, através dos sentimentos de competência que foram criando ao longo das suas histórias pessoais e diádicas.

A comunicação precoce mãe-criança nutre-se do confronto entre poder e impotência, do confronto entre a vontade heróica do ilimitado e o reconhecimento das limitações humanas, do confronto entre a procura activa de experiências sincrónicas e a aceitação de que ocorrem rupturas e disfuncionalidades no processo interactivo. Mãe e criança estruturam, as relações diádicas, não a partir dum poder ilusório e ilimitado, mas a partir duma competência permanentemente conquistada e reconstruída. Estruturam a comunicação e o diálogo a partir dum poder permanentemente confrontado com as suas próprias limitações.

A mãe transborda de alegria face ao seu poder quando toma decisões rápidas, fáceis e apropriadas, põe termo a comportamentos não desejáveis da criança ou desencadeia comportamentos desejáveis. A mãe estremece face às suas limitações quando as decisões são demoradas, difíceis e inadequadas, quando não consegue pôr termo a um comportamento não desejável da criança ou não consegue desencadear um comportamento desejável.

No primeiro caso, os sentimentos de competência da mãe (e da criança) são reforçados. A mãe vive sentimentos de eficácia, de competência. A mãe sente-se boa mãe. A mãe sente-se divina. No segundo caso a mãe vivencia sentimentos de ineficácia e incompetência. A mãe sobressalta-se. Sente-se finita.

Dizer que mãe e criança são a expressão de um poder infinito é dizer que cada uma individualiza os seus comportamentos interactivos, num processo harmonioso de regulação mútua, onde cada elemento da díade manifesta grande sensibilidade na construção de experiências contingentes, de interacções positivas e funcionais.

Mas, não esqueçamos, esta regulação mútua e recíproca dos comportamentos interactivos não é mais do que esse ouro alquímico que floresce a partir do *mortificatio*, da capacidade de saber morrer, de aceitar perdas e privações, de saber conviver com o sacrifício. Sacrifício, superação de uma privação, que tem um dos seus pilares precisamente no jogo, nessa capacidade de saber transfigurar o mundo aprendendo a lidar com a dialéctica da presença e da ausência, aprendendo a lidar com a esperança do retorno do objecto de amor de que nos vimos privados.

No jogo, como nos mecanismos comunicativos e interactivos, a presença do sacrifício, da capacidade de renúncia e abdicação, permite-nos uma diversidade de reflexões, que sinteticamente passamos a enunciar.

Em primeiro lugar, ajuda-nos a compreender que o sacrifício é de alguma forma uma instituição, um fenómeno social, que exige a presença de um outro. Sem a ideia do social, do outro, o sacrifício não seria possível, não teria sentido. É a presença do outro, do diferente, de um todo mais alargado, que investe o sacrifício dessa qualidade de ser sagrado (*sacer facere*), dessa qualidade que sempre implica a consagração do outro, a sua desmesurada valorização. Com efeito, como nos diz Newmann, citado por Baring e Cashford (1993: 161), desde sempre

> «[...] all growth and development depend on man's sacrifice and ritual activity, precisely because man's living bond with the world and the man group is projected upon nature as a whole.»

Nas sequências interactivas anteriormente apresentadas, o acto de sacrifício da mãe, ao abdicar e renunciar ao seu *turn*, à ordem dada, para se ajustar, contingentemente, responsivamente, aos sinais comunicativos do seu filho, é, afinal, um acto de consagração, de valorização das iniciativas do seu filho, das suas competências e capacidades. Um verdadeiro acto de *empowering* do outro. Por outro lado, o sacrifício da mãe, não só sacraliza a criança, como modifica e diviniza a própria mãe.

Pelo sacrifício a mãe transforma-se e transforma o outro, descobre-se, constrói-se, como mãe, e regenera o seu filho, dá-lhe nova vida e alento. Diz-lhe que ele é capaz, que é competente, que o admira, que o ama, que é bom viver. Pelo sacrifício mãe e criança inscrevem-se no livro da vida, constroem-se mútua e reciprocamente, renascem. Abre-se, assim, o caminho da reconciliação não narcísica, caminho ao longo do qual aprende a renunciar, construtivamente, aos seus pontos de vista, pois ama e aceita o outro como ele é. Caminho ao longo do qual o outro aprende a renunciar, a abdicar dos seus pontos de vista, pois me ama e aceita como eu sou.

Não se trata de impor aos outros os meus pontos de vista, a minha visão das coisas. De dominar e ter poder. Trata-se antes de, sacrificando-me, repor e ganhar a contingência, essa contingência interactiva que ajuda o outro a desenvolver o sentimento de competência e capacidade, a sentir-se forte e poderoso.

Não se trata de os outros me imporem os seus pontos de vista, a sua visão das coisas, de dominarem e terem poder, mas de, sacrificando-se, reporem e ganharem a contingência, essa contingência interactiva que me ajuda a desenvolver o sentimento de competência e capacidade. Que me ajuda a sentir forte e poderoso. Trata-se, antes, de o poder, o sentimento de competência e capacidade, de forma não narcísica, se fecundar no outro e no respeito pela diferença.

O sacrifício, a capacidade de renúncia, são o embrião da esperança, da esperança de, brevemente, reencontrar a contingência interactiva. O jogo, nessa dialéctica da presença e da ausência de que temos vindo a falar, é como que a confirmação, antecipada, dessa esperança.

Abdicar e renunciar, tornando-se assim condição ou oportunidade para o desenvolvimento da criança, é o sentido de todo o sacrifício materno, de todo o sacrifício parental. Abdicar e renunciar, tornando-se assim condição ou oportunidade para a descoberta e desenvolvimento do que é ser mãe ou pai, é o sentido profundo de todo o sacrifício da criança.

O sacrifício, portanto, como condição de criação. Como condição do desenvolvimento e da aprendizagem. O sacrifício, portanto, como a *prova* da fidelidade e amor ao outro. Como o perfume da relação.

Tudo parece indicar que quanto maior é a capacidade de um sistema de vida se sacrificar, maior é a sua capacidade de aprender, maior é a sua força criadora e transformadora. O tema da privação, do sofrimento e do sacrifício, é uma referência antropológica universal. As interrogações e inquietações que suscita atravessam todos os tempos, todas as civilizações.

Não tem sentido pensar que a descoberta do sentido do sacrifício foi uma tarefa do passado. A redescoberta desse sentido é um desafio permanente que se coloca ao homem na sua eterna *peregrinatio* na demanda do infinito, na demanda da criação de si próprio e do sentido da vida.

A actividade lúdica e a contingência interactiva, tão próximas e familiares da privação, do sacrifício e do sofrimento, como instrumentos de reconciliação, de fidelidade e compromisso, de co-implicação com o outro, transportam consigo o desejo e a esperança da superação da estreiteza do real, da transfiguração do mundo e das coisas, do acesso a outras formas de ver e compreender.

Afinal, compreender é prender entre, colocar-se à volta de, captar, agarrar, abraçar, reter com as mãos e os braços algo a que fortemente nos vinculamos. O que sempre exige o risco, a aventura da separação em relação a certos braços, a certos centros, como condição da procura de outros colos. O risco da morte do *eu* e do renascimento de uma outra forma de ser. De outro *eu*. O risco da renúncia ao bem-estar, à protecção e segurança, como construção, co-implicada (complicada portanto), da criação de um destino, de uma vida.

É desta dialéctica da vinculação e da desvinculação que emergem os mitos da despedida, da separação em relação à família, do perder-se e ser encontrado, do abandono da casa paterna. O mito, afinal, da boa e da má mãe.

Desenvolver-se, construir uma vida, um destino, é percorrer essa decisiva estrada, caminho, aventura, da vinculação e da desvinculação, da aproximação e da distância, da superação da privação, do sacrifício, da capacidade de nos desligarmos desses centros, desses colos, desses seios maternos, que até aí havíamos aprendido a amar.

Tudo isto nos lembra essa sequência magistral de vinte e seis desenhos de 1948, com o tema *Maternidade*, que Almada Negreiros desenhou num só dia em Bicesse. Não nos remeterão esses desenhos, para uma plena e autêntica alquimia da metamorfose e da transformação, do desenvolvimento, onde a presença inaugural da mãe, a presença inaugural do *amor materno*, se supera e transmuta em *viagem,* em voo, em distância e ausência? Se transmuta em *alteridade*, na permanente construção e reconstrução de uma nova identidade? Voo, identidade, separação, que sempre se fecunda na invisível presença das raízes.

Na intuição do artista, essa relação entre sistema de vinculação e sistema de comportamentos exploratórios, nas *Confidências* de *A Invenção do Dia Claro*, expressa-se da seguinte forma:

«[...] Mãe! Dá-me um cavallo! Eu já sou o galoppe! [...]

[...] Mãe!
Estou a lembrar-me! Tu já foste a menina loira! Eu já fui
o menino verdadeiro a quem tu davas de mamar! [...]
Lembro-me exactamente! Quando tu me beijavas, o sol
não doía tanto na minha pelle! [...] »

Mas não é esta, precisamente, a ideia de Brazelton, esse nome incontornável da pediatria do desenvolvimento, quando afirma que a desvinculação, o voo, portanto, e o galope, são o fim último da vinculação?!

Nos vinte e seis desenhos alusivos à *Maternidade*, anteriormente referidos, uma das transformações mais óbvias, de Maternidade/1 a Maternidade/26, é a *epifania* da ave, a progressiva metamorfose da criança em pássaro, em voo, clara sugestão a um gesto de transcendência e superação, a um esforço de libertação do peso e da gravidade. Dinâmica de voo que leva à transmutação em ave, dinâmica de *galoppe* que leva a criança a pedir à mãe um *cavallo*.

Aqui nos confrontamos com o tema da viagem (*Mãe! Eu vou viajar*), da separação em relação a essa presença inaugural da mãe. Aqui nos confrontamos com a despedida e a morte. Aqui nos confrontamos com essa *coincidentia oppositorum* entre a presença, o amor à mãe, às raízes, e a viagem, a distância, o galope. Entre o amor e a traição, entre a proximidade (amor) e a distância (viagem), entre o amor-fusão e o amor-emancipação.

É preciso saber atravessar as feridas do tempo, superar o tempo das privações, aventurando-se por esse inseguro caminho que mais não é do que a reconciliação da experiência da ausência com a recusa dessa mesma ausência. Manter-se fiel aos indestrutíveis laços, a uma casa, a um *oikos*, a um centro, a uma *Madre Vizcaya*, sem recusar a traição a esse mesmo centro assumindo o desafio da distância, da viagem, da construção de um destino. Conciliar fidelidade e traição, aproximação e distância, é descobrir-se como alma, como espírito vinculado e livre.

Contudo, paradoxalmente, este acto de emancipação e liberdade, de afastamento e distância, o «*Mãe! Eu vou viajar*» de Almada Negreiros, este momento de traição e infidelidade, de aceitação da ausência (ausência que no plano simbólico a criança torna presente no jogo, o que nos permite afirmar que o jogo é viagem), não deixa de ser acto de amor, de reconciliação com a figura ausente. Separação, viagem, distância, não deixam igualmente de ser proximidade. Ou, como o expressa poeticamente Unamuno (1958)

> « [...] el hombre no disfruta
> de libertad si no es preso en los lazos
> del amor, compañero de la ruta. »
> (Unamuno, XXII)

Os braços da *Madre Vizcaya*, esses indestrutíveis braços, ao prenderem, ao darem confiança e segurança, criam as condições da viagem, da aventura, do desafio, do confronto com o novo e o desconhecido. Permitem explorar. Permitem o confronto com o abismo, com os mil perigos e as mil seduções que todo o herói, que toda a criança que cresce e se desenvolve, sempre irá encontrar nesse percurso entre os verdes braços da *Madre Vizcaya* e a secura da distante *Castilla*.

> «Madre Vizcaya, voy desde tus brazos
> verdes, jugosos, a Castilla enjuta,
> donde fieles me aguardan los abrazos
> de costumbre [...]»
> (Unamuno, XXII)

Contra a ameaça e o perigo da ausência e da distância, da ausência dos indestrutíveis braços da *Madre Vizcaya*, a criança cria esses valores de ilusão a que chamamos jogo e lhe permitem o progressivo confronto com o real, com os perigos da viagem. Contra essa privação terrível da ausência materna a criança, jogando, fazendo de conta, fingindo, torna-a presente, esboçando assim os primeiros passos de uma longa viagem. Toda a viagem supõe a presença do amor, de um «*compañero de ruta*», a invisível presença dos indestrutíveis laços.

Toda a viagem supõe a experiência, sempre aberta e renovada, do confronto com o outro, com a aventura e a incerteza, com a aceitação e superação da distância e da ausência. Com a experiência da privação e do sacrifício. Com a construção de novos laços, de novas fidelidades, de novas contingências. Laços e rupturas, encontros e desencontros, sempre a restaurar.

É este o mundo em que o jogo, experiência primordial de superação de uma perda, de uma privação, nos inicia.

REFERÊNCIAS BIBLIOGRÁFICAS

Alcantud, J. (1993). *Tractatus ludorum*. Barcelona: Anthropos.

Anselmo, A. (1916). Costumes Religiosos Populares – os Antigos «Autos» e «Procissões». In *Terra Portuguesa. Revista Ilustrada de Arqueologia Artística e Etnografia*. Volume nº 2. Lisboa: Sebastião Pessanha.

Argullol, R. (2000). *Aventura, Una Filosofía Nómada*. Barcelona: Plaza e Janés Editores, S.A.

Argullol, R. (2009). *O Herói e o Único – O Espírito Trágico do Romantismo*. Lisboa: Nova Veja.

Argullol, R. (2010). *Visión desde el fondo del mar*. Barcelona: Acantilado.

Aristófanes (s.d.). *Las nubes*. Livrodot.com.

Aristóteles. *Política*. Livrodot.com.

Aristóteles. (2009). *Ética a Nicómaco*. São Paulo: Atlas Editora.

Arqueiro, C. (2011). *Anacársis ou Sobre os Exercícios Físicos – Luciano de Samósata*. Dissertação de Mestrado. Coimbra: F.L.U.C.

Axelos, K. (1969). *Le Jeu du Monde*. Paris : Les Éditions de Minuit.

Bachelard, G. (1984). *La Terre et les Rêveries de la Volonté*. Paris : José Corti.

Bachelard, G. (1990). *O Ar e os Sonhos*. São Paulo: Martins Fontes.

Bally, G. (1973). *El Juego como Expresión de Libertad*. México: FCE.

Barèges, M. (1968). La signification du loisir physique dans la civilisation des loisirs. *Partisans*, 43, 114-121.

Baring, A. e Cashford, J. (1993). *The myth of the goddess*. London: Arkana.

Baum, G. e Coleman, J. (1989). Deporte, Sociedad y Religion. *Concilium*, 225, Set., 157-164.

Béguin, A. (1991). *L´Âme Romantique et le Rêve*. Paris : Librairie José Corti.

Bertrand, G. (1968). Education sportive et sport éducatif. *Partisans*, 43, 74-90.

Bíblia Sagrada (1968). Lisboa: Depósito das Escrituras Sagradas.

Brazelton, T. (1989). The importance of early intervention. In J. Gomes-Pedro (Ed.), *Biopsychology of early parent-infant communication*. Lisboa: F. C. G.

Brohm, J. (1968. La civilisation du corps: sublimation et désublimation. *Partisans*, 43, 46-65.

Brohm, J. (2006). *La Tyrannie sportive. Théorie critique d´un opium du peuple*. Paris: Beauchesne Éditeurs.

Caillois, R. (1958). *Les jeux et les hommes*. Paris : Gallimard.

Campbell, J. (1992). *Las mascaras de Dios: mitología occidental*. Madrid: Alianza Editorial.

Campbell, J. (2000). *Las mascaras de Dios: mitología primitiva*. Madrid: Alianza Editorial.

Cassirer, J. (s.d.). *Linguagem, Mito e Religião*. Porto: Rés-Editora.

Cassirer, E. (2006). Antropología filosófica. México: Fondo de Cultura Económica.

Cauvin, J. (1997). *Nascimento das divindades, Nascimento da Agricultura – A Revolução dos Símbolos no Neolítico*. Lisboa: Instituto Piaget.

Cervantes, M. (2005). *Dom Quixote de la Mancha*. Lisboa: Publicações Dom Quixote.

Chateau, J. (1961). *A Criança e o Jogo*. Coimbra: Atlântida.

Coleman, J. (1989). El Deporte y las Contradicciones de la Sociedad. *Concilium*, 225, Set., 177-191.

Corbin, H. (1993). *La Imaginación Creadora en el sufismo de Ibn´Arabî*. Barcelona: Ediciones Destino, S.A.

Cox, H. (1972). *Las Fiestas de Locos*. Madrid: Taurus Ediciones.

Crespo, J. (1990). *A História do Corpo*. Lisboa: Difel.

Crespo, J. (1999). Os Jogos da morte e da vida. A aprendizagem do Mundo. In *Arquivos da Memória, Centro de Estudos de Etnologia Portuguesa*. Lisboa: Edições Colibri.

Dante, A. (1984). *A Divina Comédia*. Belo Horizonte: Editora Itatiaia Limitada.

Darwin, C. (2004). *El origen de las especies*. Colección Filosofía y Teoría Social, Libros en Red.

De Masi, D. (2000). *O Ócio Criativo*. Rio de Janeiro: Sextante.

Domenach, J-M. (1968). *O Retorno do Trágico*. Lisboa : Moraes Editores.

Duborgel, B. (1995). *Imaginário e Pedagogia*. Lisboa: Instituto Piaget.

Durand, G. (1969). *Les Structures Anthropologiques de L'Imaginaire*. Paris : Bordas.

Durand, G. (1979). *A Imaginação Simbólica*. Lisboa: Arcádia.

Echeverría, J. (1980). *Sobre el Juego*. Madrid: Taurus Ediciones.

Eliade, M. (s.d.). *História das Ideias e Crenças Religiosas - I*. Porto: Rés.

Eliade, M. (1979). *Imagens e Símbolos*. Lisboa: Arcádia.

Eliade, M. (s.d.). *O Sagrado e o Profano*. Lisboa: L.B.L.

Eliade, M. (2004). *Ritos de Iniciação e Sociedades Secretas*. Lisboa: Ésquilo Edições.

Elias, N. e Dunning, E. (1992). *Deporte y ocio en el proceso de la civilización*. Madrid: Fundo de Cultura Económica.

Ésquilo e Vários (s.d.). *Édipo Antigo*. Biblioteca Mitológica. Porto: RÉS-Editora.

Foucault, M. (1984). *Microfísica do Poder*. Rio de Janeiro : Graal.

Freyne, S. (1989). *Los Primeros Cristianos y el Ideal Atlético Griego*. *Concilium*, 225, Set., 259-268.

Gal, R. (1960). *História da Educação*. São Paulo : Difusão Europeia do Livro.

Gantheret, F. (1968). Psychanalyse institutionnelle de l´éducation physique et des sports. *Partisans*, 43, 66-73.

Goldberg, S. (1977). Social competence in infancy: a model of parent-infant interaction. *Merril-Palmer Quarterly*, vol. 23, nº 3, 163-177.

Golding, W. (1965). *Sa Majesté des Mouches*. Paris : Gallimard.

Gutton, F. (1973). *Le jeu chez l´enfant – Essai psychanalytique*. Paris: Larousse.

Hargreaves, A. (1998). *Os Professores em Tempo de Mudança*. Lisboa: McGraw-Hill.

Heers, J. (1971). *Fêtes, jeux et joutes dans les societies d´Occident à la fin du Moyen Âge*. Montreal-París.

Hillman, J. (1993). *Suicídio e Alma*. Petrópolis: Editorial Vozes.

Hillman, J. (1994). *Paranoia*. Petrópolis: Editorial Vozes.

Hillman, J. (1999). *Re-imaginar la psicología*. Madrid: Ediciones Siruela.

Hillman, J. (2000). *El Mito del Análisis*. Madrid: Ediciones Siruela.

Hobbes, T. (2000). *De Cive*. Blackmask Online.

Hobbes, T. (2000). *Leviatán*. Biblioteca del Político. INEP AC.

Hölderlin, F. (1993). *Hiperión*. Madrid: Ediciones Hiperión, S.L.

Homero (2008). *Odisseia*. Lisboa: Biblioteca Editores Independentes.

Homero (2007). *Ilíada*. Lisboa: Edições Cotovia.

Huizinga, J. (1994). *Homo Ludens*. Madrid: Alianza Editorial.

Humbert, J. (1985). *Mitología griega y romana*. Barcelona: Gustavo Gili.

Jesus, Santa Teresa (1970). *Obras Completas*. Porto: Carmelo do Coração Imaculado de Maria.

Jung, C. (1964). *L´Homme et ses Symboles*. Paris : Robert Laffont.

Jung, C. (1972). *Synchronicity An Acausal Connecting Principle*. London: Routledge e Kegan Paul.

Jung, C. (1972). On the Psychology of the Trickster Figure. In *The Trickster – A Study in American Indian Mythology*. New York: Schocken Books.

Jung, C. (1991). *Tipos Psicológicos.* Petropólis: Vozes.

Jung, C. (1993). *Símbolos de Transformación.* Barcelona: Paidós Ibérica.

Jung, C. (1999). *Psicologia e Religião.* Petrópolis: Vozes.

Jung, C. (s.d.). *Psicología y Alquimia.* Barcelona: Plaza e Janes, S.A.

Jung, C. e Kerényi, K. (2004). *Introducción a la esencia de la mitología.* Madrid: Ediciones Siruela.

Kaufmann, W. (1992). *Tragedy and Philosophy.* New Jersey: Princeton University Press.

Kerényi, K. (1999). *La Religión Antigua.* Barcelona: Herder.

Kerényi, K. (2002). *The Gods of the Greeks.* London: Thames e Hudson.

Laguillaumie, P. (1968). Pour une critique fondamentale du sport. *Partisans*, 43, 27-45.

Lebedev, A. (1985). The Cosmos as a Stadium: Agonistic Metaphors in Heraclitus´ Cosmology. *Phronesis*, Vol. XXX, 131-150.

Leitão, F. (1992). *Interacção mãe-criança e actividade simbólica.* Tese de Doutoramento. Lisboa: UTL/FMH.

Leitão, I. (2008). Pelos Caminhos de Santiago : Breve Viagem com alguns Escritores Portugueses do Século XX. In *Turismo Cultural e Religioso – Oportunidades e Desafios para o Século XXI*. Braga: Turell TCR.

Lima, A. (1994). *A Educação Física de Recreação como Meio Pedagógico Estruturado de Comunicar a Animação Desportiva Escolar.* Tese de Mestrado. Coimbra: F.P.C.E. da Universidade de Coimbra.

Lipovetsky, G. (2006). *Le bonheur paradoxal.* Paris: Gallimard.

Lopez-Pedraza, R. (1999). *Hermes e seus Filhos.* São Paulo: Paullus.

Lourenço, E. (1987). *Heterodoxia I e II.* Lisboa: Assírio e Alvim.

Lourenço, E. (1999). *Portugal como Destino seguido de Mitologia da Saudade.* Lisboa: Gradiva.

Machado, A. e Álvarez (1882). Juegos infantiles españoles. *El Folklore Andaluz.* Sevilla.

Malthus, T. (2000). *Primer ensayo sobre la población*. Madrid: Alianza.

Manson, M. (2002). *História do Brinquedo e dos Jogos*. Lisboa: Editorial Teorema.

Marcuse, H. (1969). *Eros e Civilização*. Rio de Janeiro: Zahar Editores.

Mauss, M. (1970). *Lo sagrado y lo Profano*. Barcelona: Barral Editores.

McCune-Nicolich, L. (1981). Toward symbolic functioning: structure of early pretend games and potential parallels with language. *Child Development*, 52, 785-797.

Moltmann, J. (1981). *Un Nuevo Estilo de Vida – Sobre la Libertad, la Alegría y el Juego*. Salamanca: Ediciones Sígueme.

Moltmann, J. (1987). *Dios en la Creación – Doctrina Ecológica de la creación*. Salamanca: Ediciones Sígueme.

Mujica, H. (2002). *Poéticas del Vacío*: Madrid: Trotta.

Nakamura, J. e Csikszentmihalyi, M. (2002). The Concept of Flow. In C. Snyder e S. Lopez (Eds.). *Handbook of Positive Psychology* (pp. 89-105). Oxford: Oxford University Press.

Neumann, E. (1996). *The great mother*. London: Routledge.

Nietzsche, F. (1972). *Assim Falava Zaratustra*. Lisboa: Editorial Presença.

Oliveira Marques, A. (1987). *Nova História de Portugal*. Vol. IV. Lisboa: Editorial Presença.

Ortega Y Gasset, J. (1983). *Obras Completas*. Madrid: Alianza.

Ortigão, R. (1966). *As Praias de Portugal*. Lisboa: Livraria Clássica Editora.

Otto, R. (1992). *O Sagrado*. Lisboa: Edições 70.

Piaget, J. (1971). *A Formação do Símbolo na Criança – Imitação, Jogo e Sonho, Imagem e Representação*. Rio de Janeiro: Zahar Editores.

Piaget, J. e Inhelder, B. (1966). *L'Image mentale chez l'Enfant*. Paris : PUF.

Pinto, M. (1916). Notas para a Historia da Dança em Portugal – Os «Bailarotes». In *Terra Portuguesa. Revista Ilustrada de*

Arqueologia Artística e Etnografia. Volume nº 2. Lisboa: Sebastião Pessanha.

Platão (2001). *A República*. Lisboa: Fundação Calouste Gulbenkian.

Pradeau, J-F. (2002). *Héraclite, Fragments*. Paris: Flammarion.

Quental, A. (1980). *Sonetos Completos*. Porto: Anagrama.

Quental, A.(1989). *Obras Completas*. Lisboa: Comunicação/Universidade dos Açores.

Rabecq-Maillard, M. (1969). *Histoires des jeux éducatifs*. Paris : Nathan.

Rahner, H. (1967). *Man at Play*. New York: Herder and Herder.

Rappaport, R. (2001). *Ritual y Religión en la formación de la humanidad*. Madrid: Cambridge University Press.

Ricoeur, P. (s.d.). *O Conflito das Interpretações*. Porto: Rés-Editora.

Rosset, C. (1991). *La Philosophie Tragique*. Paris: P.U.F.

Rousseau, J. *Emílio ou a educação*. Librodot.com.

Russ, S. (2004). *Play in Child Development and Psychotherapy – Toward Empirically Supported Practice*. New Jersey: Lawrence Erlbaum Associates, Publishers.

Saint-Exupery, A. (s.d.). *O Principezinho*. Lisboa: Editorial Presença.

São João da Cruz (1977). *Obras Completas*. Coimbra: Gráfica de Coimbra.

Serra, M. (2001). *O Jogo e o Trabalho*. Lisboa: Colibri.

Silva, H. (1942). *Tratado do Jogo de Boston com a História das Cartas de Jogar*. Lisboa: Editorial Ática.

Silva, Rebelo da (1860). *História de Portugal nos Séculos XVII e XVIII*. Lisboa: Imprensa Nacional.

Sivadon, P. e Gantheret, F. (1973). *La Rééducation corporelle des Fonctions Mentales*. Paris: Éditions ESF.

Soustelle, J. (1974). *La vida cotidiana de los aztecas*. México: FCE.

Spencer, H. (1898). *Education: intellectual, moral and physical*. New York: D. Appleton and Company.

Steiner, G. (1993). *Presenças Reais – As Artes do Sentido*. Lisboa: Editorial Presença.

Stone, G. (1971). American sports. Play and dis-play, in Eric Dunning (Ed.), *The Sociology of Sport: a Selection of Readings*. London.

Sun Tzu (2007). *A Arte da Guerra*. Hohenzollernring: Taschen GmbH.

Torga, M. (1987). *Contos da Montanha*. Coimbra: Gráfica de Coimbra.

Tronick, E. e Gianino, A. (1989). The transmition of maternal disturbancy to the infants. In J. Gomes-Pedro (Ed.), *Biopsychology of early parent-infant communication*. Lisboa: F. C. G.

Tucídides (1989). *Historia de la guerra del Peloponeso*. Madrid: Alianza.

Unamuno, M. (1958). *Obras Completas*. Madrid: Afrodísio Aguado.

Unamuno, M. (2009). *Por Terras de Portugal e de Espanha*. Lisboa: Nova Vega.

Uexküll, J. (s.d.). *Dos Animais e dos Homens*. Lisboa: L.B.L.

Wallon, H. (1942). *De l´Acte à la Pensée*. Paris : Flammarion.

Werner, H. e Kaplan, B. (1963). *Symbol Formation*. New York: Wiley.

Winnicott, D. (2002). *Realidad y Juego*. Barcelona: Gedisa Editorial.

Wunenburger, J. (1977). *La fête, le jeu et le sacré*. Paris : Jean-Pierre Delarge.

Wunenburger, J. (2003). *L´Imaginaire*. Paris: Presses Universitaires de France.

Vicente, G. (1983). *Copilaçam de Todalas Obras de Gil Vicente*. Volume 1. Lisboa: Imprensa Nacional-Casa da Moeda.

www.ingramcontent.com/pod-product-compliance
Lightning Source LLC
Chambersburg PA
CBHW062121280526
45788CB00001B/13